Dr Gareth Moore is the author of over 30 brain-training and puzzle books for both children and adults, including *The Mammoth Book of Fun Brain Training* and *The Mammoth Book of Brain Workouts*. His puzzles have also appeared in a wide range of newspapers and magazines.

He publishes the regular logic puzzle collection *Sudoku Xtra* and the popular online puzzle site PuzzleMix.com.

He gained his Ph.D at the University of Cambridge, UK, in the field of machine intelligence, teaching computers to understand how spoken language is used.

More of his Sudoku can be found at his website, www.SudokuXtra.com

Also available

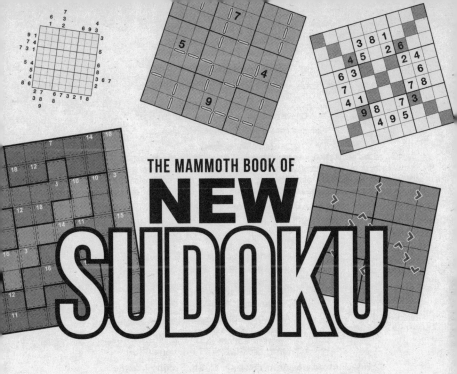

THE MAMMOTH BOOK OF
NEW
SUDOKU

DR GARETH MOORE

ROBINSON

RUNNING PRESS
PHILADELPHIA · LONDON

ROBINSON

First published in Great Britain in 2013 by Robinson

3 5 7 9 10 8 6 4

Copyright © Dr Gareth Moore, 2013

The moral right of the author has been asserted.

A CIP catalogue record for this book
is available from the British Library.

ISBN 978-1-4721-0022-1

Robinson
An imprint of
Little, Brown Book Group
Carmelite House
50 Victoria Embankment
London EC4Y 0DZ

An Hachette UK Company
www.hachette.co.uk
www.littlebrown.co.uk

First published in the United States in 2013 by Running Press Book
Publishers, An Imprint of Perseus Books, LLC.
A Subsidiary of Hachette Book Group, Inc.
2300 Chestnut Street
Philadelphia, PA 19103-4371

Books published by Running Press are available at special discounts for bulk purchases in
the United States by corporations, institutions and other organizations. For more information,
please contact the Special Markets Department at the Perseus Books Group, 2300 Chestnut
Street, Suite 200, Philadelphia, PA 19103, or call (800) 810-4145, ext. 5000, or email
special.markets@perseusbooks.com.

US Library of Congress number: 2012944619
US ISBN 978-0-7624-4936-1

10 9 8 7 6 5

Digit on the right indicates the number of this printing

Visit us on the web!
www.runningpress.com

Printed and bound in Great Britain by CPI Group (UK) Ltd, Croydon, CR0 4YY

Papers used by Robinson are from well-managed forests and other responsible sources

MIX
Paper from
responsible sources
FSC® C104740

Contents

Introduction

There are over five thousand different Sudoku books in the world, but none of them are quite like this one – and not just because it contains a staggering 495 individual puzzles!

This book is completely different. Sudoku has evolved, and here are its descendants. Over 150 of them, in fact, all waiting to surprise and delight you with new solving methods and new designs.

When the rules of a puzzle are varied, the question arises: is this a new version of the same puzzle, or something else? The answer for every puzzle in this book is that they are definitively Sudoku. What sets Sudoku apart from a Latin Square, which is simply a square grid where no symbol repeats in any row or column, is the presence of the 3×3 boxes which also require that no symbol repeats. In some puzzles I use alternate shapes instead of 3×3 boxes, but the same basic constraint is present in every puzzle: every cell must be filled without repetition in the encompassing row, column and bold-lined region. No exceptions are allowed.

For the purposes of this book I also declare that if a puzzle doesn't look or solve like a Sudoku then it isn't a Sudoku. So if it doesn't use a square grid, or it requires additional content that isn't attached to the main puzzle in some way, then I don't consider it here.

I have attempted to include every well-known Sudoku variant in this book. The chances are that every variety you've come across that fits the definitions above will be in here, in one form or another, and it's also just about certain that there are types of Sudoku in this book that you won't have seen before.

This book is all about 'New' Sudoku, but I've included just a few 'Classic' Sudoku right at the start too. Even for these I've tried to show that there's more to the puzzle than you might realise. Not all Sudoku are created equal, and you've probably seen puzzles without pattern or design to the given numbers, puzzles which obey the letter of the law of Sudoku but eschew the design ethos of balance and symmetry required by the Japanese designers who gave the puzzle its name.

Introduction

In this book, by contrast, I've attempted a wide range of designed patterns in the puzzle layouts, and the symmetry of these often guides the solution and, I hope, helps the puzzles feel more than just a grid of random numbers. Where the variant itself features additional clue markings in the grid, I've made an effort to arrange these attractively so that the puzzles look good and have a clear solving path. Most importantly, I've made certain that every puzzle in the entire book can be solved via discrete logical steps that don't require any guessing or experimentation. It's true that guessing can sometimes speed a solution, but you will never *need* to use it.

Most variants in this book involve a relatively simple addition or change to the puzzle, but often the effect is surprisingly transformative on how you go about solving the puzzle. To help make sense of the material I've grouped the variants into related sets, which you can see in the contents list on page 5. I've also included a running commentary throughout as each new type is introduced.

The first time each variant is featured full instructions are given below the puzzle, so at most you will need to flick back a few pages to find full rules. If you aren't sure of the precise meaning of an instruction then check the solutions at the back for an example to make certain. Some definitions will clarify a few points:

- ☐ *Cell* refers to any single square in the puzzle grid, of which there are 81 in a standard 9×9 puzzle
- ☐ *Adjacent* means one of the four immediately-touching cells to the left, right, up or down only
- ☐ A *given* is a pre-printed number in the grid
- ☐ Any reference to *diagonal* always means one of the four directions at 45 degrees to the horizontal, and never any other direction

I'd love to hear your feedback on the book, so please get in touch: Gareth@SudokuXtra.com. And if you'd like to get hold of more of any of these variants, visit my website: www.SudokuXtra.com.

Dr Gareth Moore, January 2013

For my incredible wife, Sara

The puzzle that started it all, Classic Sudoku. Many Sudokus are a mess of numbers, but attractive patterns of givens are possible:

9	5	6	4	8	1	3	2	7
1	2	3	6	7	9	5	4	8
7	4	8	2	5	3	6	1	9
8	3	2	1	9	5	7	6	4
6	7	9	3	4	2	8	5	1
5	1	4	8	6	7	9	3	2
3	6	7	9	2	4	1	8	5
2	9	1	5	3	8	4	7	6
4	8	5	7	1	6	2	9	3

Instructions

☐ Place 1-9 once each into every row, column and bold-lined 3×3 box.

Classic Sudoku

1	7	2	3	8	6	4	9	5
6	9	8	4	2	5	3	7	1
3	5	4	1	9	7	2	8	6
8	4	3	7	5	1	6	2	9
9	1	5	6	4	2	8	3	7
2	6	7	9	3	8	1	5	4
7	8	6	5	1	3	9	4	2
5	3	9	2	6	4	7	1	8
4	2	1	8	7	9	5	6	3

Classic Sudoku

1	9						2	5
8		4				1		3
	3		7		1		9	
		9	3		5	7		
		5	4		7	2		
	5		2		8		1	
9		2				5		6
7	4						8	2

9	8	4	7	3	6	1	5	2
7	3	5	1	4	2	9	8	6
2	1	6	8	9	5	4	7	3
1	4	8	5	6	3	2	9	7
6	5	9	2	8	7	3	4	1
3	7	2	9	1	4	8	6	5
8	2	1	6	5	9	7	3	4
5	9	3	4	7	1	6	2	8
4	6	7	3	2	8	5	1	9

Classic Sudoku

6		1				3		4
			3		4			
8				2				7
	8			4			3	
		4	2		3	6		
	9			6			7	
1				7				9
			8		1			
4		8				7		5

9		6				8		1
	8	2				3	5	
7	4						2	9
			2	9	8			
			1		5			
			6	7	4			
2	1						7	6
	5	7				4	8	
6		4				1		5

Classic Sudoku

		6				2		
	3	9				6	4	
2	8			3			5	9
			8	1	9			
		8	3		5	9		
			2	6	4			
3	6			9			2	1
	1	4				5	9	
		2				3		

5								6
	2		6	1	4		9	
		1				2		
	3			5			8	
	7		8		9		3	
	1			2			6	
		2				8		
	5		4	9	3		2	
6								3

Picture Sudoku

The givens can be arranged to make simple pictures in the grid, such as this heart shape:

		7	1		3	9		
	9	3		7		6	8	
	2		3	4	8		6	
	3	8		1		2	4	
		9	2		7	3		
		5	6	3	1	7		
			4	8	5			
				9				

Instructions

☐ Place 1-9 once each into every row, column and bold-lined 3×3 box.

○ *Note:* The only difference in this variant is that the given numbers start off in an unusual arrangement.

This puzzle is all about 'S' for 'Sudoku':

8	1	2						
6					9		8	
	2	4				9		1
		1						
1	6	9				4	7	8
					7			
	3		9			2	1	
2		6						4
					3	7	5	

Picture Sudoku

And this one is for my Mum!

9				5		6		4
5	1		7	6		9		3
2		3		4		8		7
7				8		5	4	2
	5				4		3	
	2	7		1	5		9	
	8		6		2			
	3				9		8	

Letter Sudoku

In classic Sudoku the digits are used as symbols rather than values, so we can use letters or patterns or pictures or whatever we prefer:

H			D		E			F
	C			G		H		
	B						A	
G				E				I
	E		F		G		C	
C				H				G
	H						I	
		F		A		E		
D			C		H			B

Instructions

☐ Place A-I once each into every row, column and bold-lined 3×3 box.

Letter Sudoku

Using letters in a Sudoku grid allows words to be spelt out. These are often called 'Wordoku':

			d	e	r			
	r						o	
		l	W		o	n		
d		e				W		r
	W						f	
o		r				u		n
		W	u		f	l		
	u						d	
			r	d	l			

Instructions

☐ Place d, e, f, l, n, o, r, u and W once each into every row, column and bold-lined 3×3 box.

☐ A 9-letter word can be read in one row or column of the finished puzzle.

A Sudoku grid doesn't have to be 9×9:

Instructions

☐ Place 1-6 once each into every row, column and bold-lined 3×2 box.

		1		4	
2					
	6				
				5	
					1
	5		2		

Sudoku 6×6

					6
					3
		3	5		
		2	4		
5					
1					

Sudoku 8×8

3			2	4			5
	5	6			4	2	
			1	3			
			6	2			
	2	7			8	6	
7			4	8			2

Instructions

☐ Place 1-8 once each into every row, column and bold-lined 4×2 box.

	9				A	C				2	
4	C			3	7	8	5			9	6
			5		6	2		C			
		5		B			7		A		
	6		1					B		4	
3	8	B							2	5	7
C	A	3							4	1	9
	5		8					2		3	
		7		4			2		8		
			6		2	B		3			
2	B			5	8	9	3			7	1
	3				1	4			C		

Instructions

☐ Place 1-9 and A-C once each into every row, column and bold-lined 4×3 box.

Sudoku 16×16

8				F		4			G		7				E
		E	C	A		2			B		3	1	8		
	1			7	D	9			4	A	E			F	
	4		5	3			8	2			9	C		A	
1	C	B	6	9						8	G	F	2	3	
		A									6				
G	E	5				3	A					C	8	D	
		3			1	B	6	D			A				
		E			7	F	4	A			2				
C	7	1				9	5					D	4	6	
		2										1			
A	B	4	F	8					1	3	G	C	5		
	8		D	2			4	B		G	6		5		
	A			G	1	8			2	6	C			3	
		G	2	6		E			F			A	8	4	
F				D		B			5		4				2

Instructions

☐ Place 1-9 and A-G once each into every row, column and bold-lined 4×4 box.

○ *Note:* Don't worry, you won't need to make any tiny pencilmark notes to solve this puzzle – there is no difficult logic.

There are many different ways to add additional constraints to a sudoku. One of the most straightforward is to include extra regions:

	8						9	
			9		4			
	3			6			2	
7								5
5								7
4								9
	4			2			7	
			3		8			
	6						1	

Instructions

☐ Place 1-9 once each into every row, column, bold-lined 3×3 box and shaded 3×3 area.

Windoku

3		1				2		6
		7				9		
4								1
7								3
		2				6		
6								4
1								7
		5				3		
9		6				4		2

					1			2
		1		5				
	5				4			8
	6				3			
				1				
			7				6	
3			2				1	
				8		3		
7			1					

Windoku

8			7		9			5
		9				8		
	3			8			1	
5								3
		3				2		
4								1
	4			7			9	
		1				5		
3			9		4			2

2		3			9		7
4		8	6		7	3		2
		4			5		
		6			1		
9		2	5		6	8		3
3		7			4		1

Windoku

		6				7		
		5		7		4		
9	4						2	5
	7						8	
1	6						4	8
		2		4		9		
		3				6		

Possibly the first Sudoku variant ever invented, adding just two diagonal constraints makes puzzles surprisingly more challenging:

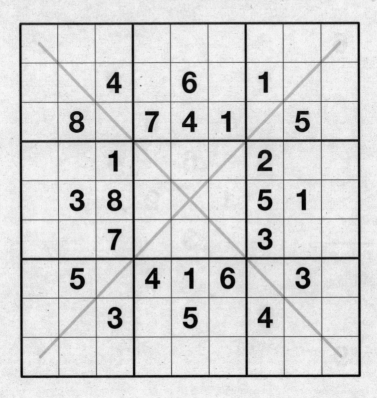

Instructions

☐ Place 1-9 once each into every row, column, bold-lined 3×3 box and marked diagonal.

Sudoku X

6								2
		2				9		
	3		7		5		1	
		5		6		4		
			1		9			
		4		3		1		
	6		9		2		4	
		3				8		
9								1

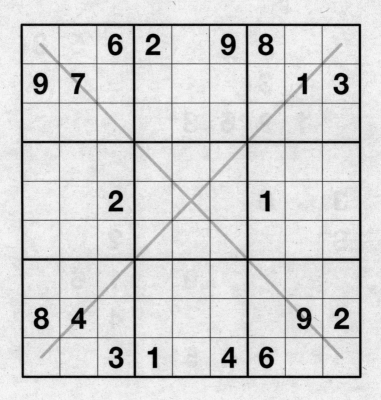

Sudoku X

							5	8
		3						9
	1	9	6	3				
3		6				9		
8						2		
				9		1	6	
						4		
			4	5				

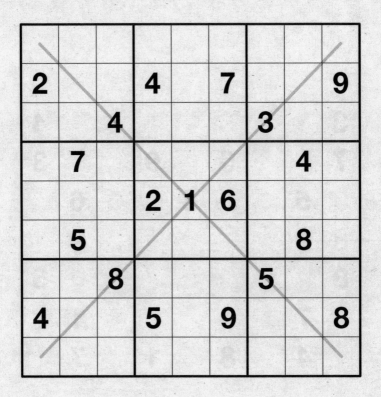

Sudoku X

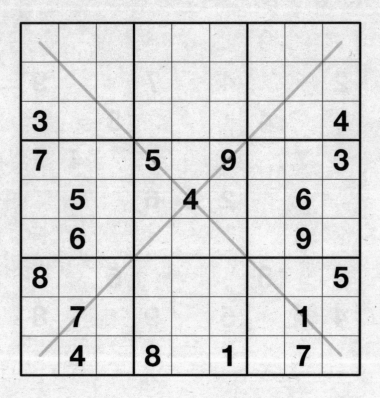

What if no number could be repeated in the centre of the 3×3 boxes?

		9	3	6	5	8		
3								2
6			8		3			9
5								1
2			7		4			5
4								8
		1	2	9	6	7		

Instructions

☐ Place 1-9 once each into every row, column, bold-lined 3×3 box and the marked set of shaded box-centre cells.

Sudoku Centres

		2	9	4	3	5		
			7		6			
4								9
8	5						9	4
1								3
2	9						8	1
5								6
			6		4			
		4	1	2	5	9		

3			8		5			6
				7				
			6	3	9			
8		3				6		2
	5	9				1	8	
4		1				3		9
			3	2	7			
				9				
9			5		1			7

Sudoku Centres

2	9						7	6
7								8
		4	9		7	3		
		7	8	5	9	1		
			2		1			
		5	3	7	4	2		
		6	7		8	5		
5								1
3	8						4	7

Offset Sudoku

And what if it's not just the centre of each box we make unique, but every cell at the same relative position in a box?

	1	9	8					
			3					
			6					
6			7	4				
2							4	6
								1
4								7
7	5		4	2				

Instructions

☐ Place 1-9 once each into every row, column, bold-lined 3×3 box and offset region.

☐ There are nine offset regions, each one consisting of the set of nine cells that are in the same relative position in a 3×3 box. So, for example, the nine cells each in the top-left position of a 3×3 box together form one offset region, and the nine cells each in the centre of a box (as shaded on the opposite page) form another.

Offset Sudoku

7								3
				2				
		2	1	7	6	5		
		4				8		
	7	9				3	1	
		3				6		
		7	9	4	8	2		
				5				
4								9

1	5						2	9
9		2				5		7
	8						6	
			8		6			
		7		9		6		
5		8				3		1

Offset Sudoku

	4		2		1		9	
7	3						8	5
9								4
	6	9				5	2	
4			6		3			7

Sudoku Extra Boxes

There are many ways to add extra regions to a puzzle:

							2	
					6	3		
			3		1			
	1	9						4
	2						9	
4						1	5	
			4		2			
		3	8					
	7							

Instructions

☐ Place 1-9 once each into every row, column, bold-lined 3×3 box and shaded 3×3 box.

Sudoku Extra Boxes

					1	5		
				6	8	9		
4	9							
2	8							
	6						5	
							9	2
							8	1
		9	3	7				
		4	1					

Instructions

☐ Place 1-9 once each into every row, column, bold-lined 3×3 box and shaded 'S' shape.

Sudoku Pointers

	3				6			
	5			3		8	1	6
	8		1					
7						3		
	6						4	
		3						7
					4		5	
5	1	4		2			9	
			8				3	

Instructions

☐ Place 1-9 once each into every row, column, bold-lined 3×3 box and shaded pointer shape.

		3			1			
		3		2	9			
		2	3			6	9	
7	2					1		
	3						8	
		8					3	6
	5	1			8	7		
			6	4		9		
			5					

Sudoku Windmill

	6	8			3		2	
					5		9	
	8	7						
						6	3	
	3		6					
	9		4			7	1	

Instructions

☐ Place 1-9 once each into every row, column, bold-lined 3×3 box and shaded blade shape.

Sudoku Windmill

Sudoku+

5	8			3			4	
			6	8	7		1	
			5					
1	9		7					
				1			9	4
				9				
	3		2	1	6			
	1			5			2	9

Instructions

☐ Place 1-9 once each into every row, column, bold-lined 3×3 box and shaded '+' shape.

Sudoku Deficit Rectangles

Extra regions don't necessarily need to be a fixed size. In this puzzle there is one digit missing from each extra region:

	2			3			4	
		4			1			5
	6			2			8	
		1			7			6
	5			9			7	
2			3			9		
	4			1			5	
5			2			8		
	1			7			3	

Instructions

☐ Place 1-9 once each into every row, column and bold-lined 3×3 box.

☐ No digit can be repeated in any shaded box.

Sudoku Deficit Rectangles

	8			4			7	
		4			8			2
	5			7			1	
		2			3			9
	1			9			6	
8			6			7		
	2			3			4	
3			7			1		
	6			8			9	

Sudoku Deficit Regions

1		5	9	2				
			1		4			
8		9						
					1			
		8	4	7	6	5		
			8					
						4		7
			2		8			
				4	9	2		6

Instructions

☐ Place 1-9 once each into every row, column and bold-lined 3×3 box.

☐ No digit can be repeated in any shaded region. Each set of adjacent shaded cells forms a separate region.

Sudoku Deficit Regions

						5		
		6	2	9	7			
1							9	
	3		7		2		8	
	6						3	
	2		4		6		1	
	1							4
			1	2	5	8		
		2						

Sudoku Deficit Regions

Deficit extra regions can vary in size in a single puzzle:

6	9	3			4		5	
					9			1
		8						
		1	7			9		
		7			2	4		
						5		
5			8					
	6		5			7	1	9

Sudoku Deficit Regions

		3	5	9				1
6	5			8		2		
						6		
4				7				
		6				7		
				2				6
		1						
		9		6			8	2
2				4	9	3		

Sudoku Deficit Regions

						5		4
	5				2			7
		2		8				
2					4			
3		7				1		6
			6					3
				7		3		
4			2				8	
7		9						

Sudoku Deficit Regions

	7			4			2	
2		1				8		7
	4						1	
			7	3	6			
7			9		8			4
			4	2	1			
	2						9	
4		3				7		8
	9			8			6	

One obvious variation to Sudoku is to replace the fixed 3×3 boxes with a range of other shapes:

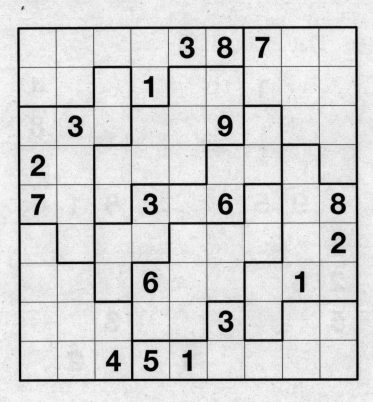

Instructions

☐ Place 1-9 once each into every row, column and bold-lined jigsaw shape.

Jigsaw Sudoku

					4			8
	4		9	2				
8		2				4		
3								5
		6				1		3
				3	9		1	
1			8					

Jigsaw Sudoku

1								7
	7					6	9	
	3				9			
		9	4		2			
				7				
			6		1		9	
			7				8	
	1	7					6	
4								9

7				1				
	3						7	
4					7			
	8		6	3				
				5	6		9	
			2					7
	9						6	
				9				4

Jigsaw Sudoku

	7						4	
								2
6	5							1
		2	9		3			
			5		2	3		
8							5	7
1								
	4						3	

9						6	5	8
7	2						3	
6		1				2		
		6				3		5
	8						6	2
2	4	7						9

Jigsaw Sudoku

	6	5			1			
		4	7					
		9						3
8	4			7				
				6			4	1
9						4		
					4	7		
			1			9	3	

Wraparound Sudoku

What if we allowed some jigsaw shapes to continue from one side of the puzzle to the other, as if the paper wrapped around on itself?

Instructions

☐ Place 1-9 once each into every row, column and bold-lined jigsaw shape.

☐ Some bold-lined jigsaw shapes 'wrap around' the edges of the puzzle, continuing in the cell directly opposite. So for example in this puzzle the jigsaw region covering the top-left two cells continues in the 2×2 area at the bottom-left, and then continues in the 3 cells at the right edge of the 8th row.

○ *Note:* It might help to shade each region in a different colour first.

Wraparound Sudoku

			8					
		7			9			2
7				3		8		
							7	
		5				6		
	1							
		6		9				1
8			3			2		
					5			

Wraparound Sudoku

			1		5		9	
7			5	6				
		3						
		1						
	7						5	
						2		
						8		
				2	8			3
	3		7		2			

Wraparound Sudoku

5	4							
		3	8	6				1
6		1				5		
				2				
		2						
		7				3		8
3				7	4	1		
							8	9

Wraparound Sudoku

			1					3
		8	4			9		1
							6	
	4					2		
				2				
		4					3	
	1							
1		9			5	7		
7					1			

Jigsaw Box Sudoku

Adding both 3×3 boxes *and* jigsaw shapes adds more information but can make puzzles trickier to solve:

Instructions

☐ Place 1-9 once each into every row, column, bold-lined jigsaw shape and each of the nine 3×3 boxes.

☐ To be clear, each continuous set of shaded or unshaded cells forms a 3×3 box, so there are the same nine boxes as in a classic sudoku puzzle.

Jigsaw Box Sudoku

Jigsaw Box Sudoku

Jigsaw Box Sudoku

Wraparound Box Sudoku

Instructions

☐ Place 1-9 once each into every row, column, bold-lined jigsaw shape and each of the nine 3×3 boxes.

☐ To be clear, each continuous set of shaded or unshaded cells forms a 3×3 box, so there are the same nine boxes as in a classic sudoku puzzle.

☐ Some bold-lined jigsaw shapes 'wrap around' the edges of the puzzle, continuing in the cell directly opposite, as described on page 71.

Wraparound Box Sudoku

Consecutive Sudoku

Many sudoku variants use the values of the digits to extend the puzzle, so we are no longer placing just a convenient set of symbols:

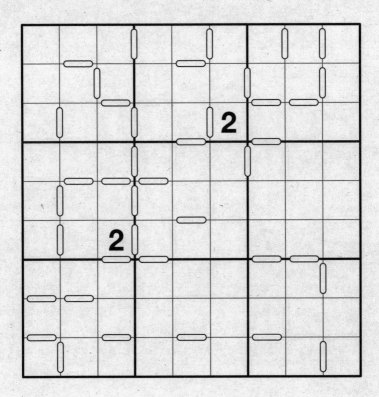

Instructions

☐ Place 1-9 once each into every row, column and bold-lined 3×3 box.

☐ *All* pairs of adjacent cells with consecutive digits are marked with a white bar. 'Consecutive' means that the two cells have a numerical difference of 1, so for example 3&4 or 8&7 are consecutive (marked with white bars), but 5&7 are not.

○ *Note:* This means that any pair of cells without a white bar between them does *not* contain consecutive digits.

Consecutive Sudoku

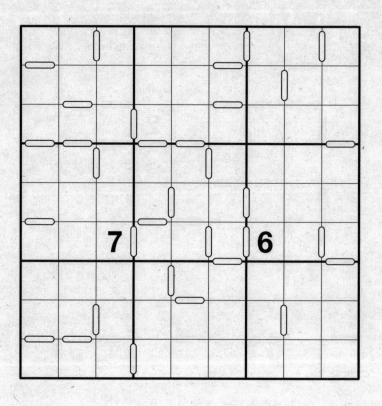

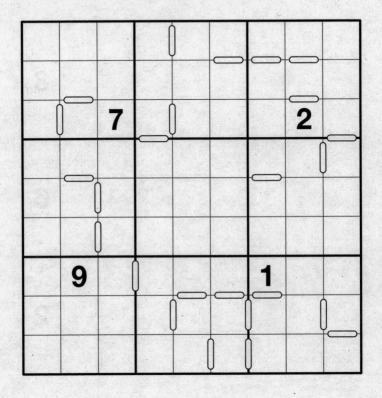

Consecutive Sudoku

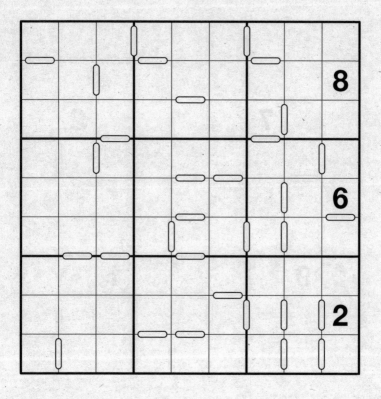

Consecutive Sudoku

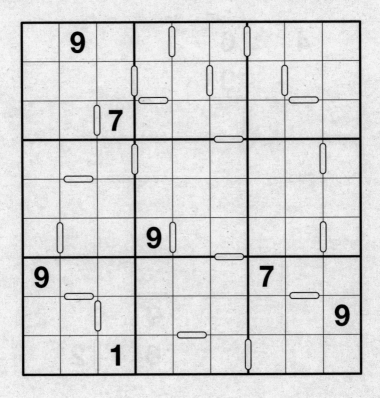

Consecutive Sudoku

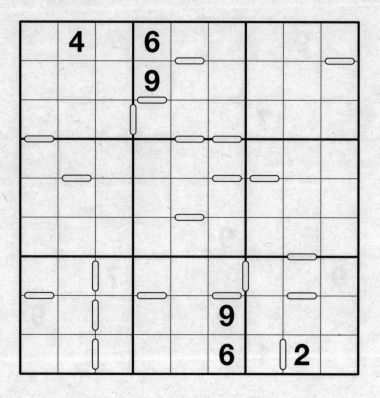

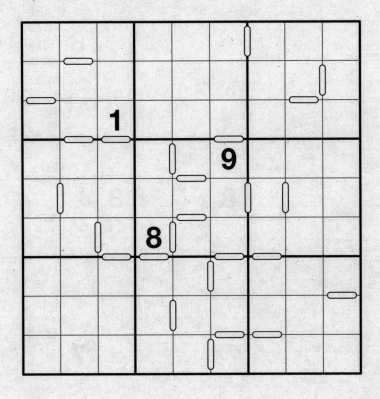

Consecutive Sudoku

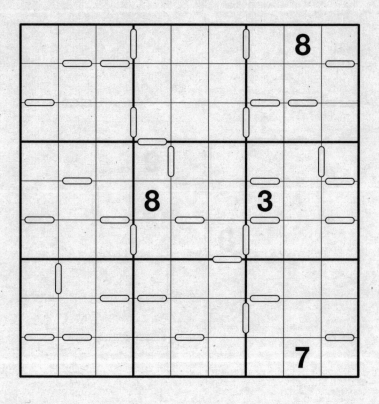

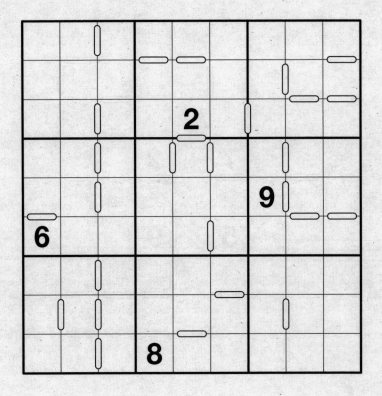

Consecutive Sudoku

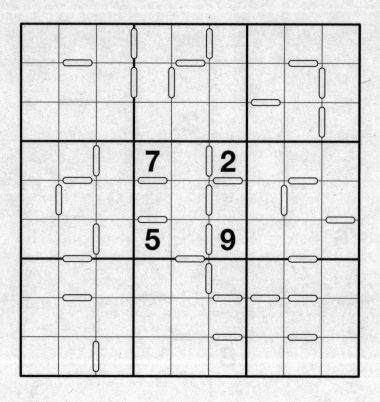

Non-consecutive Sudoku

Rather than marking consecutive pairs of numbers, what if we designed a puzzle which had absolutely no consecutive numbers?

	3							
					6	3		9
					1		7	
	9		7					
5		7	4					
							2	

Instructions

☐ Place 1-9 once each into every row, column and bold-lined 3×3 box.

☐ No two adjacent cells may contain consecutive digits. 'Consecutive' means that the two cells have a numerical difference of 1, so for example 3&4 or 8&7 are consecutive and therefore may not be adjacent, but 5&7 are non-consecutive and so can be adjacent.

Non-consecutive Sudoku

				4				
		9			7			
	1	3						
								7
4								
	6							
			1					

			8					9
				3				
					4			
							6	
8		1						5
			5					
			1					

Non-consecutive Sudoku

			7		1			
		7				5		
							1	
								8
			8					3
						6		
	8							

Non-consecutive Sudoku

	6						9	
5								8
		4				5		
			6		8			
			3		1			
		2				6		
6								5
	1						8	

Non-consecutive Sudoku

	3							
					2			
4			2			3		
					3			
5								
	8						2	
		9			7			

Non-con Corner Sudoku

Instead of horizontally- or vertically-neighbouring cells, this puzzle uses diagonal neighbours instead:

	7						6	
5	8						9	4
				5				
		7				4		
				3				
3	2						5	6
	6						3	

Instructions

☐ Place 1-9 once each into every row, column and bold-lined 3×3 box.

☐ No two diagonally-touching cells may contain consecutive digits. To be clear, the 5 and 7 at the top-left of this grid are in diagonally-touching cells, for example. 'Consecutive' means that the two cells have a numerical difference of 1, so for example 3&4 or 8&7 are consecutive and therefore may not be diagonally touching, but 5&7 are non-consecutive and so can touch.

Non-con Corner Sudoku

1	2	7						5
			1					6
								3
							9	
	9							
2								
4					9			
3						4	6	7

Snake Sudoku

Relaxing the need to specify the constraint between every pair of cells makes for a surprisingly different puzzle:

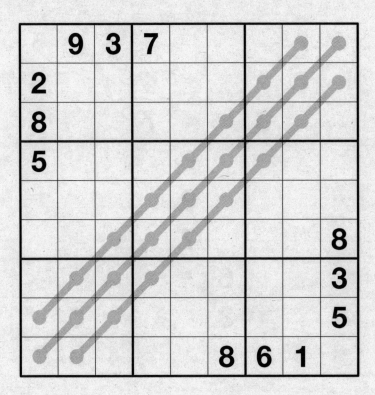

Instructions

☐ Place 1-9 once each into every row, column and bold-lined 3×3 box.

☐ Each pair of touching linked cells along the length of a snake is consecutive. 'Consecutive' means that the two cells have a numerical difference of 1, so for example 3&4 or 8&7 are consecutive but 5&7 are not.

Snake Sudoku

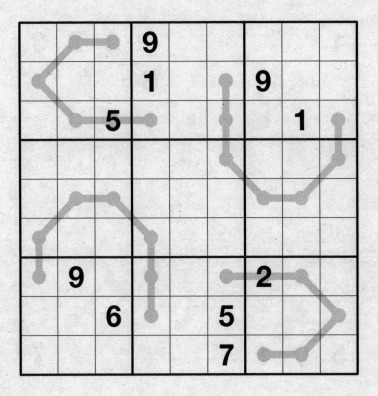

Snake Sudoku

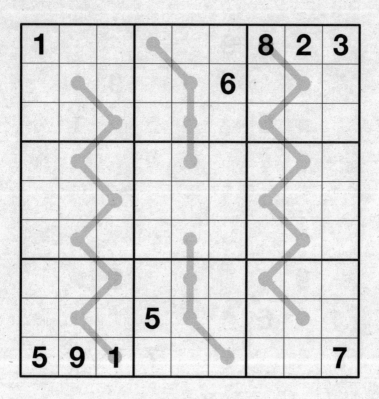

1					6			3
			1		5			
6		7				8		
		1				7		9
			8		7			
8			2					1

Snake Sudoku

The snakes in this puzzle spell out 'Snake'!

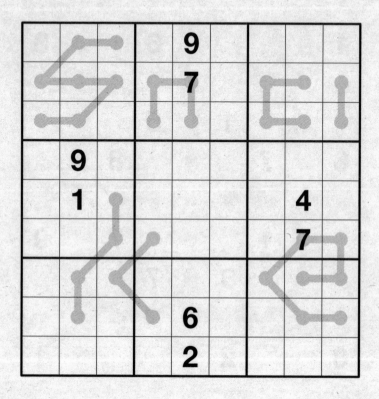

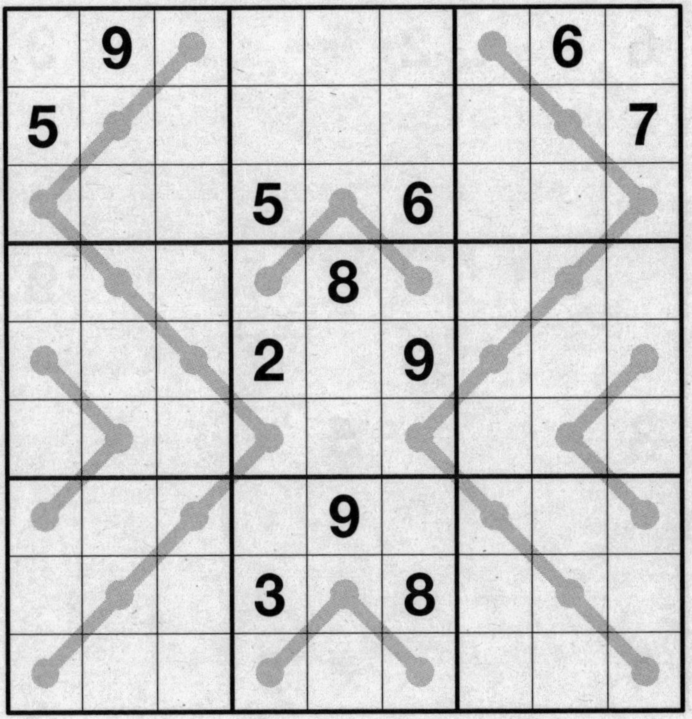
9 6
5 7
5 6
8
2 9
9
3 8

Snake Sudoku

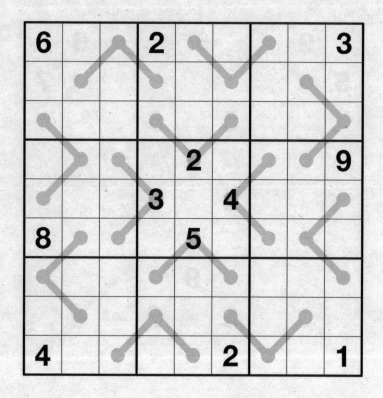

Snake Sudoku

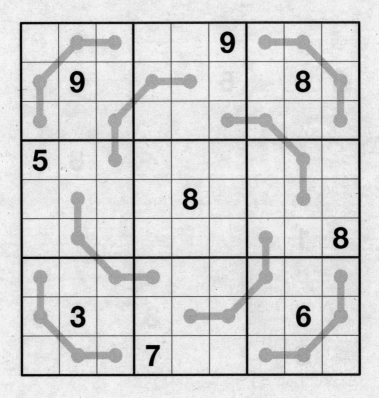

Snake Sudoku

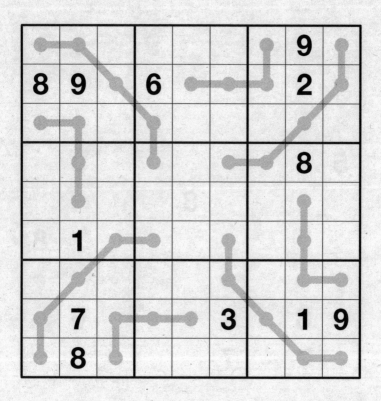

Odd/Even Sudoku

Extra markings in a sudoku variation can also be used to provide additional information about the starting value of a cell:

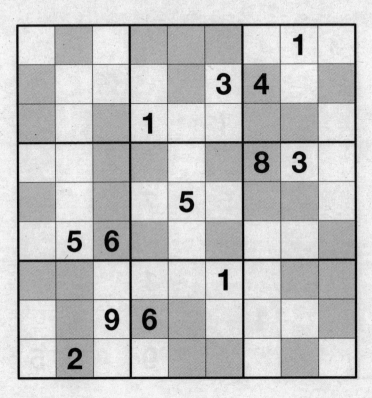

Instructions

☐ Place 1-9 once each into every row, column and bold-lined 3×3 box.

☐ All shaded cells contain even digits.

☐ All unshaded cells contain odd digits.

Odd/Even Sudoku

3	1		8					
						2		
			1					
	5							
			6	1	7			
							3	
					1			
		4						
				9			6	5

Odd/Even Sudoku

		8				7		
			6					
			9					
		9					8	
			4		1			
	4					3		
					6			
					5			
		1				9		

Odd/Even Sudoku

Trio Sudoku

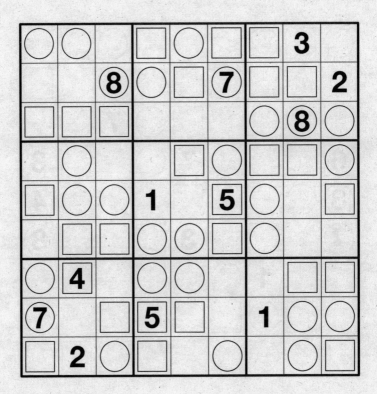

Instructions

- Place 1-9 once each into every row, column and bold-lined 3×3 box.
- All unmarked cells contain 1, 2 or 3.
- All cells with an inset square contain 4, 5 or 6.
- All cells with an inset circle contain 7, 8 or 9.

Trio Sudoku

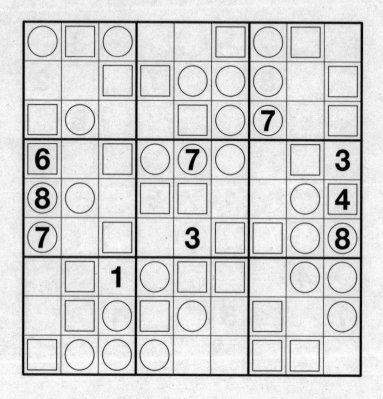

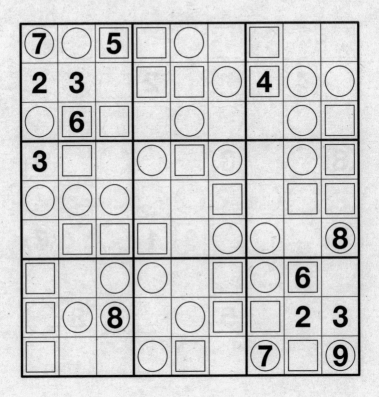

Trio Sudoku

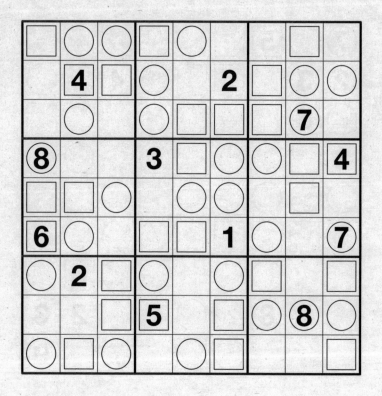

Odd/Even Trio Sudoku

Over-specifying the contents of each cell can make a puzzle very easy. As few as 3 givens are required in this variation:

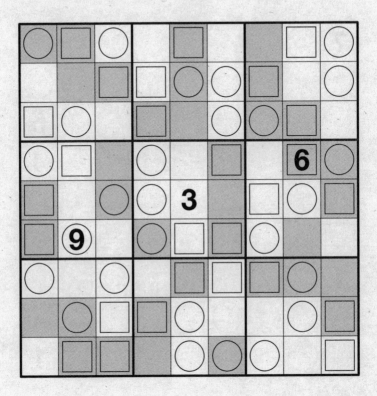

Instructions

☐ Place 1-9 once each into every row, column and bold-lined 3×3 box.

☐ All cells without an inset square or inset circle contain 1, 2 or 3.

☐ All cells with an inset square contain 4, 5 or 6.

☐ All cells with an inset circle contain 7, 8 or 9.

☐ All shaded cells contain even digits.

☐ All unshaded cells contain odd digits.

Odd/Even Trio Sudoku

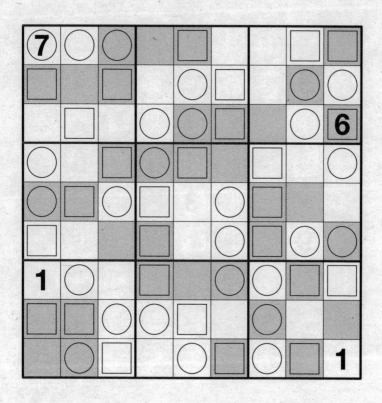

Anti-King Sudoku

We can add additional constraints that apply to every cell in a puzzle. Some of these are based on the rules of chess:

		5				1		
	9			4			5	
2								6
			2	9	5			
	2		3		8		4	
			6	1	4			
1								8
	7			2			6	
		9				3		

Instructions

❑ Place 1-9 once each into every row, column and bold-lined 3×3 box.

❑ No two identical digits can touch diagonally.

○ *Note:* This variant is called Anti-King because no digit can repeat in any cell a king's move away in a game of chess. We need not specify the up/down/left/right restriction because the Sudoku row and column constraints take care of this for us already.

Anti-King Sudoku

	2					1		
	5						7	8
3					7			
		2	4	3	9			
			1		6			
			2	5	8	3		
			6					1
7	4						5	
		6					3	

			6	2		7		
	3					2	9	
6	2							
			2		5			9
2								4
7			9		4			
							3	8
	7	9					2	
		3		5	2			

Anti-King Sudoku

6								9
			4		3			
4	5		1		7		2	6
		4				9		
5	9		2		6		4	8
			3		5			
2								1

	3			1	9	6		
	1						9	7
2								
1			9		7			
3								1
			1		8			5
								2
7	4						8	
		3	5	9			1	

Anti-King Sudoku

2	5						3	1
			8		5			
		3				6		
		1	9		4	2		
		7	1		2	5		
		6				4		
			4		1			
4	3						1	5

Anti-King Sudoku

			6		4			
	6	5				4	1	
			2		9			
	3	4	8		1	6	9	
5		9				2		6
	4			9			5	

Anti-King Sudoku

				3	1		8	
8			2			7		
	7			4				
1							7	
2		7				5		6
	9							4
				6			9	
		6			5			3
	8		1	7				

Anti-Knight Sudoku

The chess metaphor can be extended to other pieces:

					5		
		6						
5			3		9		7	
		7				3		
				2				
		1				6		
	6		7		4			3
						4		
		4						

Instructions

☐ Place 1-9 once each into every row, column and bold-lined 3×3 box.

☐ No two identical digits can be a single knight's move in chess apart from one another. Knights move one square horizontally or vertically followed by two squares in a perpendicular direction.

Anti-Knight Sudoku

9				5				
			7					
			1					
								3
	6					5	1	
8	4							
		7	2					
		1						9

Anti-Knight Sudoku

		6				8		
7		5				2		3
				3				
			6	2	1			
				9				
5		7				3		1
		4				7		

Anti-Knight Sudoku

			6	5	9			
			7					
6	5							
4					8			
1				6			4	8
							9	
				7	3			
				1				

Anti-Knight Sudoku

			8	2				
		3	9			6		
						2	8	
	5						4	
	4	6						
		9			2	3		
				7	4			

Anti-Knight Sudoku

	9	5				8	4	
2								3
1								2
				1				
			4		6			
				9				
9								8
4								9
	3	7				2	6	

Anti-Knight Sudoku

	4							
		5						
7						3	8	
	7					9		
4					5			
	3					5		
2						8	5	
		1						
	6							

Anti-Knight Sudoku

	8						2	
5	1						8	3
		9				7		
				6				
			5		3			
				4				
		6				5		
3	5						7	6
	7						1	

No Donkey Step Sudoku

This inelegantly-named variation, described by its original creator in terms of the moves a donkey can make, extends Anti-King Sudoku:

							7	
						8		
9						4		
				6		5		
1								7
		7		4				
	5							6
	3							
	9							

Instructions

☐ Place 1-9 once each into every row, column and bold-lined 3×3 box.

☐ No digit can be repeated either one or two cells away in any of the four diagonal directions.

No Donkey Step Sudoku

6								9
	4						1	
				6	9			
		7	2		5			
		3				1		
			8		3	5		
			1	7				
	2						7	
8								4

No Donkey Step Sudoku

3						5		1
6			8		1			
	2		9		8			
		3		7				
	7		5		3			
		4		8				5
7		8						2

No Donkey Step Sudoku

		6						
		1	7					
		8				6	7	1
							4	
			4					
	7							
3	2	9				8		
					1	9		
						3		

No Donkey Step Sudoku

				9				
		8				9		
		7	3		5	4		
	1						5	
	7						6	
		1	5		7	3		
		2				1		
			6					

No Donkey Step Sudoku

		7	3		8	5		
			5					
		6				9		
		3		1		8		
		1				2		
				9				
		8	4		2	7		

No Donkey Step Sudoku

			1					
				9		8		
	8			6				
9								
3			6		5			2
								8
				2			4	
		1		7				
				3				

No Donkey Step Sudoku

7								8
		5		9		1		
	2				5		9	
		8						
	7						3	
						4		
	8		4				6	
		9		3		2		
4								3

Inequality Sudoku

Adding inequalities to a Sudoku allows every cell to be compared with its neighbours:

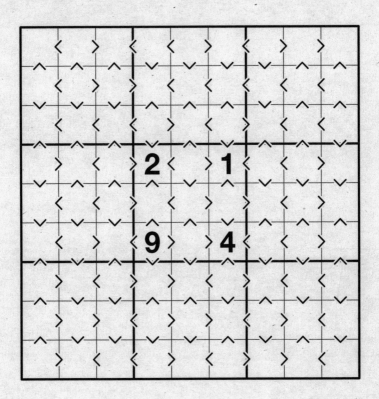

Instructions

☐ Place 1-9 once each into every row, column and bold-lined 3×3 box.

☐ All of the greater-than (>) and less-than (<) symbols must be obeyed, so a value in a cell pointed at by an arrow must be less than the value in the cell the arrow points away from.

Inequality Sudoku

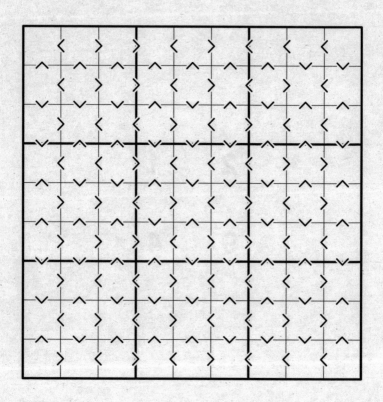

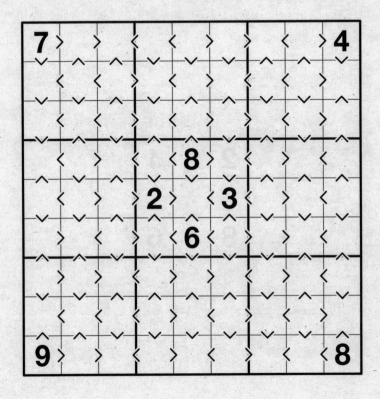

Inequality Sudoku

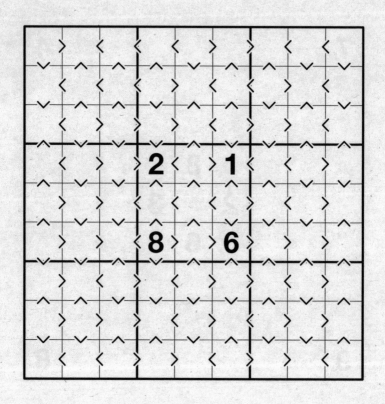

Inequality Sudoku

Not all inequality relationships need be specified:

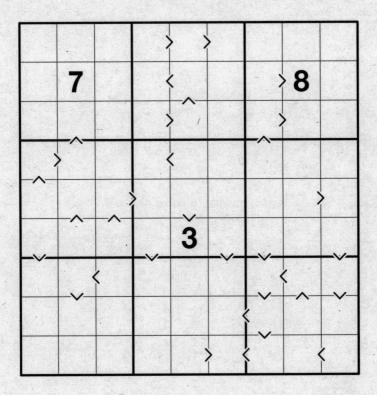

Inequality Sudoku

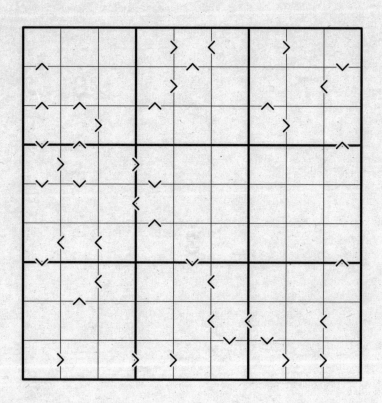

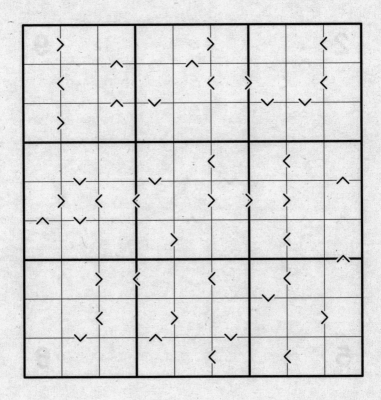

Inequality Sudoku

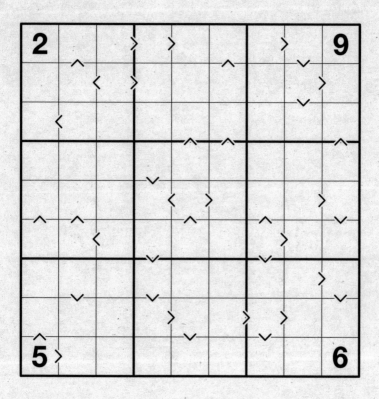

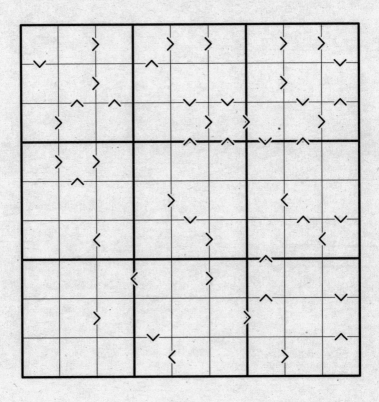

Inequality Sudoku

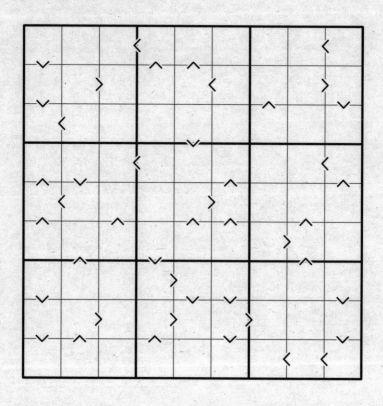

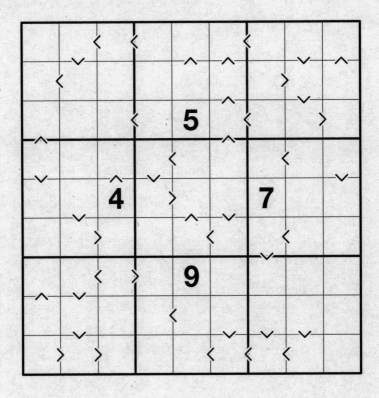

Inequality Sudoku

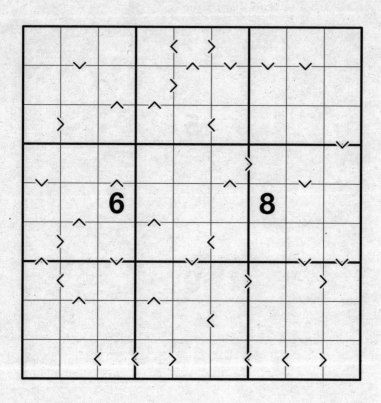

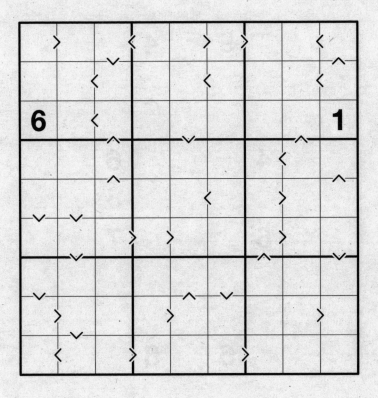

Inequality Sudoku

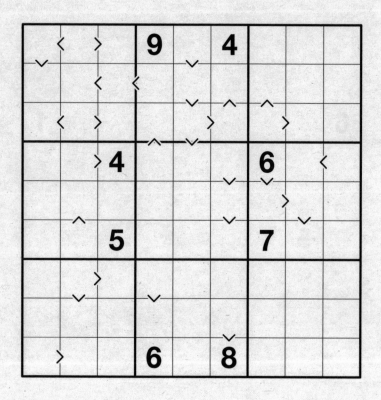

Thermometer Sudoku

Inequalities can expressed in a more visually attractive way:

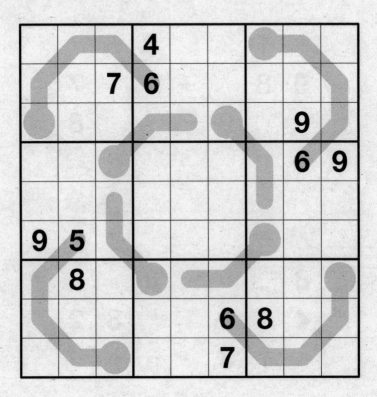

Instructions

- Place 1-9 once each into every row, column and bold-lined 3×3 box.
- The value of the digits along each shaded thermometer must increase cell by cell from the bulb (lowest value) to the head (highest value). This also means that digits cannot be repeated in a thermometer.

Thermometer Sudoku

				9	5		
	9	8				7	
5						8	
7							
							5
	8						7
	4				8	2	
		7	3				

Thermometer Sudoku

Thermometer Sudoku

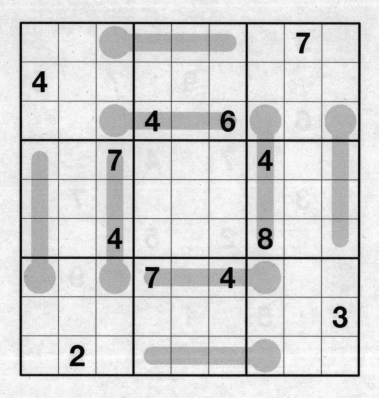

Thermometer Sudoku

Thermometer Sudoku

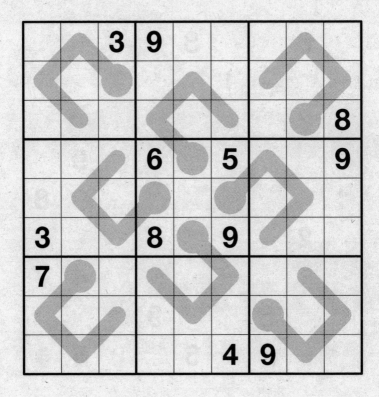

Thermometer Sudoku

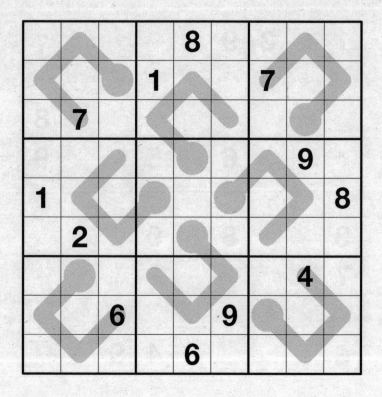

Creasing Sudoku

Puzzles take on a whole new dimension when the inequalities are initially indeterminate:

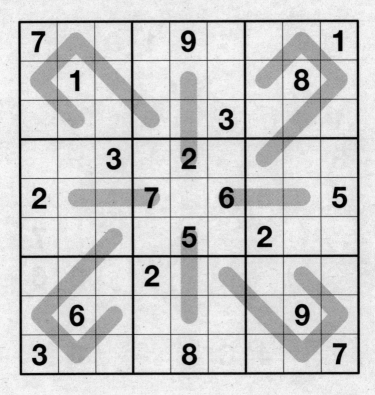

Instructions

☐ Place 1-9 once each into every row, column and bold-lined 3×3 box.

☐ The value of the digits along each shaded path must increase cell by cell from one end to the other – it is up to you to determine which end is which. As a result, no digit can be repeated on a shaded path.

Creasing Sudoku

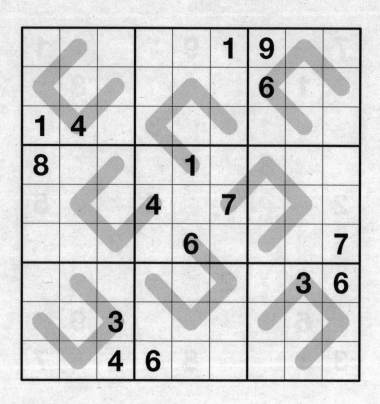

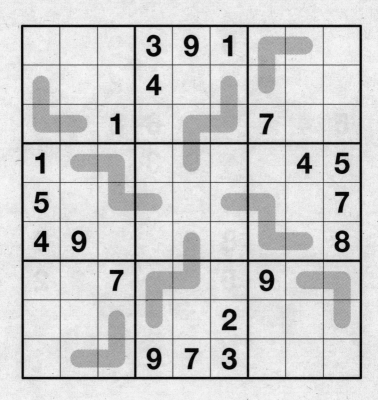

Creasing Sudoku

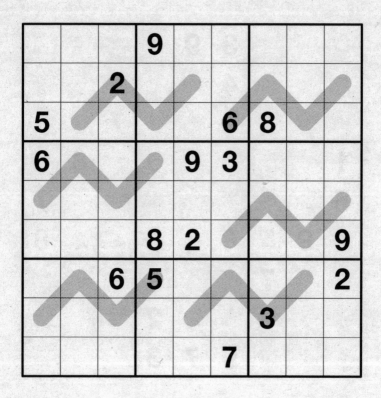

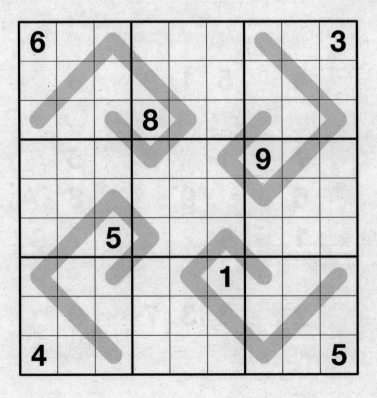

Creasing Sudoku

Creasing Sudoku

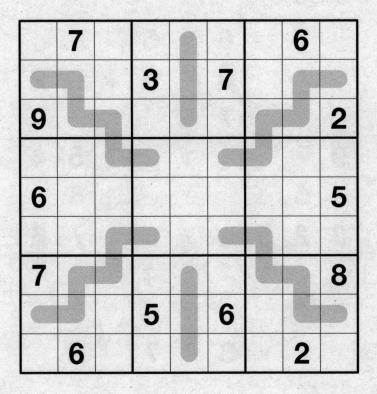

Creasing Sudoku

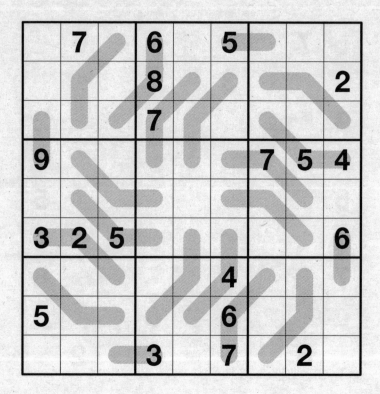

Worm Sudoku

We can combine inequality and consecutive constraints:

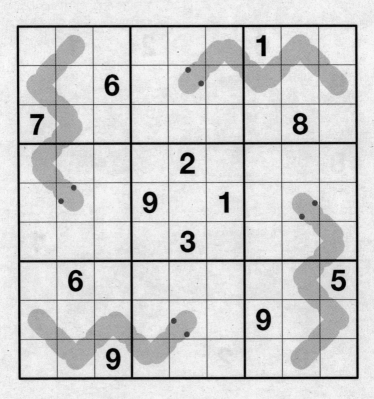

Instructions

☐ Place 1-9 once each into every row, column and bold-lined 3×3 box.

☐ The values of the digits along each worm must decrease by exactly 1 in each cell from the head (marked with eyes) to the tail. For example, 8765 is valid but 8754 is not.

Worm Sudoku

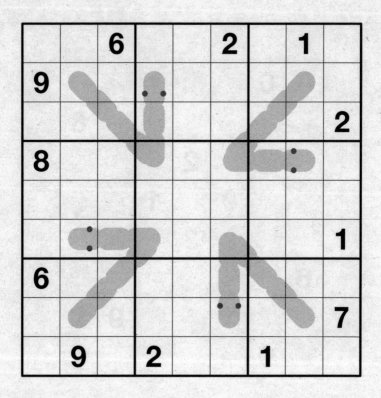

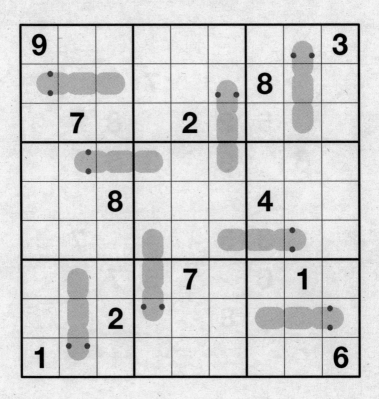

Worm Sudoku

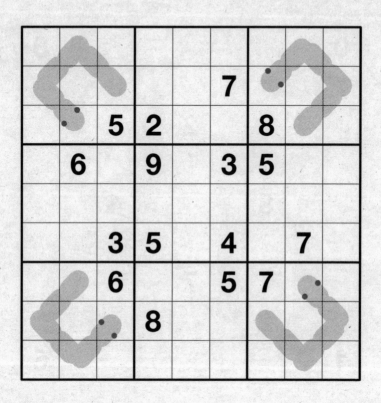

Worm Sudoku

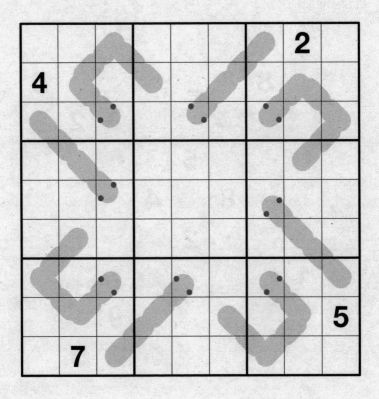

Worm Sudoku

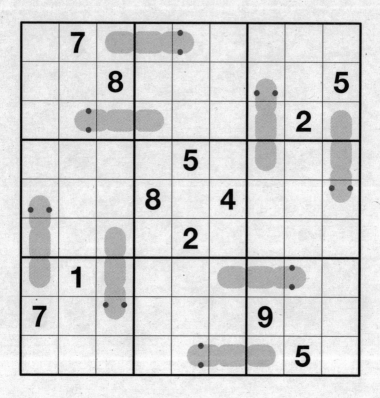

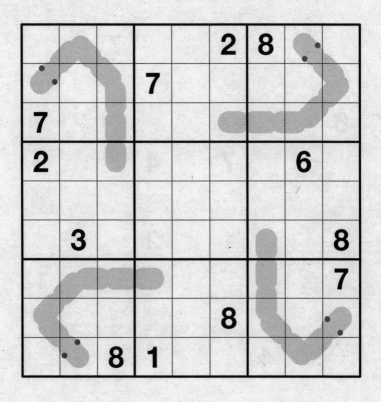

Worm Sudoku

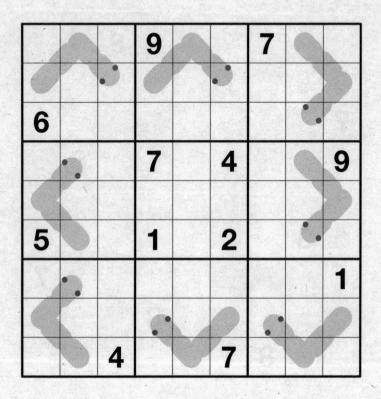

Headless Worm Sudoku

What if the heads and tails are no longer marked?

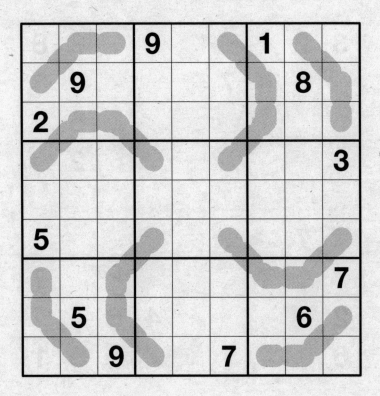

Instructions

☐ Place 1-9 once each into every row, column and bold-lined 3×3 box.

☐ The values of the digits along each worm must decrease by exactly 1 in each cell from one end to the other. For example, 5432 is valid but 5431 is not. It is up to you to determine which end is which.

Headless Worm Sudoku

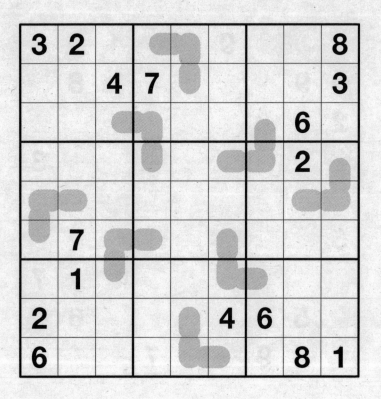

Headless Worm Sudoku

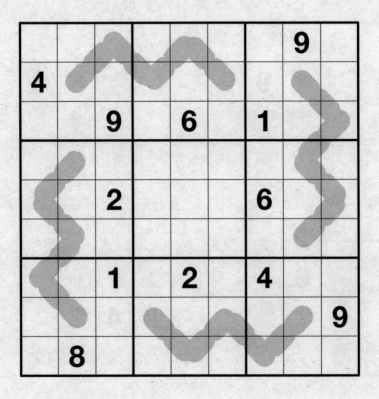

Headless Worm Sudoku

				1				
	1	9	2				8	
							1	
							5	
9								3
	2							
	6							
	7				9	4	3	
			4					

Headless Worm Sudoku

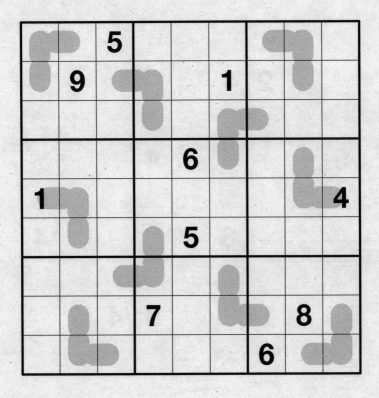

Headless Worm Sudoku

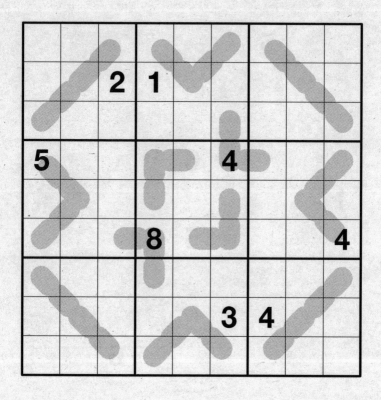

Headless Worm Sudoku

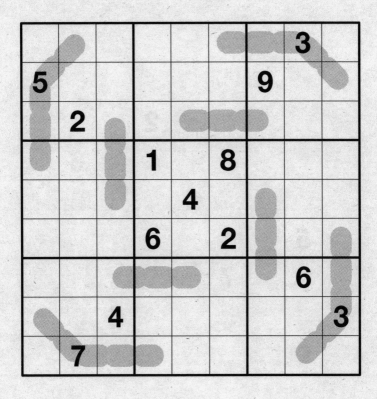

Headless Worm Sudoku

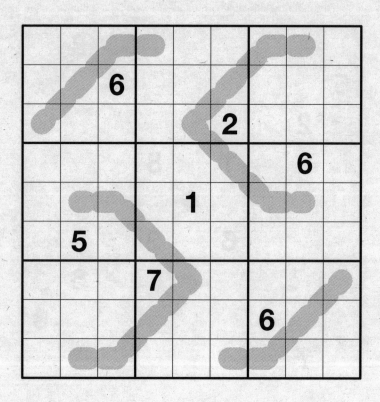

Kropki Sudoku

Consecutive sudoku is augmented in this popular variant:

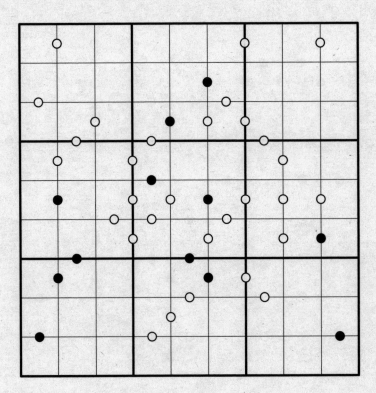

Instructions

☐ Place 1-9 once each into every row, column and bold-lined 3×3 box.

☐ Cells joined by a white dot contain consecutive digits, meaning that they have a numerical difference of 1. Cells joined by a black dot contain digits where one is exactly twice the value of the other, such as 2&4 or 3&6. *All possible white and black dots are shown*, except between a 1 and a 2 in which case only one dot is shown, which may be either white or black.

Kropki Sudoku

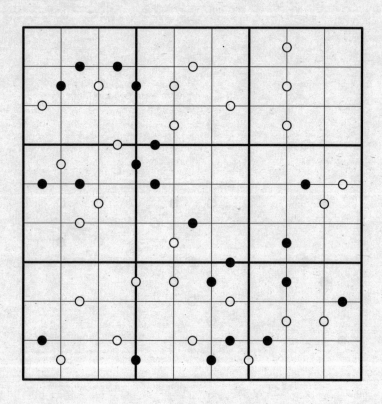

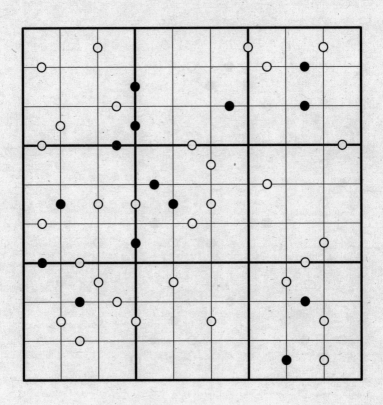

Kropki Sudoku

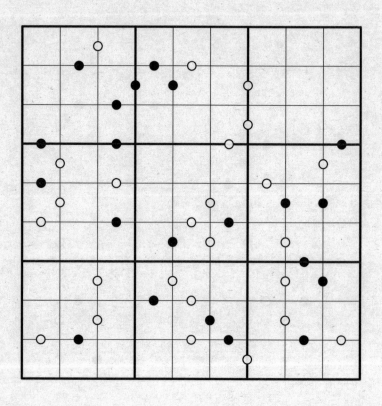

Kropki Sudoku

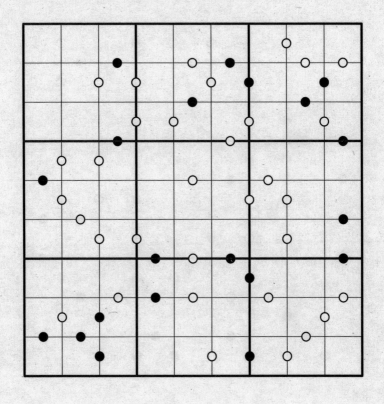

Kropki Sudoku

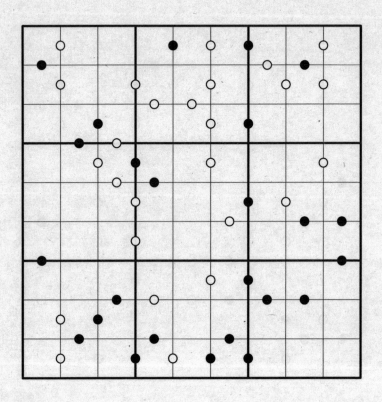

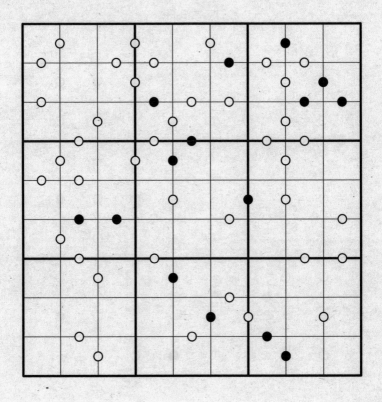

Kropki Sudoku

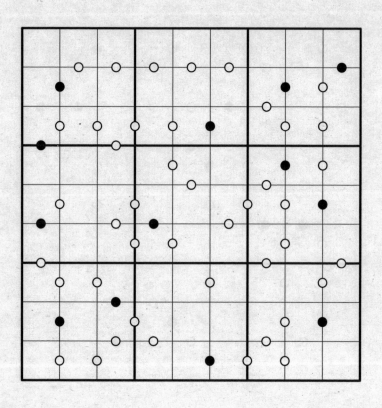

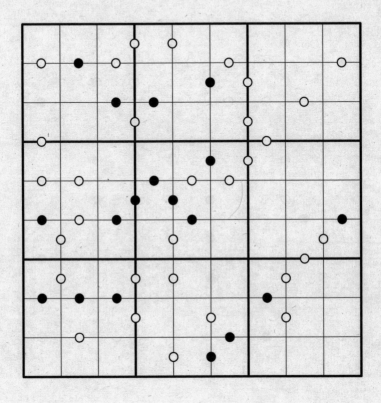

Kropki Sudoku

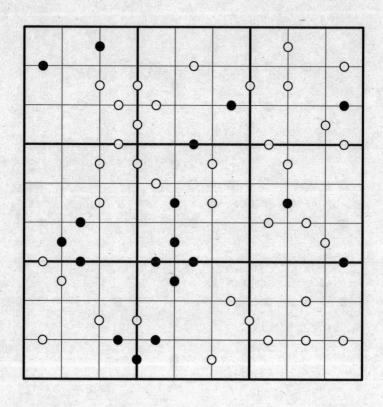

Integer Multiple Sudoku

Extending the behaviour of the black dots in Kropki Sudoku to indicate any integer multiple produces a new variation:

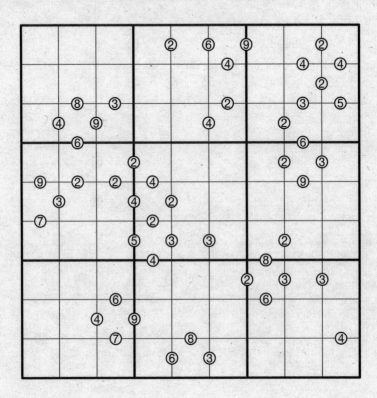

Instructions

☐ Place 1-9 once each into every row, column and bold-lined 3×3 box.

☐ *All* pairs of adjacent cells where the value in one cell is equal to the value in the other cell multiplied by an integer number (also called a whole number) are marked with that integer number in a circle. For example, a circled 3 between two cells indicates that the only possible fits for the two cells are 1&3, 2&6 or 3&9.

○ *Note:* Remember that all possible circled number clues are given.

Integer Multiple Sudoku

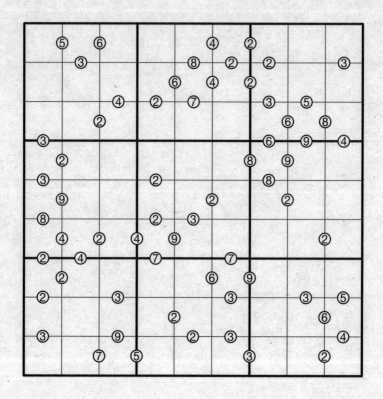

Integer Multiple Sudoku

Since every digit is a multiple of 1, placing a set of numbers which does not include 1 makes for a more interesting puzzle:

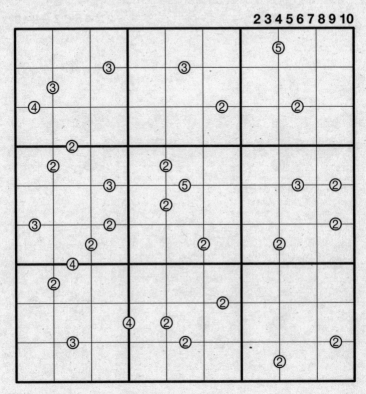

2 3 4 5 6 7 8 9 10

Instructions

☐ Place 2-10 once each into every row, column and bold-lined 3×3 box.

☐ *All* pairs of adjacent cells where the value in one cell is equal to the value in the other cell multiplied by an integer number (also called a whole number) are marked with that integer number in a circle. For example, a circled 3 between two cells indicates that the only possible fits for the two cells are 2&6 or 3&9.

⭕ *Note:* Remember that all possible circled number clues are given.

Integer Multiple Sudoku

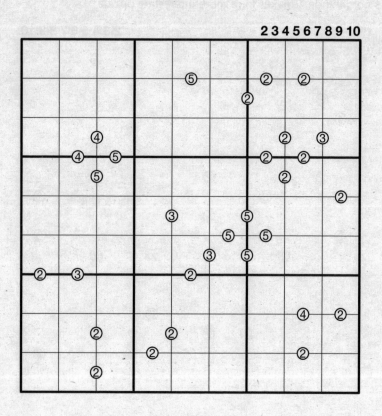

Integer Multiple Sudoku

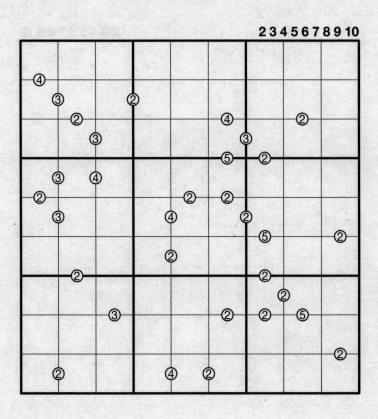

Integer Multiple Sudoku

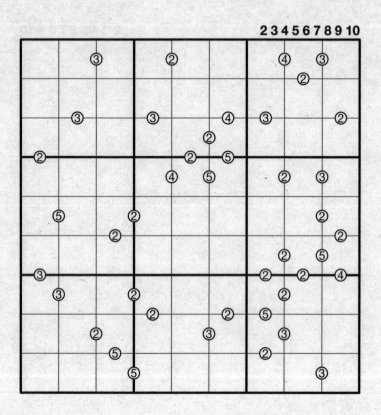

Multiple Sudoku

Simplifying the design to conceal the value of the multiplier makes for an interesting and novel puzzle:

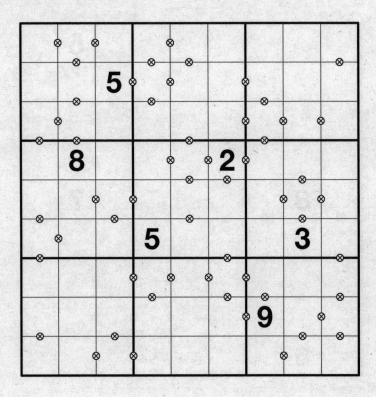

Instructions

☐ Place 1-9 once each into every row, column and bold-lined 3×3 box.

☐ *All* pairs of adjacent cells where the value in one cell is equal to the value in the other cell multiplied by an integer number (also called a whole number) are marked with a circled multiplication symbol.

○ *Note:* Remember that all possible multiplication symbols are given.

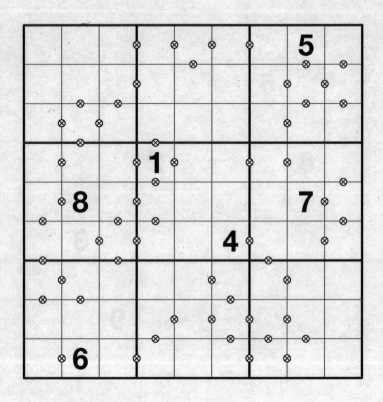

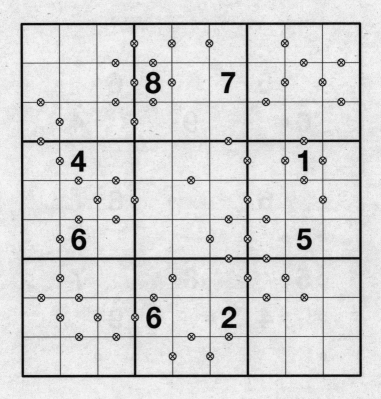

Multiple Sudoku

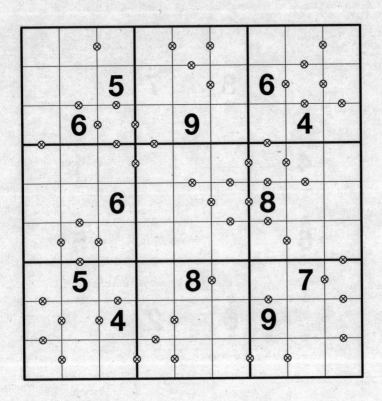

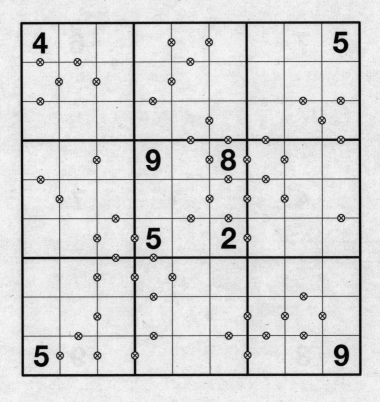

Multiple Sudoku

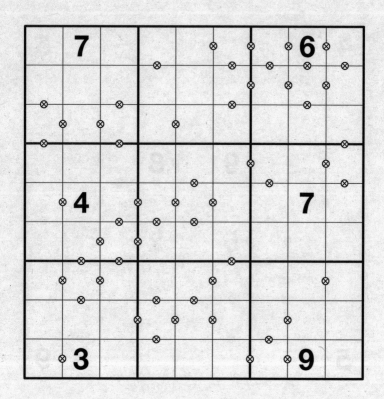

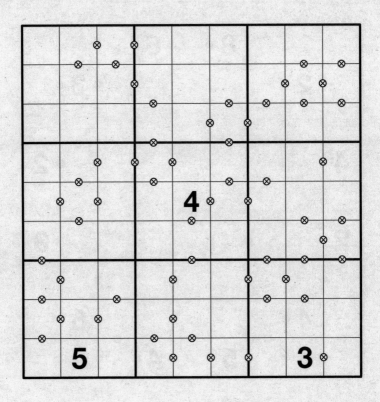

Multiple Sudoku

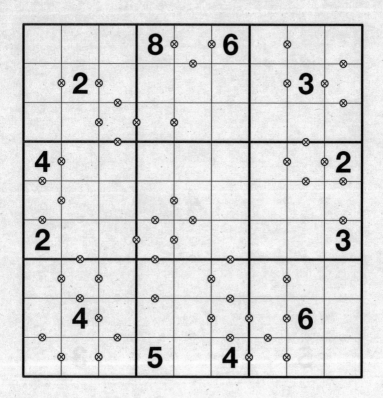

Multiple Sudoku

We can also place an alternate set of values in this variant too:

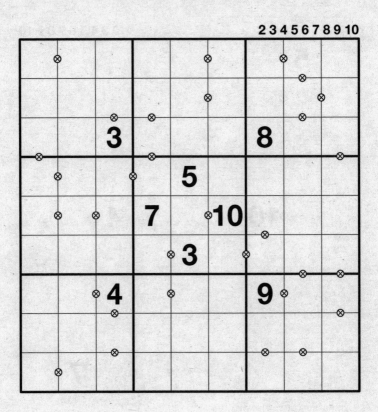

Instructions

☐ Place 2-10 once each into every row, column and bold-lined 3×3 box.

☐ *All* pairs of adjacent cells where the value in one cell is equal to the value in the other cell multiplied by an integer number (also called a whole number) are marked with a circled multiplication symbol.

○ *Note:* Remember that all possible multiplication symbols are given.

Multiple Sudoku

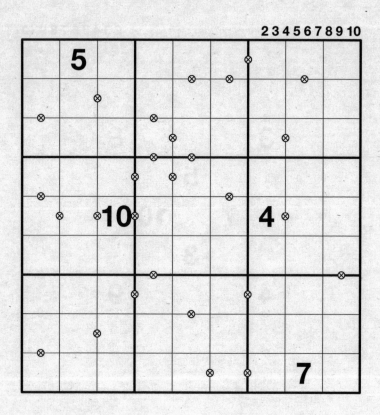

In this classic variant, Roman Numerals are used to indicate sum constraints on pairs of cells:

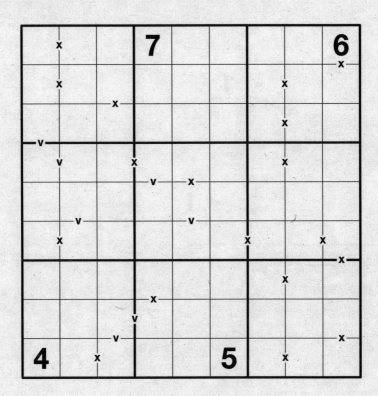

Instructions

☐ Place 1-9 once each into every row, column and bold-lined 3×3 box.

☐ *All* pairs of adjacent cells where the sum of the values in both cells is equal to 5 (i.e. 1&4 or 2&3) are marked with a 'v'.

☐ *All* pairs of adjacent cells where the sum of the values in both cells is equal to 10 are marked with an 'x' (e.g. 2&8).

○ *Note:* Cell pairs without an 'x' or 'v' sum to neither 10 nor 5.

Sudoku XV

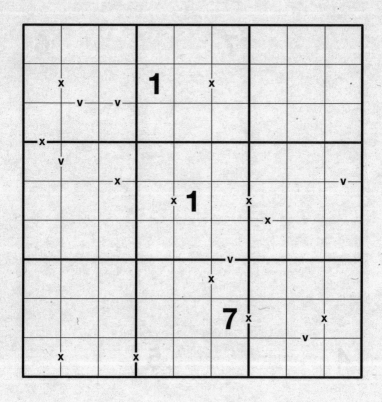

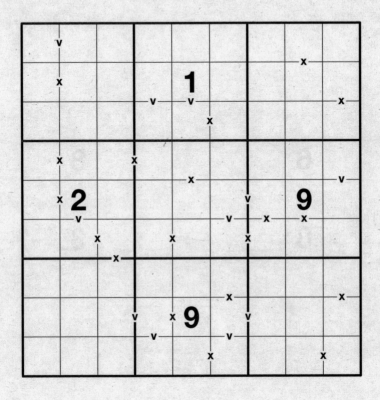

Sudoku XV

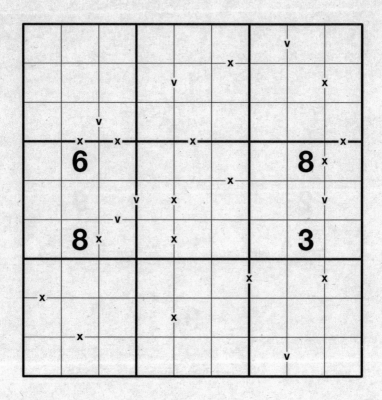

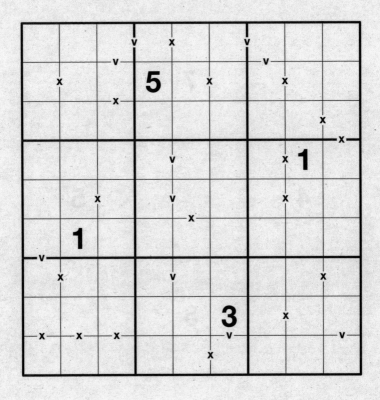

Sudoku XV

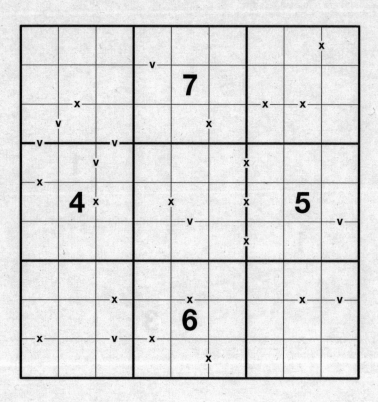

Sudoku XV

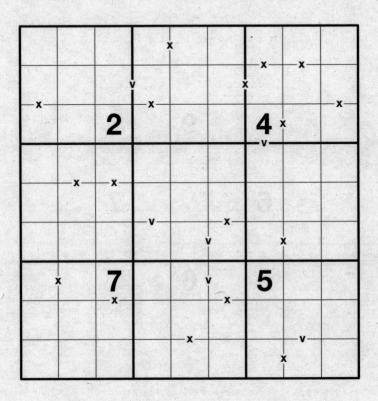

Sudoku XV

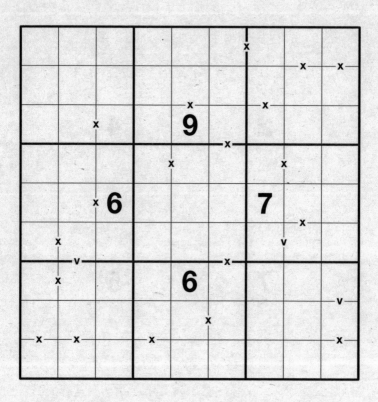

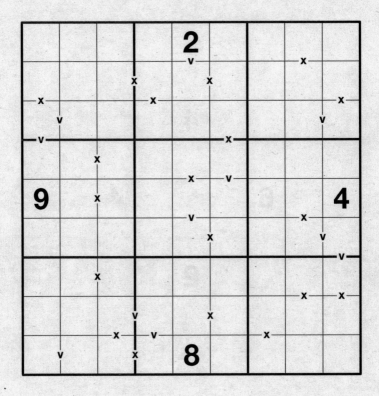

Sudoku XV

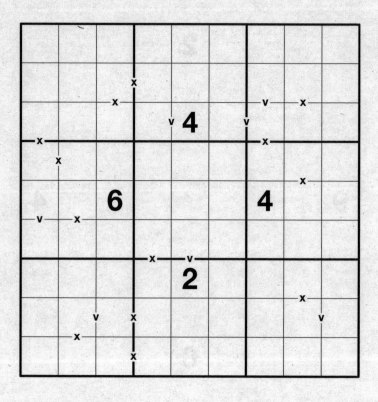

Sudoku Non-XV

The absence of relationships is in itself a powerful constraint:

5								6
		8		7				
	3						8	
		3				5		
		4				9		
6								8
	2						9	

Instructions

☐ Place 1-9 once each into every row, column and bold-lined 3×3 box.

☐ No pair of adjacent cells in the puzzle may contain values that sum to either 5 or 10.

Sudoku Non-XV

4								
		2			4	7		
	9						4	
		4						
						2		
	2						7	
		9	6			3		
								6

			3		6			
		4				5		
2				7				6
			8		2			
6				3				2
		9				1		
			1		3			

Sudoku Non-XV

			3		9			
		4						
1							4	
			8		3			
4								5
			7		5			
	3							7
						8		
		7		5				

2-away Sudoku

In Consecutive Sudoku we mark all pairs of cells with a numerical difference of 1. What if we use other values?

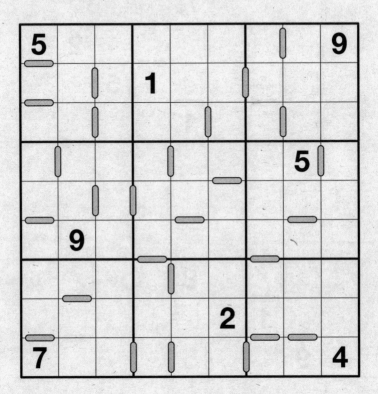

Instructions

☐ Place 1-9 once each into every row, column and bold-lined 3×3 box.

☐ *All* pairs of adjacent cells with digits whose value differs by 2 (e.g. 3&5) are marked with a pale grey bar.

○ *Note:* Remember, any pair of cells not separated by a pale grey bar does *not* contain digits whose difference is 2.

2-away Sudoku

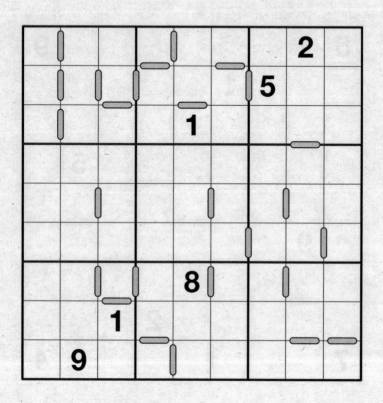

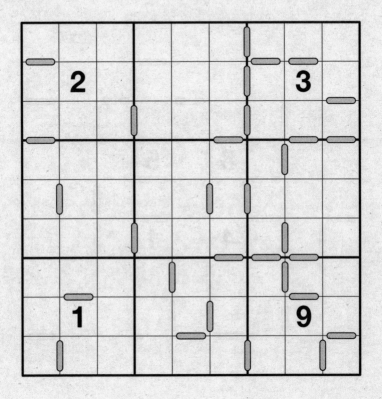

2-away Sudoku

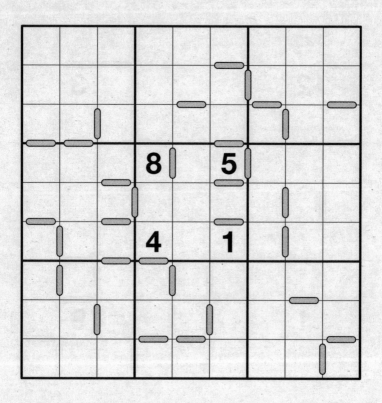

3-away Sudoku

Differences of 3 are interesting too, since they split the digits into three sets: 1-4-7, 2-5-8 and 3-6-9.

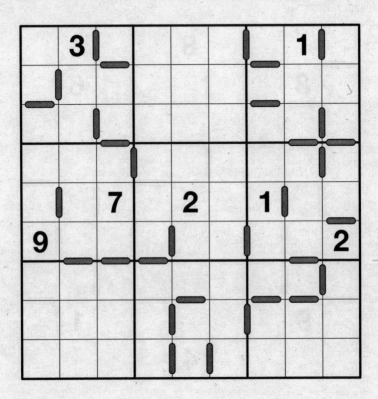

Instructions

☐ Place 1-9 once each into every row, column and bold-lined 3×3 box.

☐ *All* pairs of adjacent cells with digits whose value differs by 3 (e.g. 4&7) are marked with a medium-grey bar.

○ *Note:* Remember, any pair of cells not separated by a medium-grey bar does *not* contain digits whose difference is 3.

3-away Sudoku

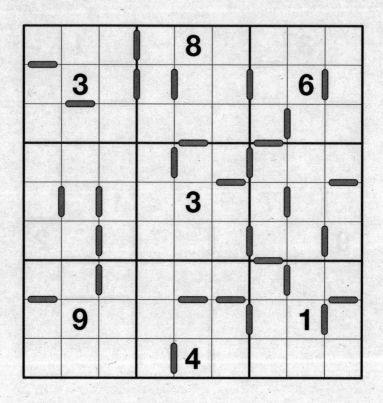

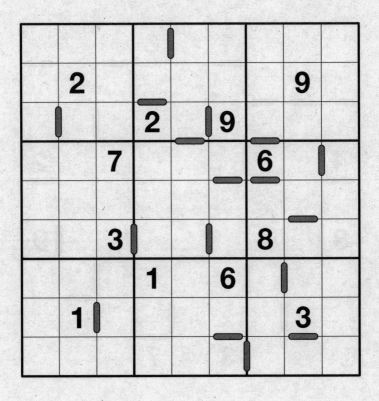

3-away Sudoku

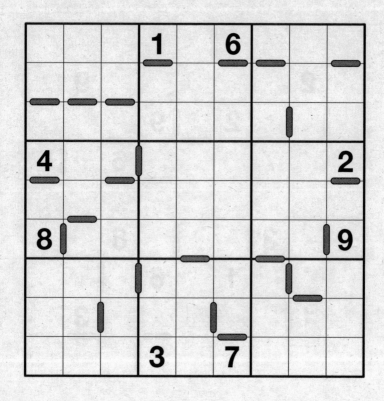

Using a difference of 5 means if you know the value of one cell of a marked pair you immediately know the value of the other:

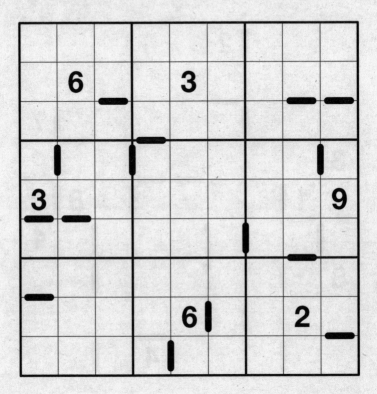

Instructions

☐ Place 1-9 once each into every row, column and bold-lined 3×3 box.

☐ *All* pairs of adjacent cells with digits whose value differs by 5 (e.g. 4&9) are marked with a black bar.

○ *Note:* Remember, any pair of cells not separated by a black bar does *not* contain digits whose difference is 5.

5-away Sudoku

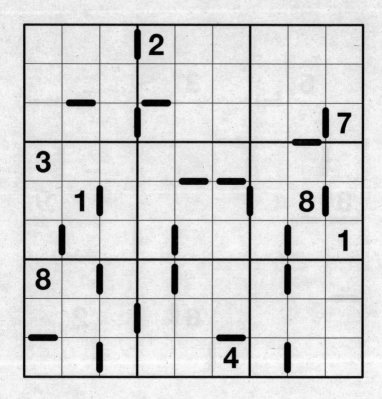

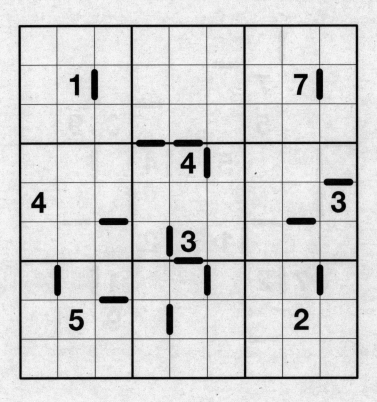

5-away Sudoku

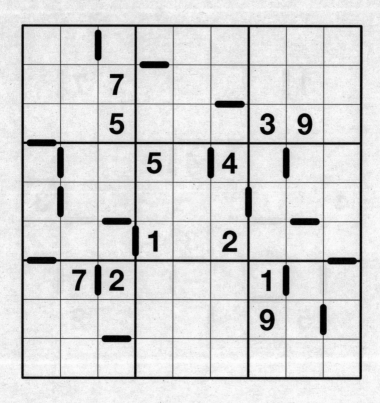

1,2 Difference Sudoku

Combining Consecutive Sudoku and the variants on the previous dozen pages makes for a more confusing puzzle:

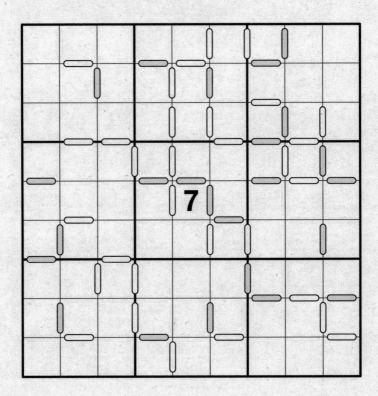

Instructions

☐ Place 1-9 once each into every row, column and bold-lined 3×3 box.

☐ *All* pairs of adjacent cells with digits whose value differs by 1 (e.g. 2&3) are marked with a white bar.

☐ *All* pairs of adjacent cells with digits whose value differs by 2 (e.g. 3&5) are marked with a pale grey bar.

O *Note:* Remember, no bar means a difference other than 1 or 2.

1,3 Difference Sudoku

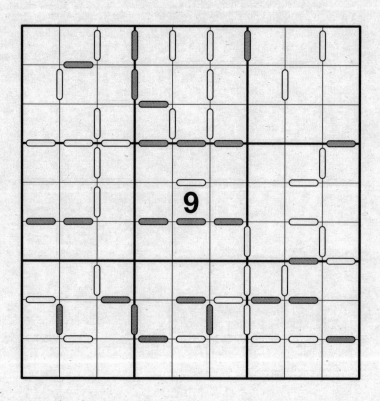

Instructions

☐ Place 1-9 once each into every row, column and bold-lined 3×3 box.

☐ *All* pairs of adjacent cells with digits whose value differs by 1 (e.g. 2&3) are marked with a white bar.

☐ *All* pairs of adjacent cells with digits whose value differs by 3 (e.g. 4&7) are marked with a medium-grey bar.

○ *Note:* Remember, no bar means a difference other than 1 or 3.

1,5 Difference Sudoku

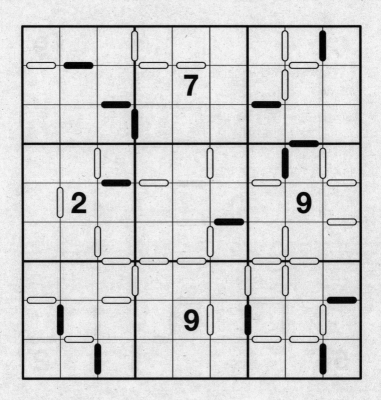

Instructions

☐ Place 1-9 once each into every row, column and bold-lined 3×3 box.

☐ *All* pairs of adjacent cells with digits whose value differs by 1 (e.g. 2&3) are marked with a white bar.

☐ *All* pairs of adjacent cells with digits whose value differs by 5 (e.g. 3&8) are marked with a black bar.

○ *Note:* Remember, no bar means a difference other than 1 or 5.

2,5 Difference Sudoku

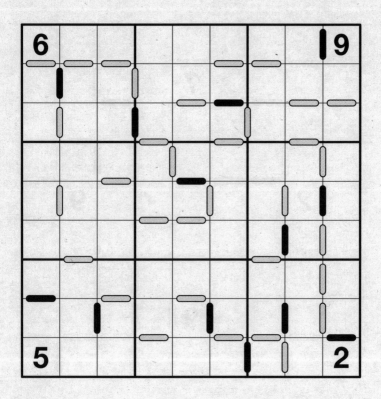

Instructions

☐ Place 1-9 once each into every row, column and bold-lined 3×3 box.

☐ *All* pairs of adjacent cells with digits whose value differs by 2 (e.g. 3&5) are marked with a pale grey bar.

☐ *All* pairs of adjacent cells with digits whose value differs by 5 (e.g. 3&8) are marked with a black bar.

O *Note:* Remember, no bar means a difference other than 2 or 5.

Odd Pair Sudoku

A pair of cells which sum to an odd total must contain one even and one odd value:

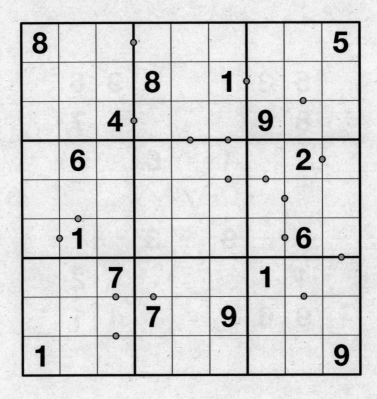

Instructions

☐ Place 1-9 once each into every row, column and bold-lined 3×3 box.

☐ Some pairs of cells are joined with a small 'o' for 'odd', indicating that the sum of the values in the two cells is an odd number.

O *Note:* There is *no inverse rule* in this puzzle – the absence of an 'o' does *not* indicate that the total of a pair of cells is even.

Odd Pair Sudoku

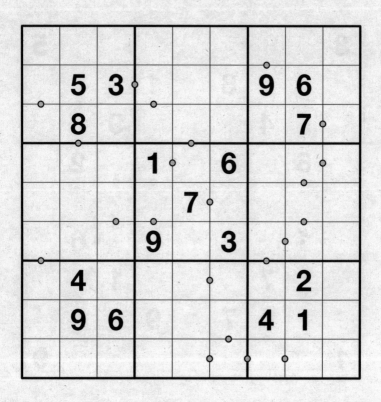

Odd Pair Sudoku

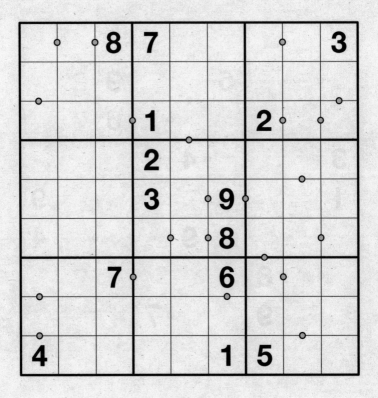

Odd Pair Sudoku

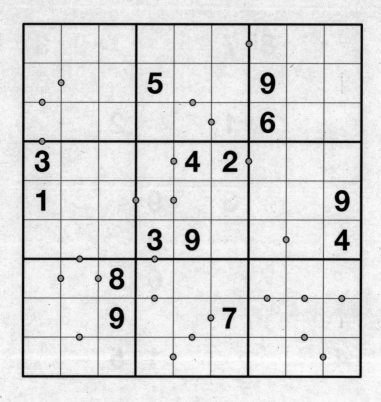

	7						9	
2				9				6
				3				
			3		1			
	1	4				8	3	
			8		9			
				7				
4				6				1
	2						4	

Odd Pair Sudoku

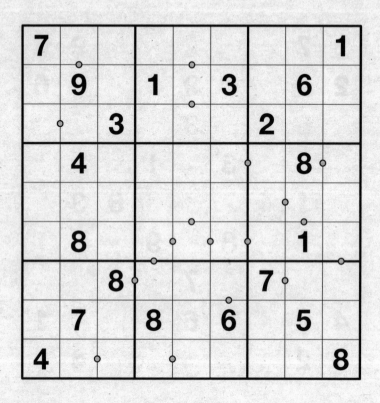

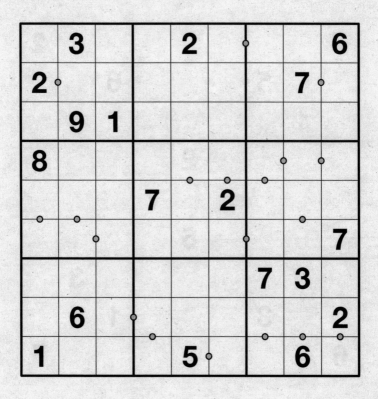

Odd Pair Sudoku

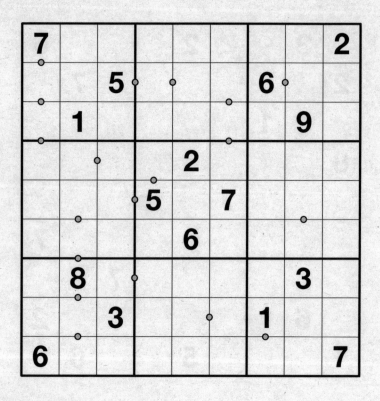

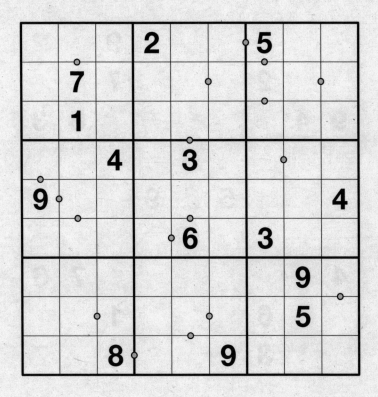

Odd Pair Sudoku

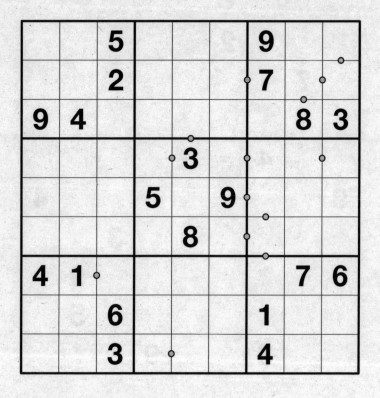

Odd/Even Pair Sudoku

We can also mark some pairs of cells that sum to an even value:

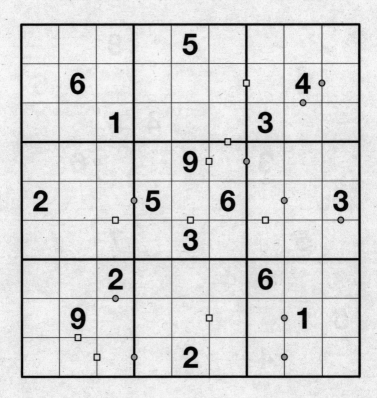

Instructions

☐ Place 1-9 once each into every row, column and bold-lined 3×3 box.

☐ Some pairs of cells are joined with a small 'o' for 'odd', indicating that the sum of the values in the two cells is an odd number.

☐ Some pairs of cells are joined with a small square, indicating that the sum of the values in the two cells is an even number.

○ *Note:* There is *no inverse rule* in this puzzle – the absence of an 'o' or square tells you nothing about the values in a pair of cells.

Odd/Even Pair Sudoku

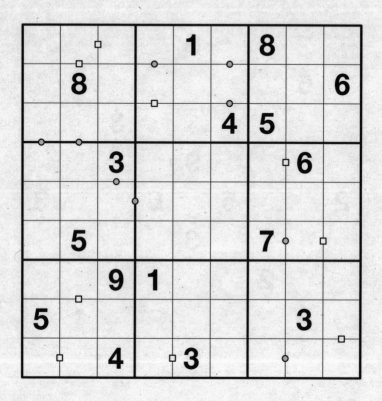

Odd/Even Pair Sudoku

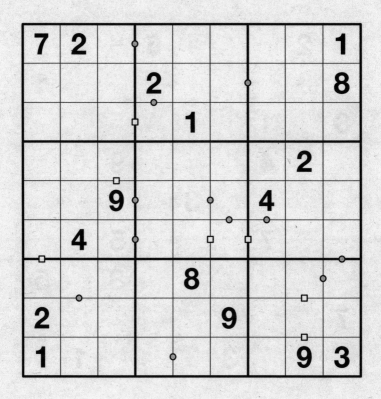

Odd/Even Pair Sudoku

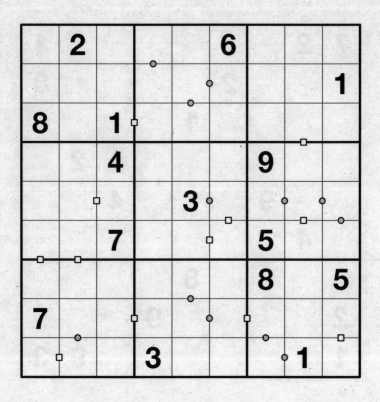

Diagonal Sudoku

Adding additional diagonal constraints to a puzzle can make some visually attractive variants:

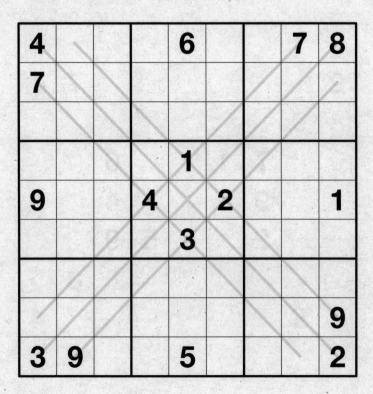

Instructions

☐ Place 1-9 once each into every row, column and bold-lined 3×3 box.

☐ No digit can be repeated along any marked diagonal line.

Diagonal Sudoku

Diagonal Sudoku

Diagonal Sudoku

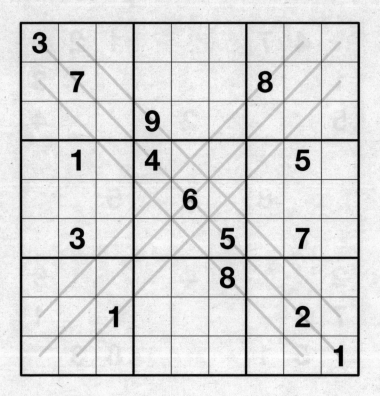

Diagonal Sudoku

	4		5	2				
			7					5
			3		5		1	2
5								4
2	1		4		8			
4					9			
			6	4		5		

Diagonal Sudoku

		3				4		
2			9	3	6		1	
		5				3		
		2				5		
		1				2		
	3		6	1	7		5	
		8				1		

Argyle Sudoku

An argyle pattern is made up of diamonds, and is named after the tartan of Clan Campbell in Argyll, Western Scotland.

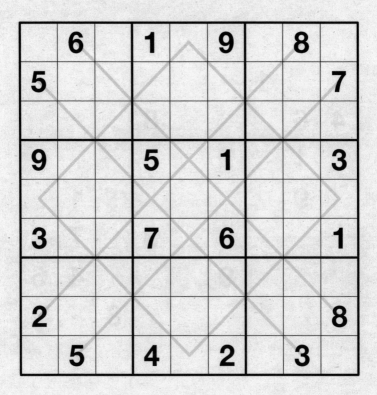

Instructions

☐ Place 1-9 once each into every row, column and bold-lined 3×3 box.

☐ No digit can be repeated along any marked diagonal line.

Argyle Sudoku

		1						
4	6				8			
	1		7		5			
	9						1	
			6		3		7	
			9				4	6
						8		

Argyle Sudoku

	7						2	
2	4						5	8
				1				
	9		2		4		1	
				3				
4	8						9	2
	6						3	

Argyle Sudoku

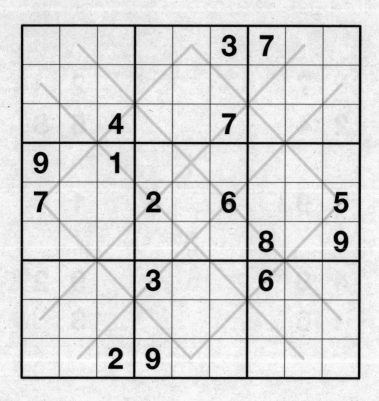

Slashed Sudoku

A puzzle full of backslashes:

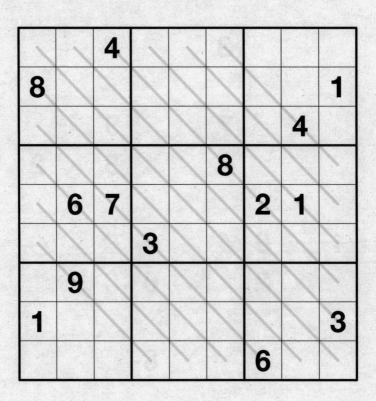

Instructions

☐ Place 1-9 once each into every row, column and bold-lined 3×3 box.

☐ No digit can be repeated along any marked diagonal line.

Slashed Sudoku

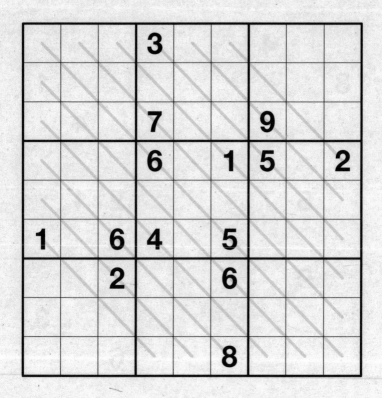

Slashed Sudoku

		6	3		4	1		
	9						7	
			1		2			
		3				9		
	2						4	
	6						5	

Slashed Sudoku

					4			
	7		1				6	
		8				2		
1							5	
	3							7
		6				9		
	5				6		2	
			4					

Phoenix Sudoku

This variant looks a little like a phoenix rising from the ashes...

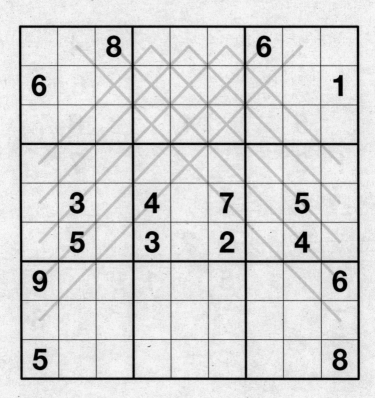

Instructions

☐ Place 1-9 once each into every row, column and bold-lined 3×3 box.

☐ No digit can be repeated along any marked diagonal line.

Phoenix Sudoku

	1						4	
	5			4			8	
	3						7	
	6						9	
				2				
		5			1			
7								8
9								6

Phoenix Sudoku

			1		8			
	7						3	
	5						9	
			9		4			
2								3
1								4
				7				

Phoenix Sudoku

	5							
			3					8
		4		6		1		
				3			8	
		2	4		1	7		
	3			7				
		6		5		3		
7					6			
						7		

Little Killer Sudoku

We can use diagonals in a different way, adding mathematical constraints to a puzzle:

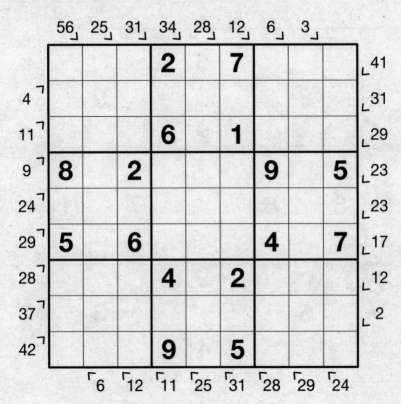

Instructions

☐ Place 1-9 once each into every row, column and bold-lined 3×3 box.

☐ The sum of some diagonals is given, with an arrow pointing to the diagonal the sum applies to. For example, the '4' at the top-left reveals that the top-left-most square of the puzzle must be a 4.

○ *Note:* Numbers *are* allowed to repeat in a diagonal sum, subject to the usual rules of Sudoku.

Little Killer Sudoku

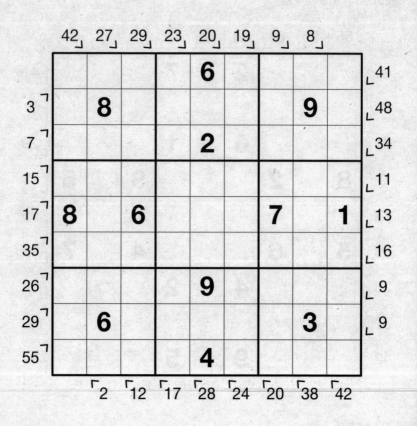

Little Killer Sudoku

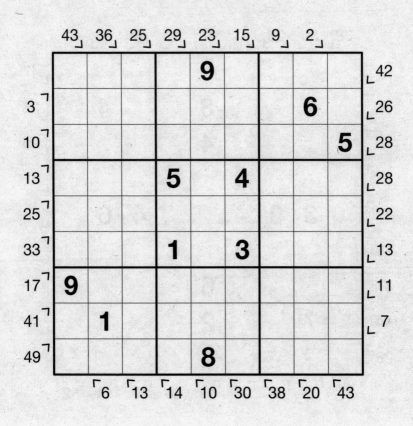

Little Killer Sudoku

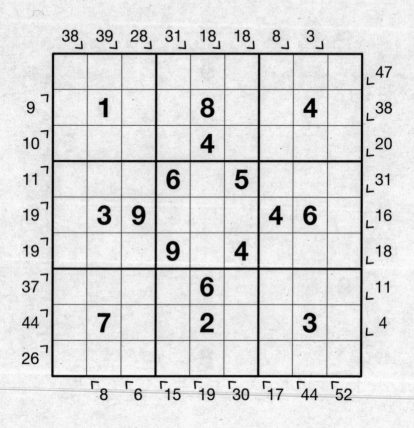

Little Killer Sudoku

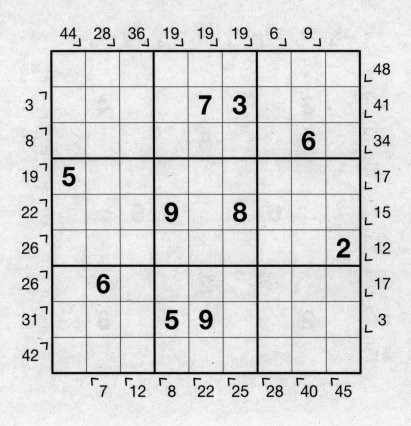

Little Killer Sudoku

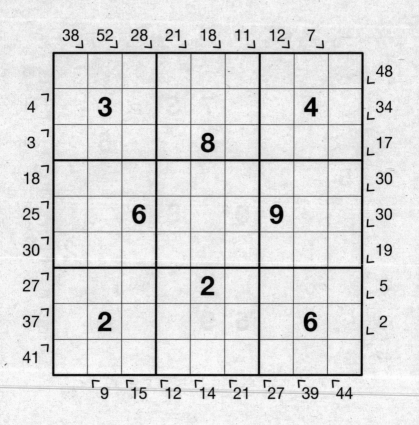

Little Killer Sudoku

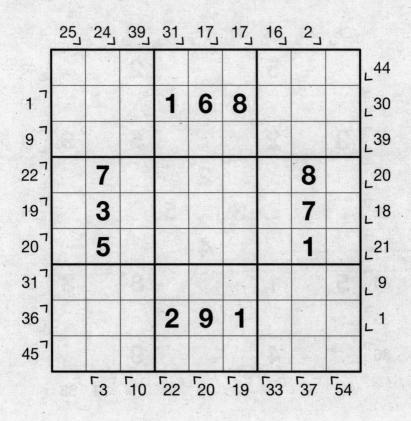

Little Killer Sudoku

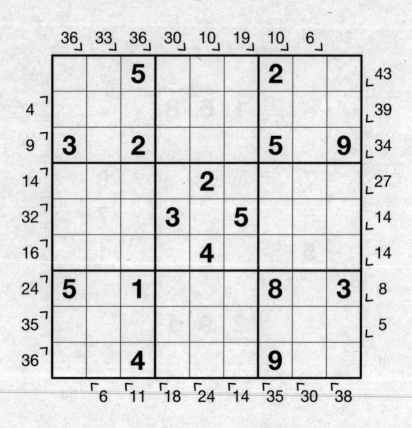

Minus Little Killer Sudoku

In a more confusing variant, we can use subtraction instead of addition:

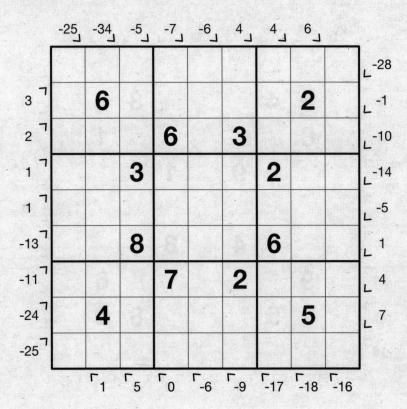

Instructions

☐ Place 1-9 once each into every row, column and bold-lined 3×3 box.

☐ The result of applying a subtraction operation to some diagonals is given, with arrows pointing to the diagonal each result applies to.

☐ Each subtraction operation is defined as the result of subtracting all of the other numbers from the largest number in each diagonal, so for example if the diagonal contains 7, 1, 8 and 4 then the result would be 8 - 7 - 1 - 4 = -4.

Minus Little Killer Sudoku

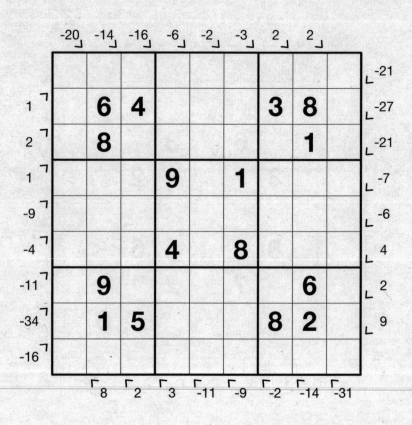

Product Little Killer Sudoku

We can also use the product of each diagonal as a clue. This works better with smaller grids in order to avoid very large numbers!

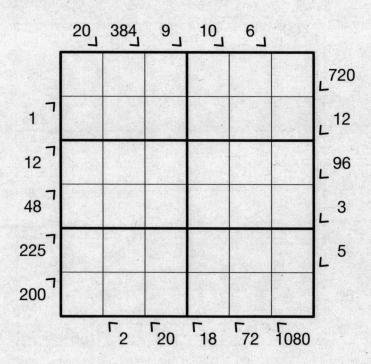

Instructions

☐ Place 1-6 once each into every row, column and bold-lined 3×2 box.

☐ The product of some diagonals is given, with an arrow pointing to the diagonal the product applies to. For example, if a diagonal contains 6, 1, 4 and 6 then the product given would be 6×1×4×6 = 144.

Product Little Killer Sudoku

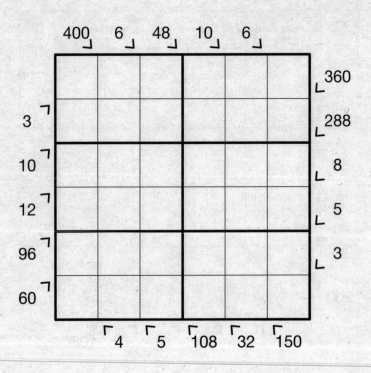

Arrow Sudoku

This interesting and visually-appealing variation uses mathematical constraints that are derived from values within the grid itself:

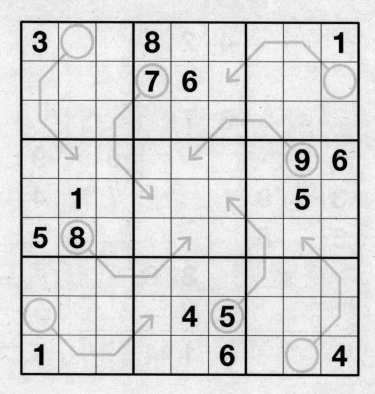

Instructions

☐ Place 1-9 once each into every row, column and bold-lined 3×3 box.

☐ Digits in circled cells must be equal to the sum of the digits along their attached arrows.

○ *Note:* Digits *are* allowed to repeat along an arrow, subject to the normal rules of sudoku.

Arrow Sudoku

Arrow Sudoku

Arrow Sudoku

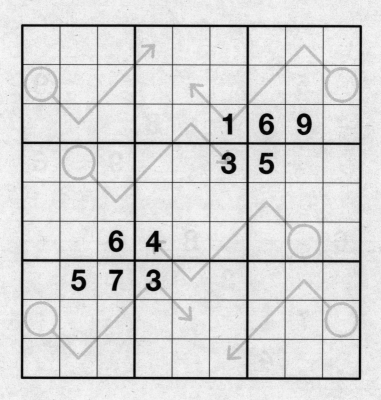

Arrow Sudoku

The arrows in this puzzle spell out 'arrow'!

Arrow Sudoku

Arrow Sudoku

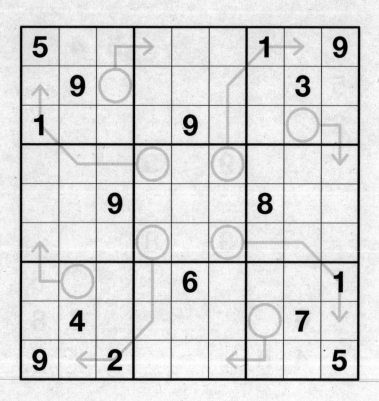

Arrow Sudoku

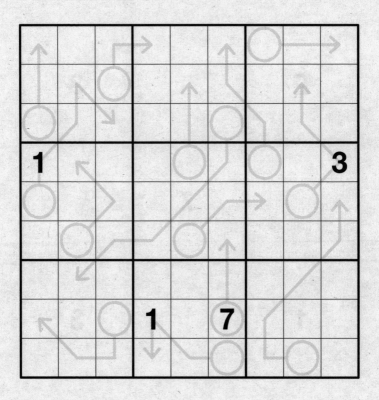

Arrow Sudoku

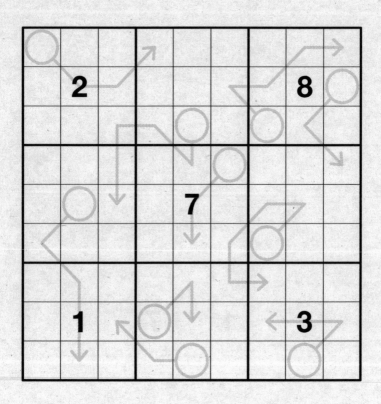

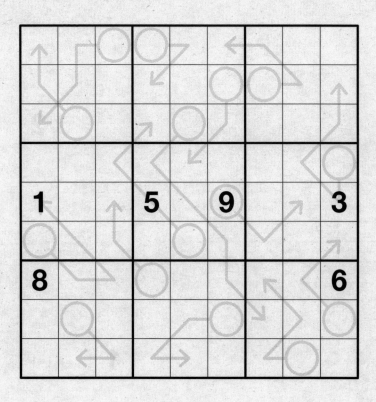

Arrow Sudoku

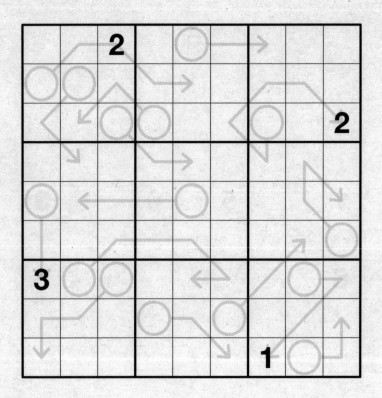

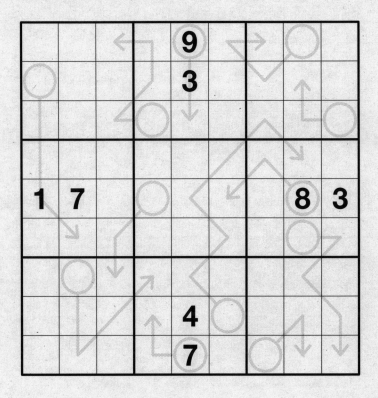

Arrow Sudoku

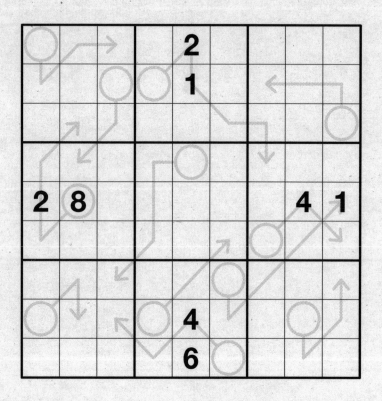

Arrow Sudoku Values

By changing the values we put in the grid, we can subtly alter the
Arrow Sudoku dynamic:

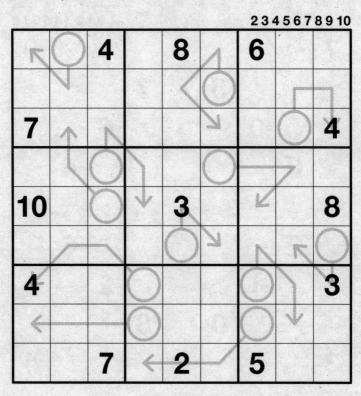

Instructions

☐ Place 2-10 once each into every row, column and bold-lined 3×3
box.
☐ Numbers in circled cells must be equal to the sum of the numbers
along their attached arrows.

○ *Note:* Numbers *are* allowed to repeat along an arrow, subject to
the normal rules of Sudoku.

Arrow Sudoku Values

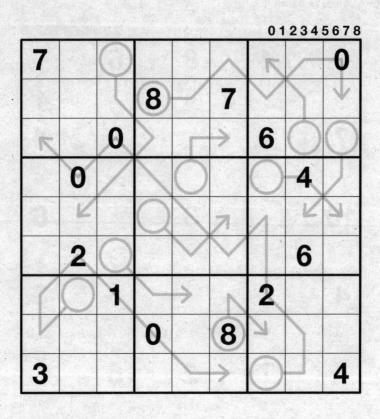

Instructions

☐ Place 0-8 once each into every row, column and bold-lined 3×3 box.

☐ Numbers in circled cells must be equal to the sum of the numbers along their attached arrows.

○ *Note:* Numbers *are* allowed to repeat along an arrow, subject to the normal rules of sudoku.

Arrow Sudoku Values

0 1 2 3 4 5 6 7 8

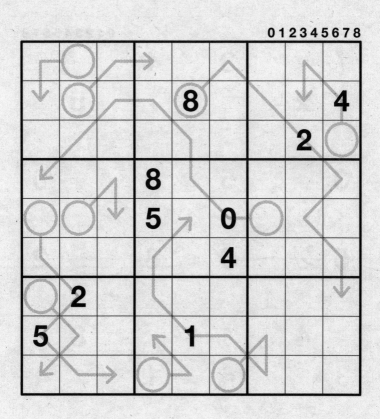

Arrow Sudoku Values

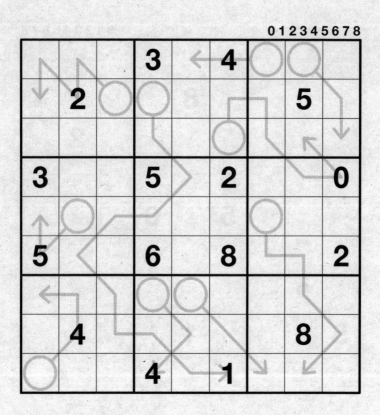

Quad Pencilmark Sudoku

In this variant, we aren't quite sure where our given numbers fit.

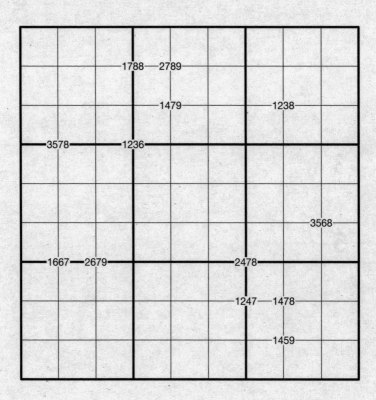

Instructions

☐ Place 1-9 once each into every row, column and bold-lined 3×3 box.

☐ Wherever four digits are given on the intersection of four cells then these four digits must be placed into those four cells in the given distribution. It is up to you to work out which digit goes into which cell.

Quad Pencilmark Sudoku

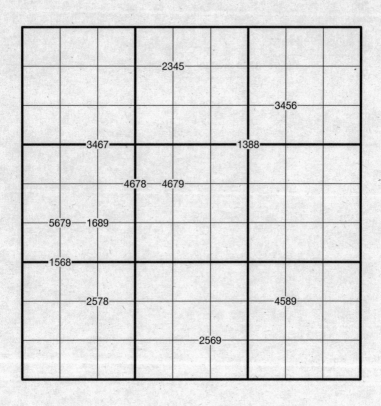

Quad Pencilmark Sudoku

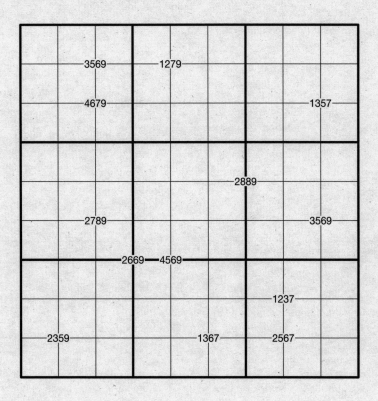

Quad Pencilmark Sudoku

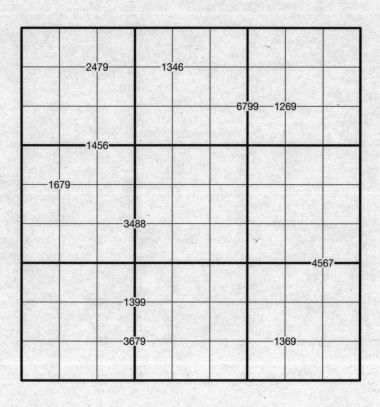

Quad Pencilmark Sudoku

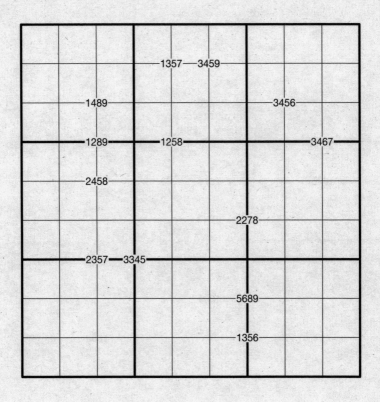

Quad Pencilmark Sudoku

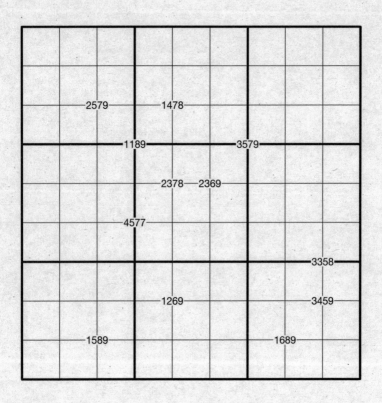

Quad Pencilmark Sudoku

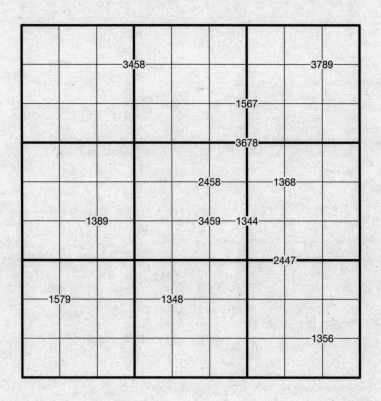

Quad Pencilmark Sudoku

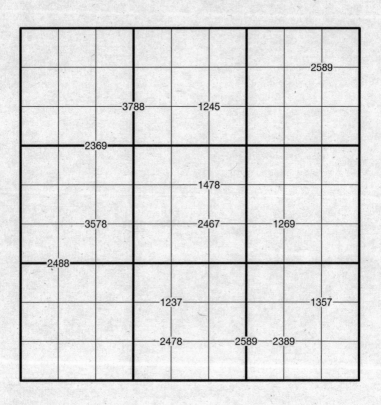

Quad Pencilmark Sudoku

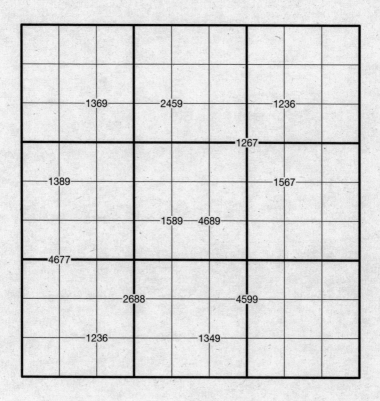

Quad Pencilmark Sudoku

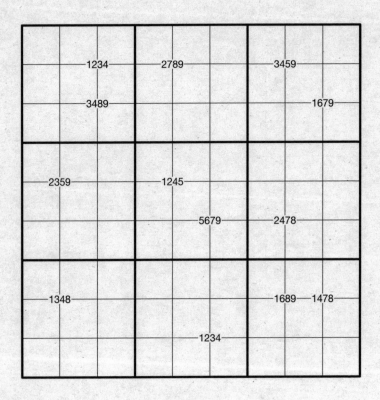

Sometimes the given numbers aren't even inside the grid:

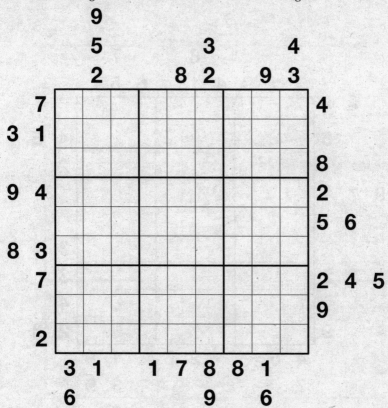

Instructions

☐ Place 1-9 once each into every row, column and bold-lined 3×3 box.

☐ Digits outside the grid must be placed into the first three cells in the adjacent row or column, although not necessarily in the order given.

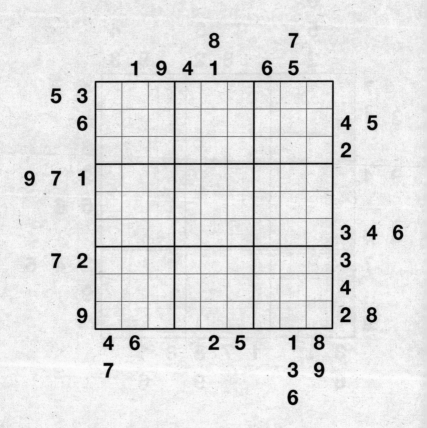

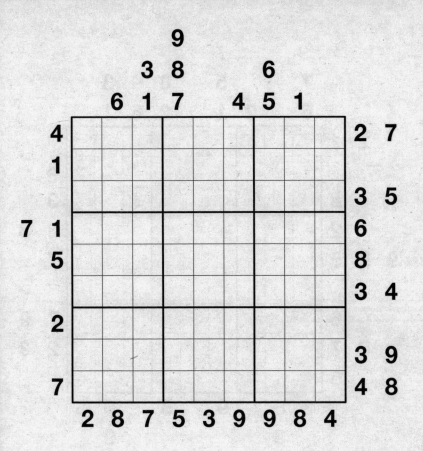

Outside Sudoku

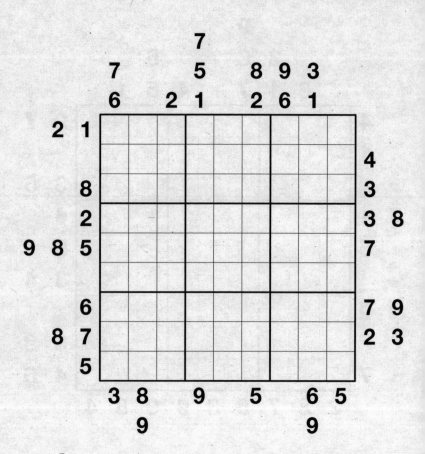

Outside Sudoku

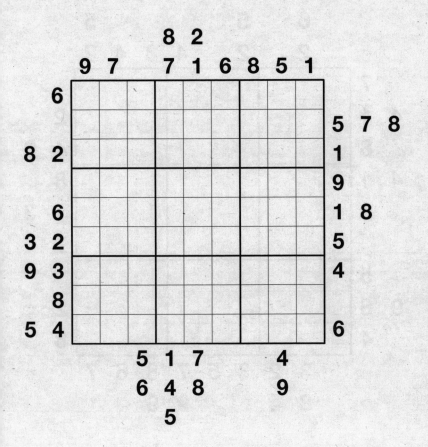

Outside Sudoku

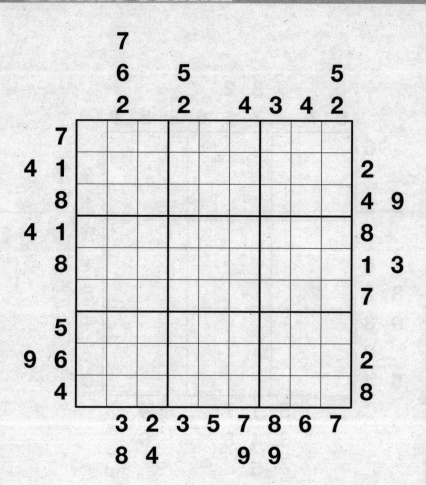

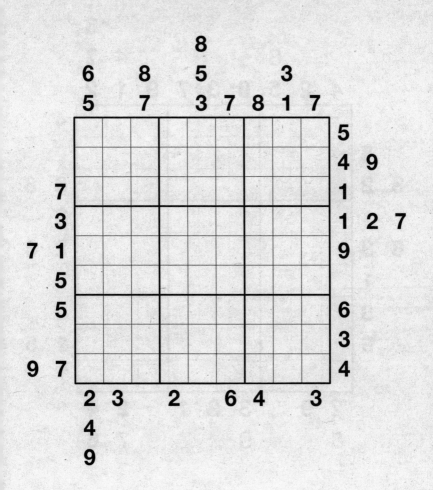

Outside Sudoku

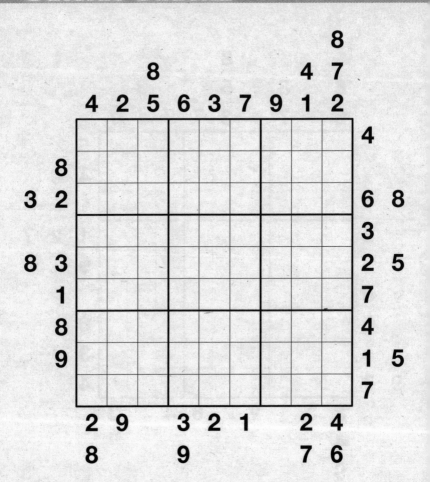

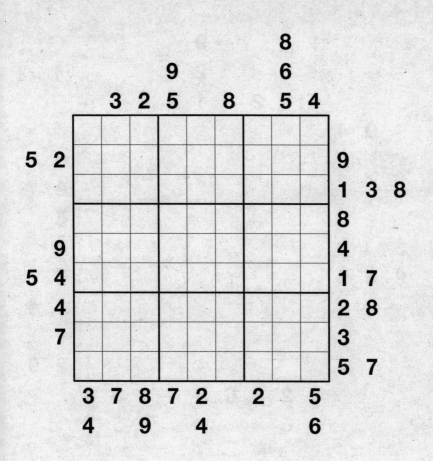

Outside Sudoku

Outside Sudoku

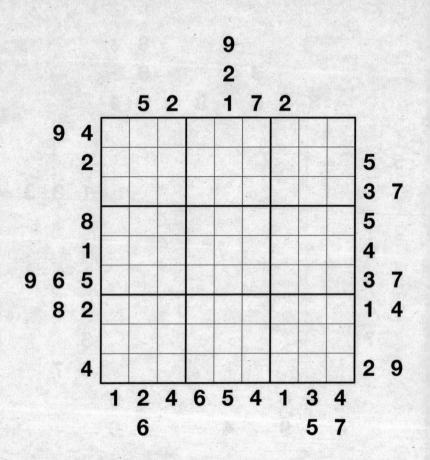

Skyscraper Sudoku

Visualising digits as buildings of that number of storeys we can imagine our puzzles as cities full of skyscrapers:

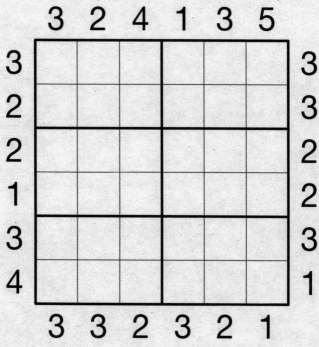

Instructions

☐ Place 1-6 once each into every row, column and 3×2 box.

☐ Each number inside the completed grid represents a building of that many storeys. Place the buildings in such a way that each given clue outside the grid represents the number of buildings that can be seen from that point, looking only at that clue's row or column.

☐ A building with a higher value always obscures a building with a lower value, while a building with a lower value never obscures a building with a higher value.

○ *Note:* For example, 123456 would have a clue of 6 from its left, while 215346 would have a clue of 3 from the left (2_5___6).

Skyscraper Sudoku

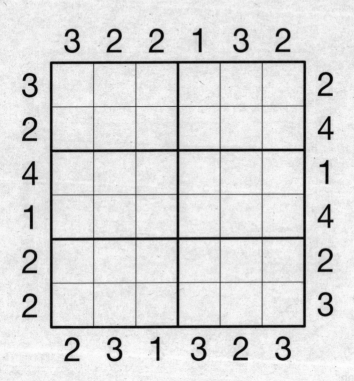

Skyscraper Sudoku

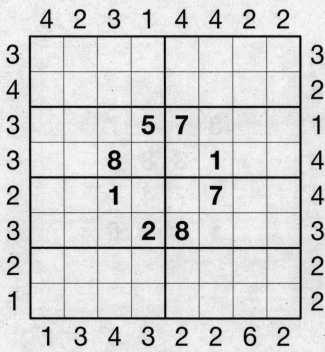

Instructions

☐ Place 1-8 once each into every row, column and 4×2 box.

☐ Each number inside the completed grid represents a building of that many storeys. Place the buildings in such a way that each given clue outside the grid represents the number of buildings that can be seen from that point, looking only at that clue's row or column.

☐ A building with a higher value always obscures a building with a lower value, while a building with a lower value never obscures a building with a higher value.

O *Note:* For example, 12345678 would have a clue of 8 from its left, while 21538467 would have a clue of 3 from the left (2_5_8___).

Skyscraper Sudoku

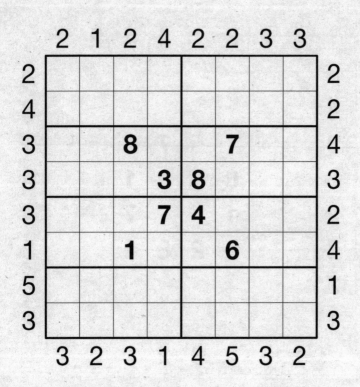

Skyscraper Sudoku

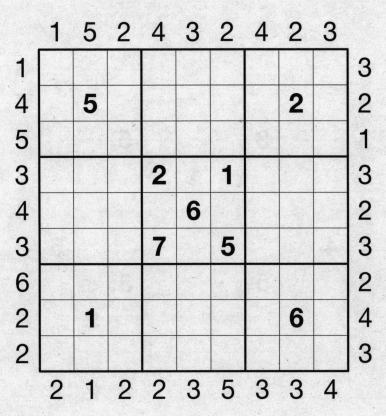

	1	5	2	4	3	2	4	2	3	
1										3
4		5						2		2
5										1
3			2		1					3
4			6							2
3			7		5					3
6										2
2		1						6		4
2										3
	2	1	2	2	3	5	3	3	4	

Instructions

☐ Place 1-9 once each into every row, column and 3×3 box.

☐ Each number inside the completed grid represents a building of that many storeys. Place the buildings in such a way that each given clue outside the grid represents the number of buildings that can be seen from that point, looking only at that clue's row or column.

☐ A building with a higher value always obscures a building with a lower value, while a building with a lower value never obscures a building with a higher value.

Skyscraper Sudoku

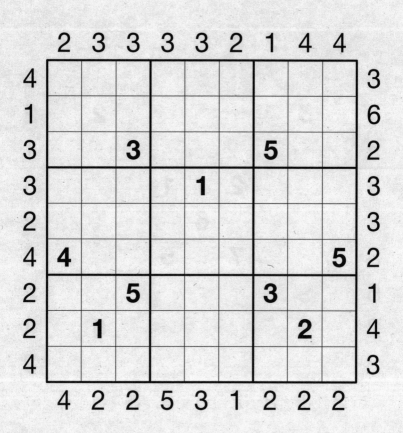

Skyscraper Sudoku

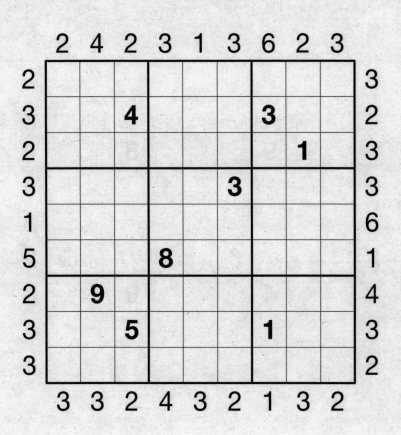

Skyscraper Sudoku

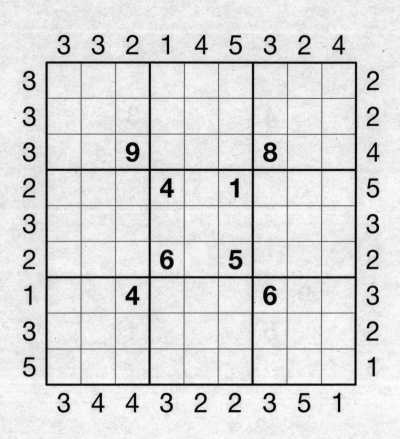

Skyscraper Sudoku

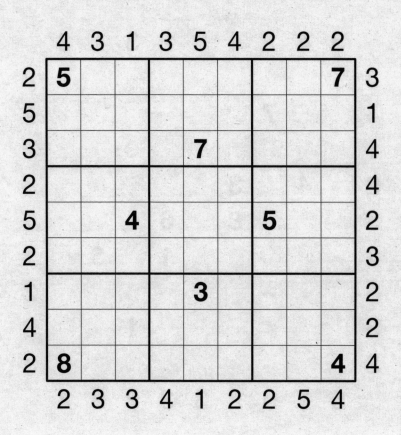

Skyscraper Sudoku

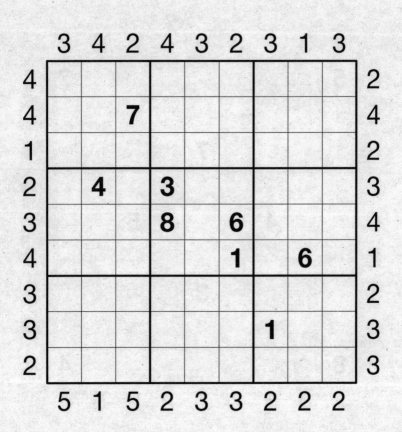

Skyscraper Sum Sudoku

If our clues instead represent the sum of the values of visible buildings, they tell us more about what's inside the puzzle:

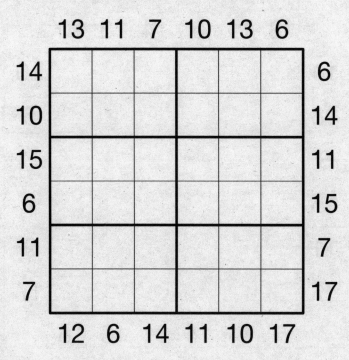

Instructions

☐ Place 1-6 once each into every row, column and 3×2 box.

☐ Each number inside the completed grid represents a building of that many storeys. Place the buildings in such a way that each given clue outside the grid represents the *sum of the heights of the buildings* that can be seen from that point, looking only at that clue's row or column.

☐ A building with a higher value always obscures a building with a lower value, while a building with a lower value never obscures a building with a higher value.

○ *Note:* For example, 123456 would have a clue of 21 from its left, while 215346 would have a clue of 13 from the left (2_5___6).

Skyscraper Sum Sudoku

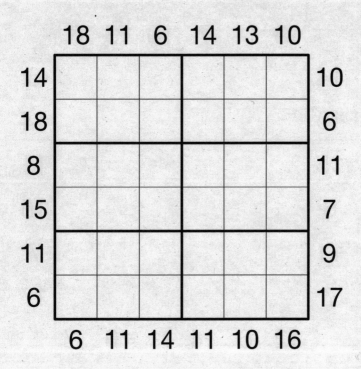

Skyscraper Sum Sudoku

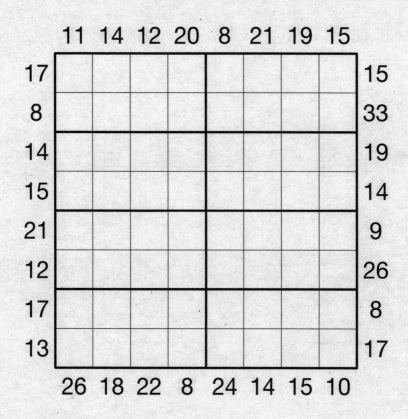

Instructions

☐ Place 1-8 once each into every row, column and 4×2 box.

☐ Each number inside the completed grid represents a building of that many storeys. Place the buildings in such a way that each given clue outside the grid represents the *sum of the heights of the buildings* that can be seen from that point, looking only at that clue's row or column.

☐ A building with a higher value always obscures a building with a lower value, while a building with a lower value never obscures a building with a higher value.

Skyscraper Sum Sudoku

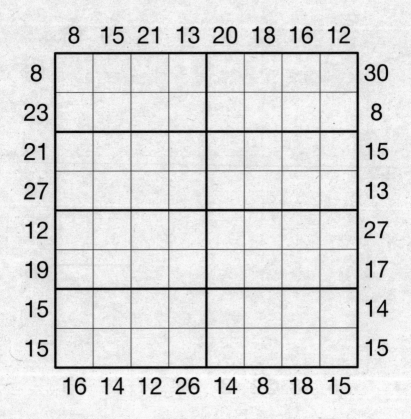

Skyscraper Sum Sudoku

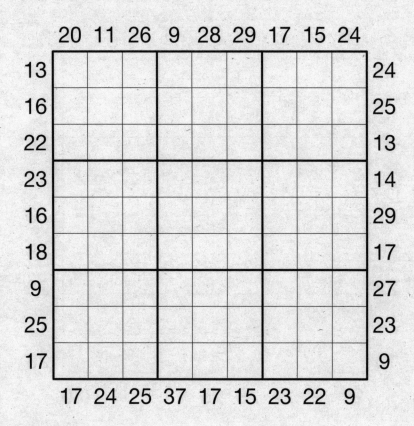

Instructions

☐ Place 1-9 once each into every row, column and 3×3 box.

☐ Each number inside the completed grid represents a building of that many storeys. Place the buildings in such a way that each given clue outside the grid represents the *sum of the heights of the buildings* that can be seen from that point, looking only at that clue's row or column.

☐ A building with a higher value always obscures a building with a lower value, while a building with a lower value never obscures a building with a higher value.

Skyscraper Sum Sudoku

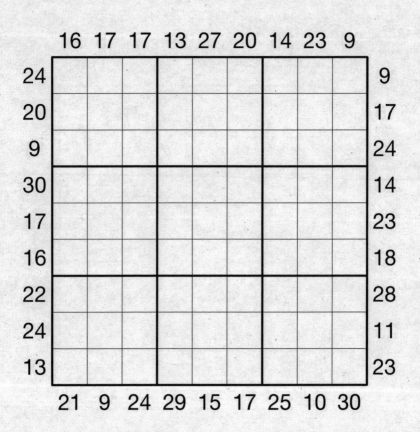

	16	17	17	13	27	20	14	23	9	
24										9
20										17
9										24
30										14
17										23
16										18
22										28
24										11
13										23
	21	9	24	29	15	17	25	10	30	

Skyscraper Product Sudoku

Products are even more revealing than sums, as this variant shows:

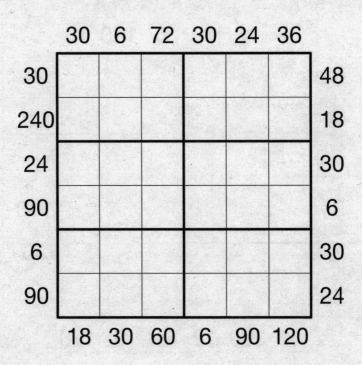

Instructions

☐ Place 1-6 once each into every row, column and 3×2 box.

☐ Each number inside the completed grid represents a building of that many storeys. Place the buildings in such a way that each given clue outside the grid represents the *product of the heights of the buildings* that can be seen from that point, looking only at that clue's row or column.

☐ A building with a higher value always obscures a building with a lower value, while a building with a lower value never obscures a building with a higher value.

O *Note:* For example, 123456 would have a clue of 720 from its left, while 215346 would have a clue of 60 from the left (2_5___6).

Skyscraper Product Sudoku

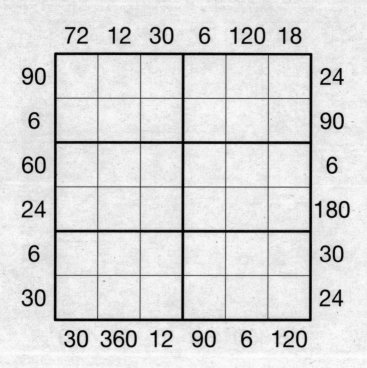

	72	12	30	6	120	18	
90							24
6							90
60							6
24							180
6							30
30							24
	30	360	12	90	6	120	

Frame Sudoku

We can dispense with the skyscrapers and just consider nearby cells:

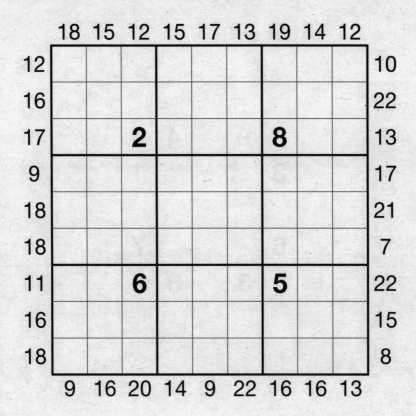

Instructions

☐ Place 1-9 once each into every row, column and bold-lined 3×3 box.

☐ Values outside the grid reveal the sum of the first three cells in the adjacent row or column.

Frame Sudoku

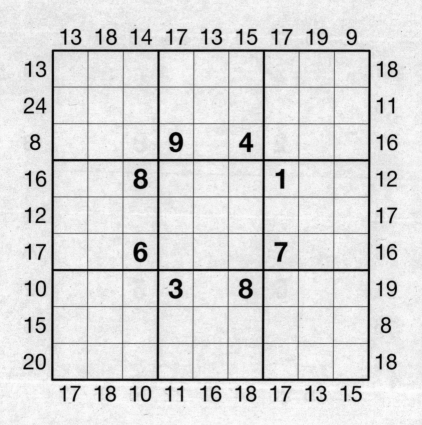

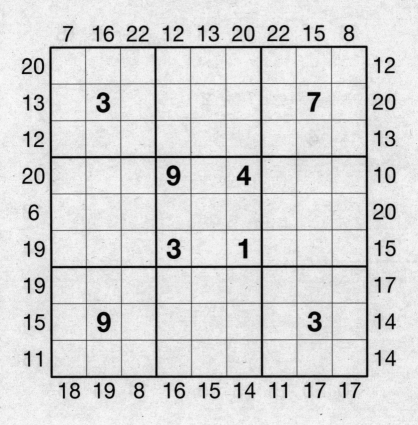

Frame Sudoku

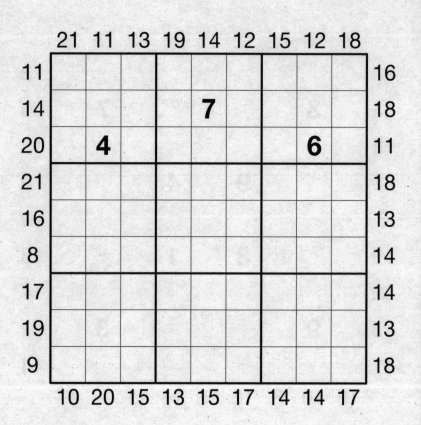

Frame Sudoku

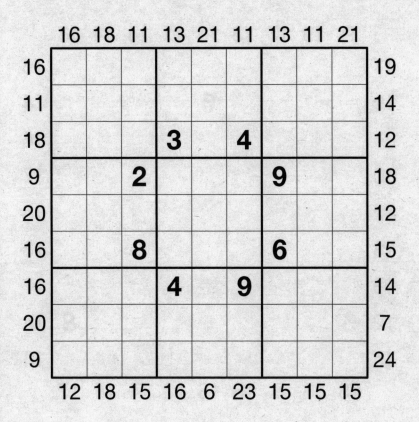

	16	18	11	13	21	11	13	11	21	
16										19
11										14
18				3		4				12
9			2				9			18
20										12
16			8				6			15
16				4		9				14
20										7
9										24
	12	18	15	16	6	23	15	15	15	

Frame Sudoku

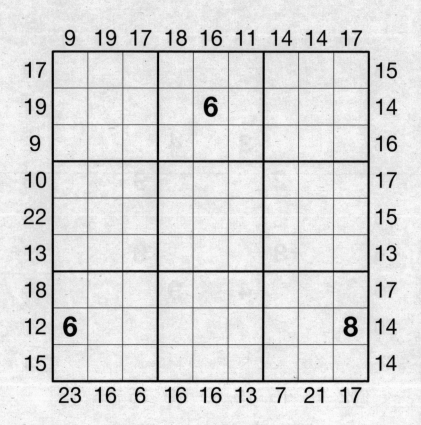

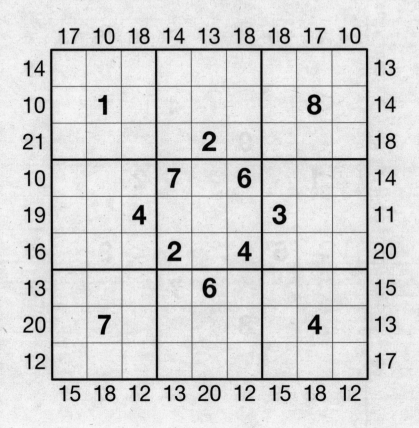

Frame Sudoku

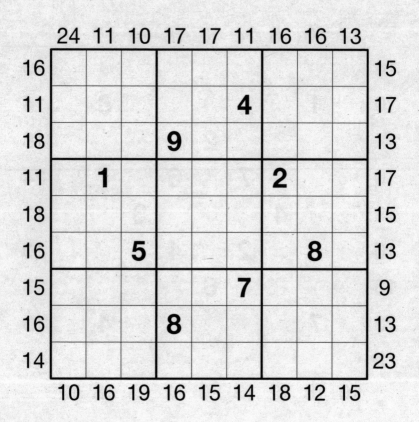

Frame Sudoku

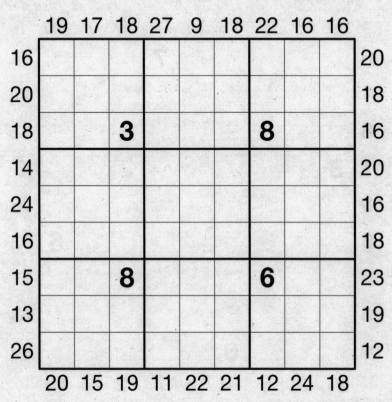

	19	17	18	27	9	18	22	16	16	
16										20
20										18
18			**3**				**8**			16
14										20
24										16
16										18
15			**8**				**6**			23
13										19
26										12
	20	15	19	11	22	21	12	24	18	

Instructions

☐ Place 2-10 once each into every row, column and bold-lined 3×3 box.

☐ Values outside the grid reveal the sum of the first three cells in the adjacent row or column.

Frame Sudoku

012345678

	9	6	21	13	11	12	19	7	10	
13						7				9
9										12
14			8				6			15
15	3									8
12										15
9									6	13
9			3				2			11
14										13
13				6						12
	21	9	6	14	15	7	12	14	10	

Instructions

☐ Place 0-8 once each into every row, column and bold-lined 3×3 box.

☐ Values outside the grid reveal the sum of the first three cells in the adjacent row or column.

Product Frame Sudoku

You might not immediately expect it, but Product Frame Sudoku is typically much easier than Frame Sudoku:

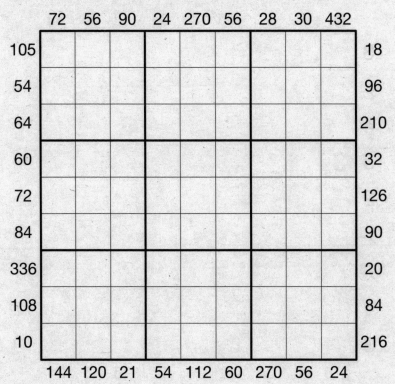

Instructions

☐ Place 1-9 once each into every row, column and bold-lined 3×3 box.

☐ Values outside the grid reveal the product of the first three cells in the adjacent row or column.

Product Frame Sudoku

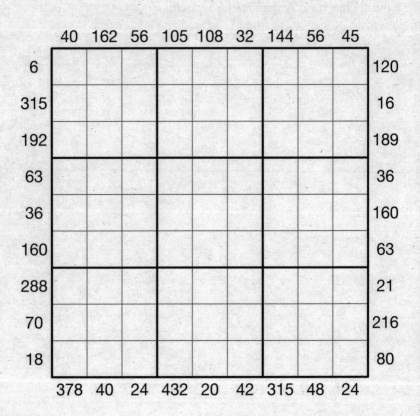

	40	162	56	105	108	32	144	56	45	
6										120
315										16
192										189
63										36
36										160
160										63
288										21
70										216
18										80
	378	40	24	432	20	42	315	48	24	

Product Frame Sudoku

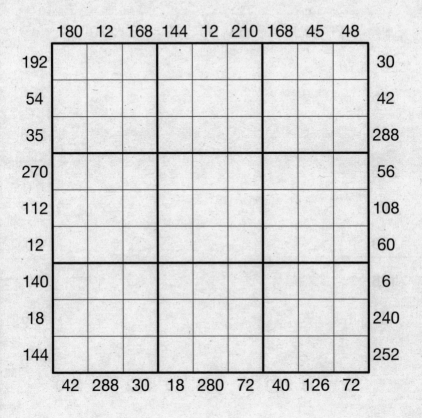

Product Frame Sudoku

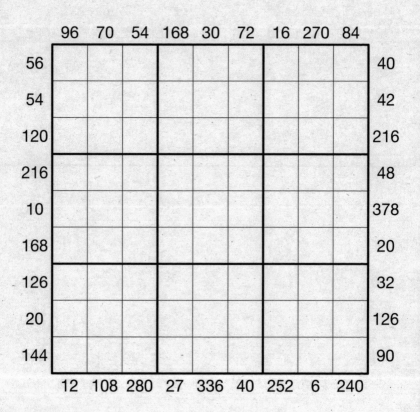

Product Frame Sudoku

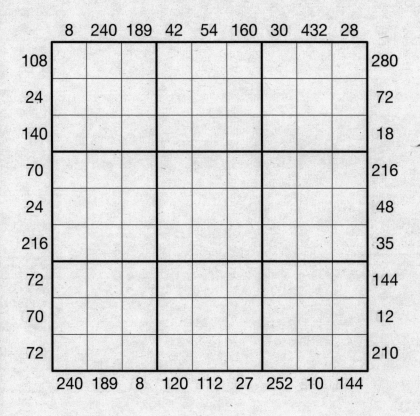

	8	240	189	42	54	160	30	432	28	
108										280
24										72
140										18
70										216
24										48
216										35
72										144
70										12
72										210
	240	189	8	120	112	27	252	10	144	

Product Frame Sudoku

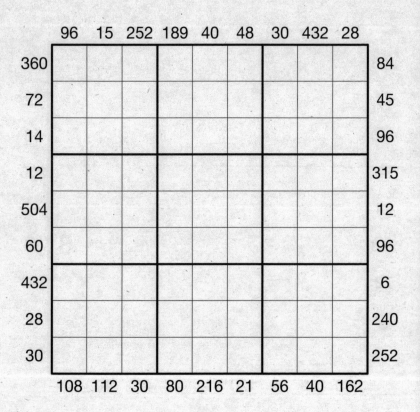

Subtraction Frame Sudoku

Using subtraction rather than multiplication or addition makes things trickier:

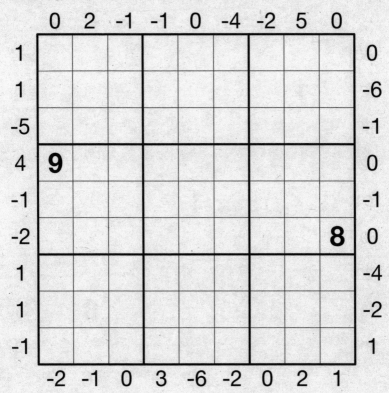

Instructions

☐ Place 1-9 once each into every row, column and bold-lined 3×3 box.

☐ Values outside the grid reveal the result of a subtraction operation on the first three cells in the adjacent row or column.

☐ Each subtraction operation is defined as the result of subtracting the two lower numbers from the largest number, so for example given cells containing 3, 6 and 4 the result would be 6-3-4 = -1.

Subtraction Frame Sudoku

If you find these puzzles too tricky then you could try adding some extra given numbers by copying from the solutions.

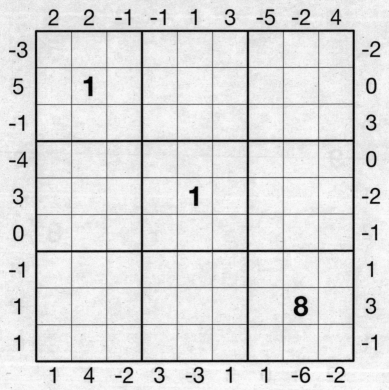

Subtraction Frame Sudoku

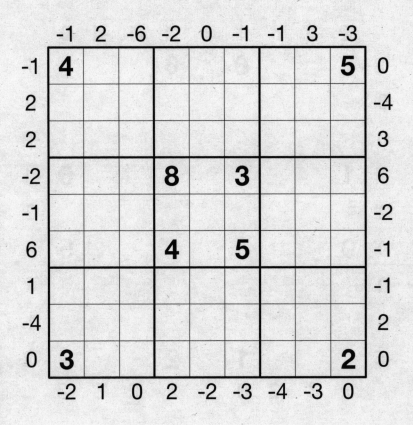

Subtraction Frame Sudoku

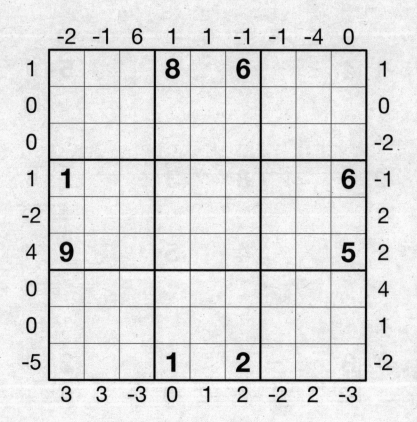

Quad Max Sudoku

In this variant we compare each cell with all of its touching neighbours, including diagonals:

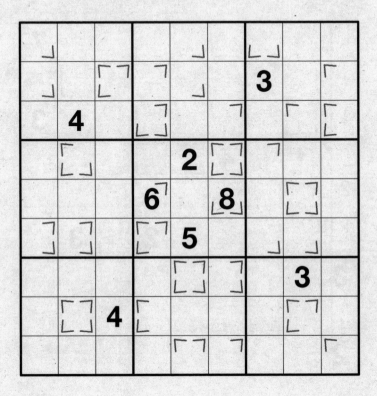

Instructions
- ☐ Place 1-9 once each into every row, column and bold-lined 3×3 box.
- ☐ Arrows in cell corners indicate where the value in a cell is greater than all three touching cells that the arrow is nearest to. In other words, it is the maximum value of these four cells – the 'quad max'.
- ☐ All possible arrows are given.

Quad Max Sudoku

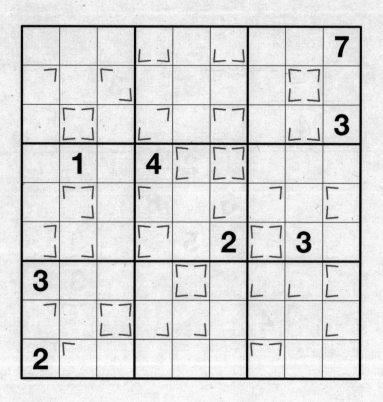

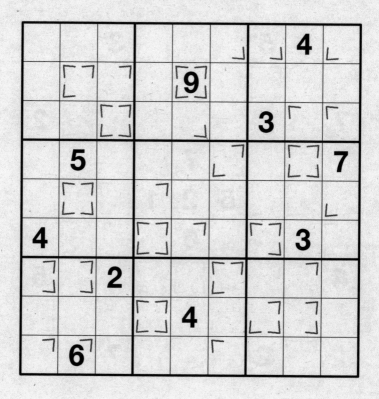

Quad Max Sudoku

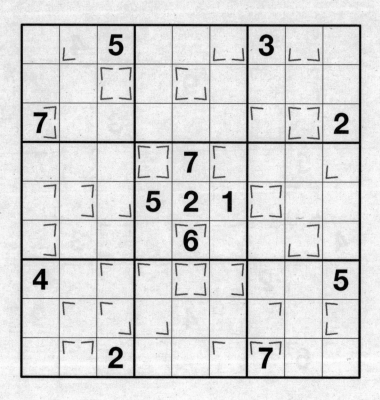

	6						1	
5								2
				4				
			9	2	5			
		5	7		3	1		
			4	1	6			
				6				
2								9
	8						6	

Quad Max Sudoku

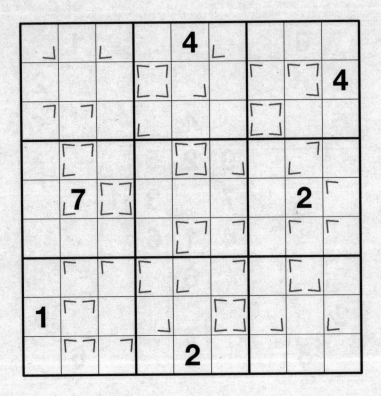

		9				8		
	6						5	
5				1				7
		4				2		
8				6				3
	2						7	
		6				5		

	6	3				5	9	
	1						4	
	5						7	
	8	6				3	1	

Quad Max Sudoku

3								5
		2						
						4		
	7							
						4		
1								6

Quad Max Sudoku

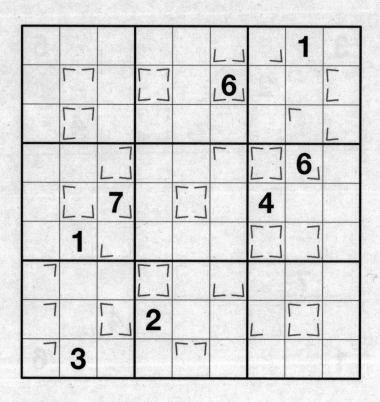

Blackout Sudoku

The seemingly simple variation of omitting one number from each region makes for a surprisingly different solve:

2		4			■	6	9	
			6	7				■
7	■				1		5	
			2			8	■	4
■			1		8			
9	6	5	■		3			
	7		9			■		8
		■		5	7			
	9	8		■		4		6

Instructions
☐ Place eight different digits from the range 1-9 into every row, column and bold-lined 3×3 box.
☐ Do not place any digits on blacked-out (shaded) cells.

○ *Note:* The blacked-out cells often take the place of a different 'ninth' digit in each of their respective row, column and 3×3 regions.

Blackout Sudoku

1	■		6		8	3		4
	9	6		1			■	
7				4	■		2	
		■			6	2	5	
	5	3		■		6	9	
	7	1	5					■
	3			9		■		2
■				6		8	4	
8		4	■		3		6	7

■	5		1		3		6	2
8			6	9	4		■	1
		9	■			4		
9		1				■		8
4	■						7	5
			7	4	■			
1		3	4	■	7	9		6
	4	■	8		9	3	2	
	9	6				5	4	■

Blackout Sudoku

		1	5	8	9	7	■	
		9	■		4	3		
3	■			1			4	9
2	1	■					6	3
9		6				■		2
7	8			■			1	5
1	9			4	■		2	7
■		2	6		1	4		
		8	9	7	2	6		■

		6	1	3	■	8		5
		9					■	3
■	5		8					
1	■		3	7	8	4	9	
	9		■				8	
	8	7	5	1	2			■
		■			1		4	
5				■		6		
2		1		6	5	■		

Blackout Sudoku

			3	8		4	7	
2					■	6	9	8
	5			4		■	3	
	■		7					5
	3	7		■		8	6	
5					2		■	
	2	■		3			8	
7	6	8						■
	1	9	■	5	8			

6		1		7		■		8
	2		9		■			7
	■		1	6			2	3
					9	3	4	■
		■	3		1	7		
	5	6	8	■				
7	1			9	5		■	
5			■		8		3	
■		3		2		5		4

Blackout Sudoku

				2		1		■
1	8			■	3	7		
2	3	■			8			
	7			1	■	4	2	
■	1	2		4		6	7	3
	4	9		7			■	
	■		3				5	7
		4	7		■		3	9
6		3	■	9				

		7			3		1	■
			4	■	2			8
■		6	9				5	
9			1	5			■	7
		1	■			3		
4		■		3	6			1
	8				4	■		
3	■		5	8	7			
	5		6		■	9		

Blackout Sudoku

9	3		4		6		■	
		■				8	7	
6			7	■	3			
■		1		8				2
	8	5	1		7	■	6	
7				2	■	9		
	■		3	1	2			9
	2	4						■
			■		4		3	6

Blackout Jigsaw Sudoku

Using jigsaw regions takes Blackout Sudoku up a difficulty notch!

Instructions

□ Place eight different digits from the range 1-9 into every row, column and bold-lined jigsaw shape.

□ Do not place any digits on blacked-out (shaded) cells.

O *Note:* The blacked-out cells often take the place of a different 'ninth' digit in each of their respective row, column and jigsaw region.

Blackout Jigsaw Sudoku

	3				■	9	1	
■			5					7
				1		7		■
5	9		■	3	2		4	
			8	9	6	■		
	■		7	6	1		8	3
		4		2			■	
9		■			7			
	2	8		■			5	

Blackout Jigsaw Sudoku

	6		■	9				
	8		5		7		3	■
		1		5	6		■	9
	■	4			5	8		
2		■						7
		7	1	■		2		
■	3		8	1		7		
	4		6		3	■	7	
			3	■		8		

Blackout Jigsaw Sudoku

		■	3	6	1			8
	1			■	4			7
	3						4	■
■			7					1
	9	6		1	■		5	7
4			■		3			
2	6						■	
3			6		■		9	
1	■		9	8	2	6		

					1			
		4				5		
			4	2	6			
6				9			8	
		7	5		9	2		
	8			3				2
			7	1	2			
		2				1		
	1		6					

Blackout Jigsaw Sudoku

			■			8	5	
■		6		4	9	2		
			6	8		■		
	■	5	2		4			9
			1		8		■	
3			9	■	5	7	4	
		■		1	3			
		4	5	3	■	1		8
	9	8					■	

1		2	■		6			
■	8						2	3
		5			9		8	■
		■		1	5	8		
	4		1		2	■	9	
	■	8	4	3				
	1		7			6	■	
8	7				■		5	
			2	■	3	4		6

Blackout Jigsaw Sudoku

		3		9	1	8	7	
								4
	8	9		3				7
	4		1		6		8	5
		6				7		
	6		2		9		3	
3				5		2		
2								
	9	4	3				6	

Killer Sudoku

This is the most famous mathematical variant of sudoku, with simple addition adding a major new level to the puzzle:

Instructions

☐ Place 1-9 once each into every row, column and bold-lined 3×3 box.

☐ No digit may be repeated in any dashed-line cage, and the digits in each dashed-line cage must sum to the given value.

O *Note:* The requirement not to repeat a digit in a dashed-line cage helps solve the sums. For example, the solution to a three cell '6' clue must *always* be 1+2+3.

Killer Sudoku

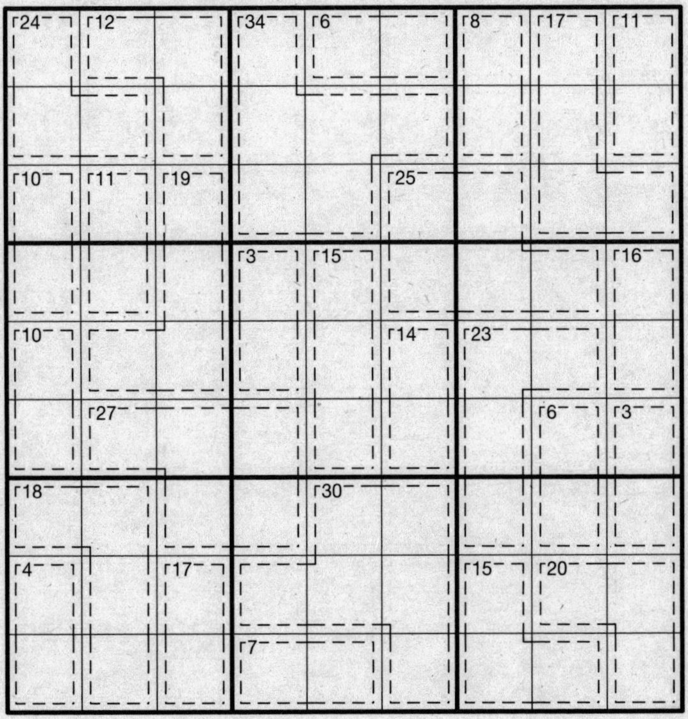
24
12
34
6
8
17
11
10
11
19
25
3
15
16
10
14
23
27
6
3
18
30
4
17
15
20
7

Killer Sudoku

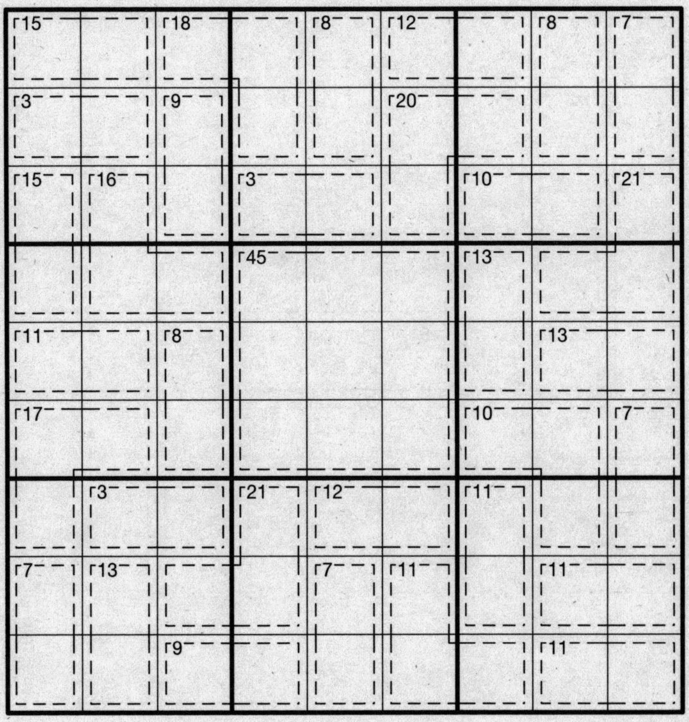
15
18
8
12
8
7
3
9
20
15
16
3
10
21
45
13
11
8
13
17
10
7
3
21
12
11
7
13
7
11
11
9
11

Killer Sudoku

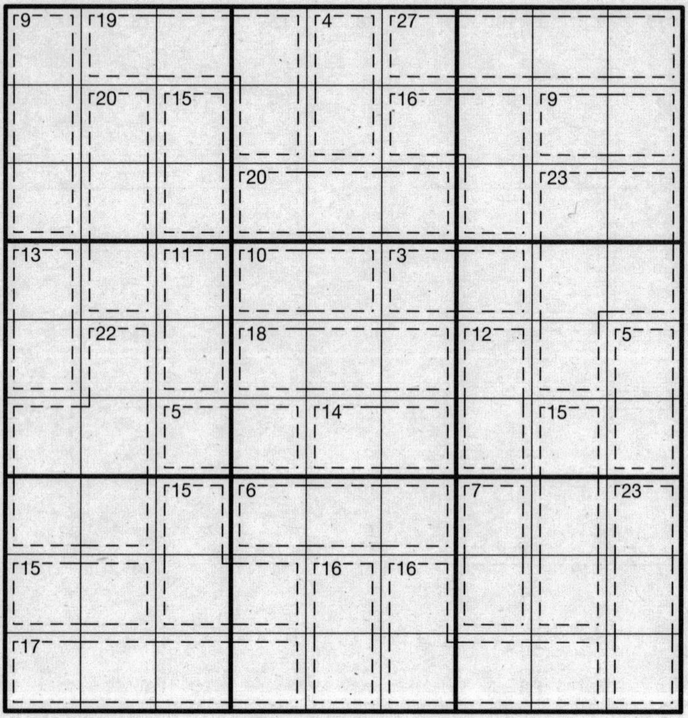

Killer Sudoku

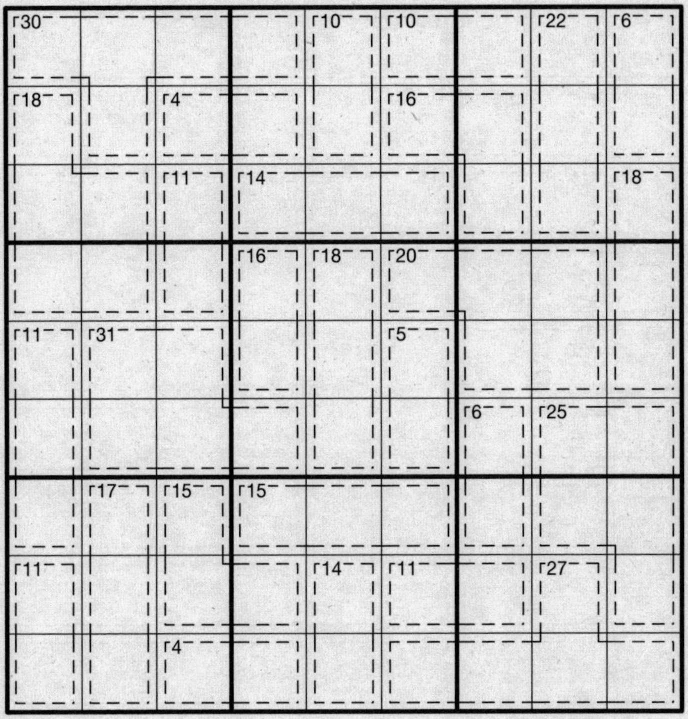

Killer Sudoku

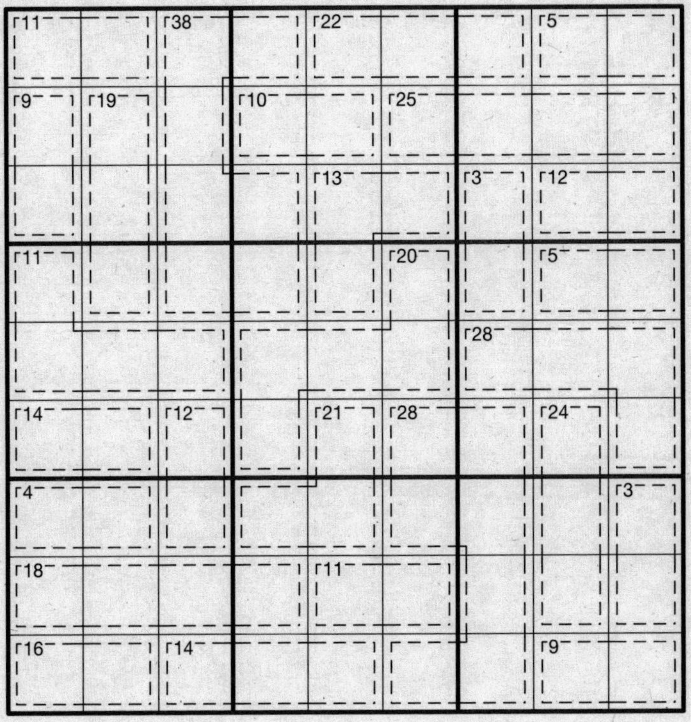
11
38
22
5
9
19
10
25
13
3
12
11
20
5
28
14
12
21
28
24
4
3
18
11
16
14
9

Killer Sudoku

Killer Sudoku Zero

This variation of Killer Sudoku strips back the puzzle by removing redundant clues, which typically makes it considerably harder.

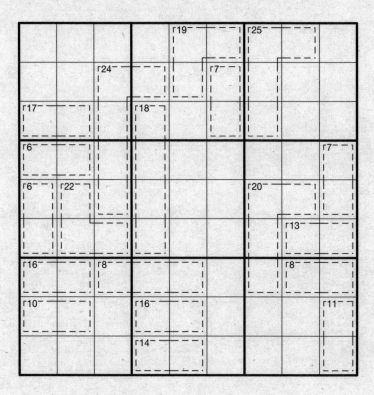

Instructions

☐ Place 1-9 once each into every row, column and bold-lined 3×3 box.

☐ No digit may be repeated in any dashed-line cage, and the digits in each dashed-line cage must sum to the given value.

○ *Note:* The requirement not to repeat a digit in a dashed-line cage helps solve the sums. For example, the solution to a three cell '24' clue must *always* be 7+8+9.

Killer Sudoku Zero

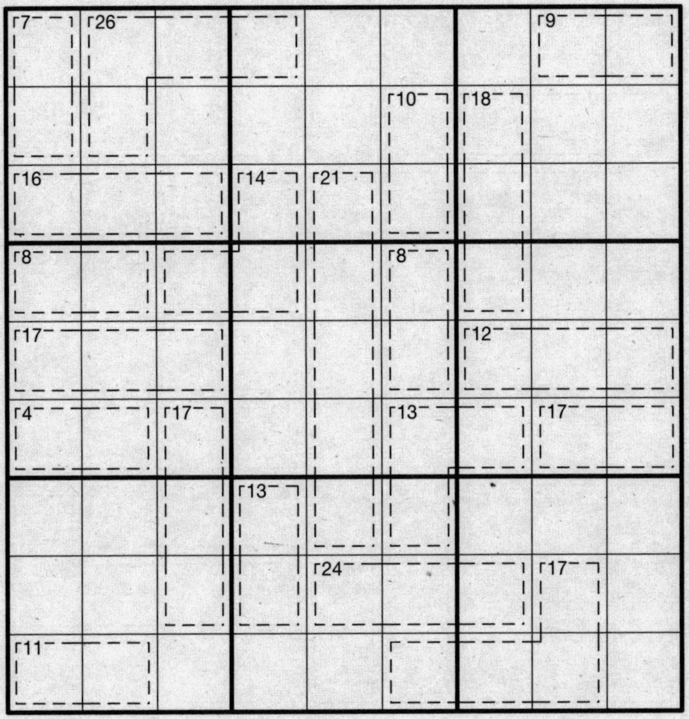
7
26
9
10
18
16
14
21
8
8
17
12
4
17
13
17
13
24
17
11

Killer Sudoku Zero

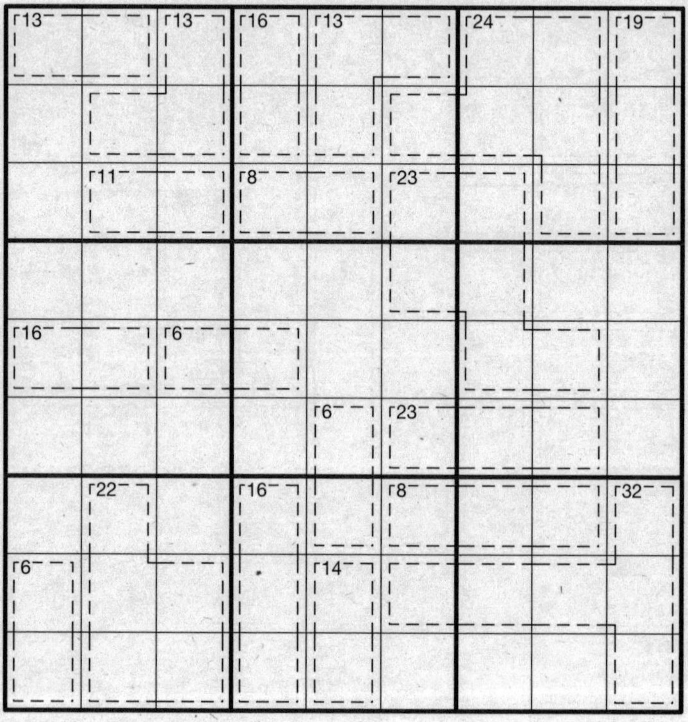

Killer Sudoku Zero

Killer Sudoku Pro

Killer Sudoku puzzles need not be restricted to just addition:

Instructions

☐ Place 1-9 once each into every row, column and bold-lined 3×3 box.

☐ No digit may be repeated in any dashed-line cage, and each dashed-line cage must result in the given value when the stated operation is applied between all of the digits in that cage.

☐ For subtraction and division operations, start with the highest number in the cage and then subtract or divide by the other numbers in that cage (so the solution to '4-' could be 3, 2, 9).

Killer Sudoku Pro

Killer Sudoku Pro

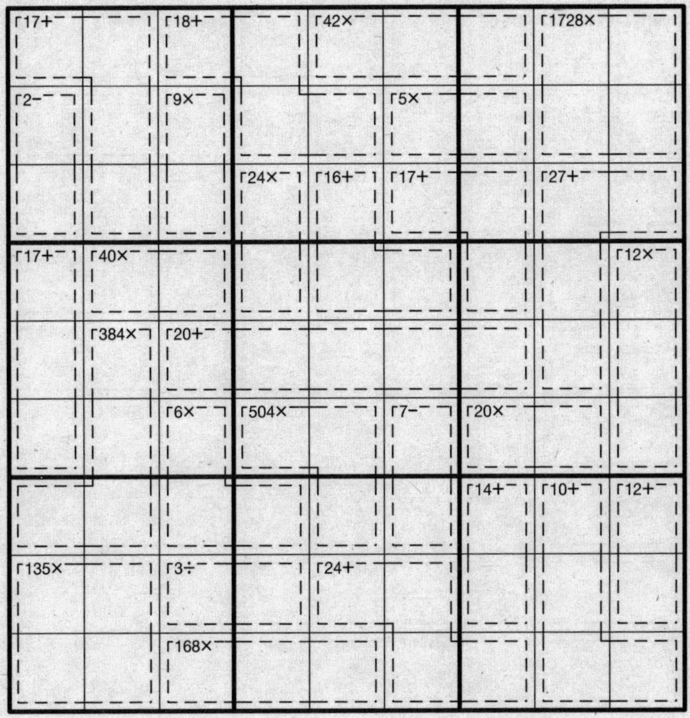

Killer Sudoku Pro

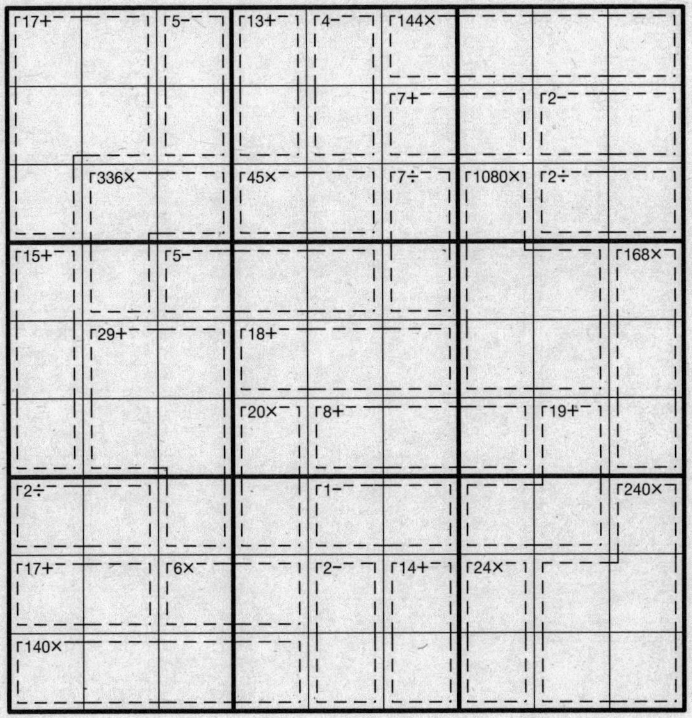
17+
5-
13+
4-
144×
7+
2-
336×
45×
7÷
1080×
2÷
15+
5-
168×
29+
18+
20×
8+
19+
2÷
1-
240×
17+
6×
2-
14+
24×
140×

Killer Sudoku Pro

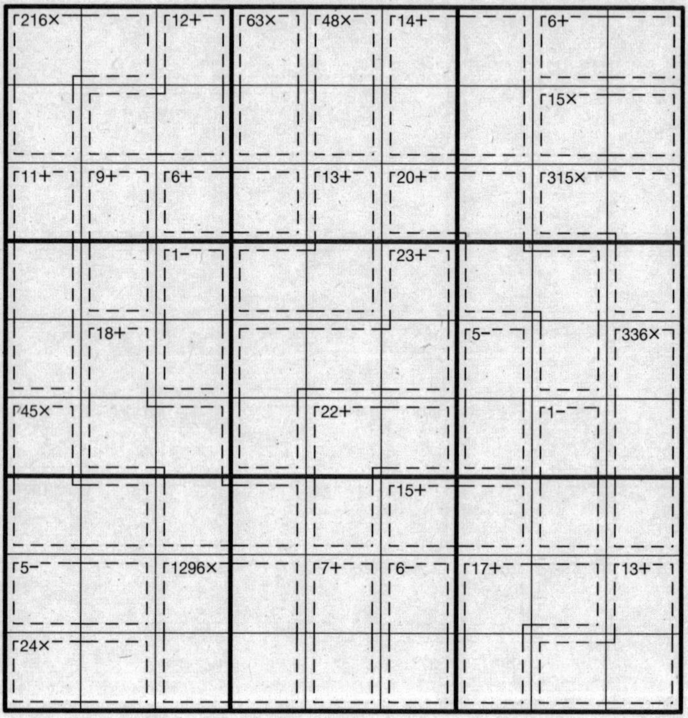

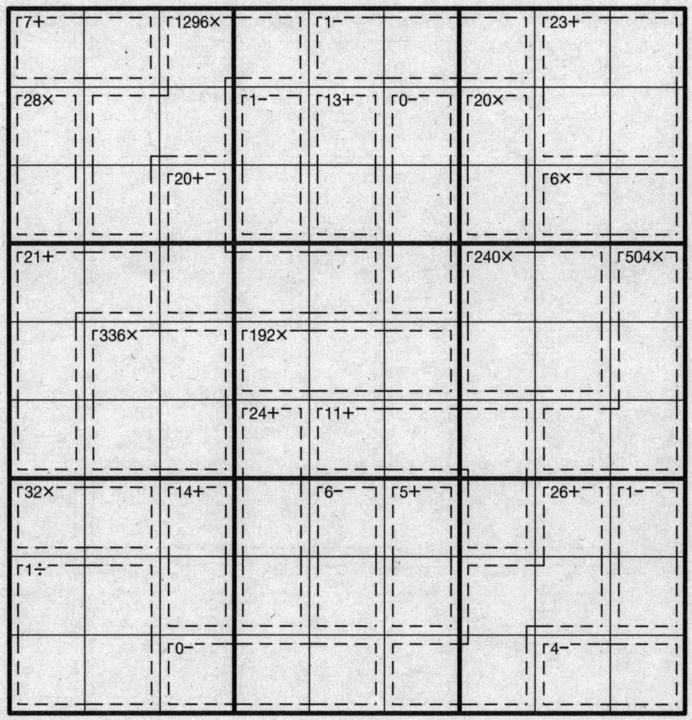
7+
1296×
1-
23+
28×
1-
13+
0-
20×
20+
6×
21+
240×
504×
336×
192×
24+
11+
32×
14+
6-
5+
26+
1-
1÷
0-
4-

Killer Sudoku Pro

Killer Sudoku Pro

Killer Sudoku Pro

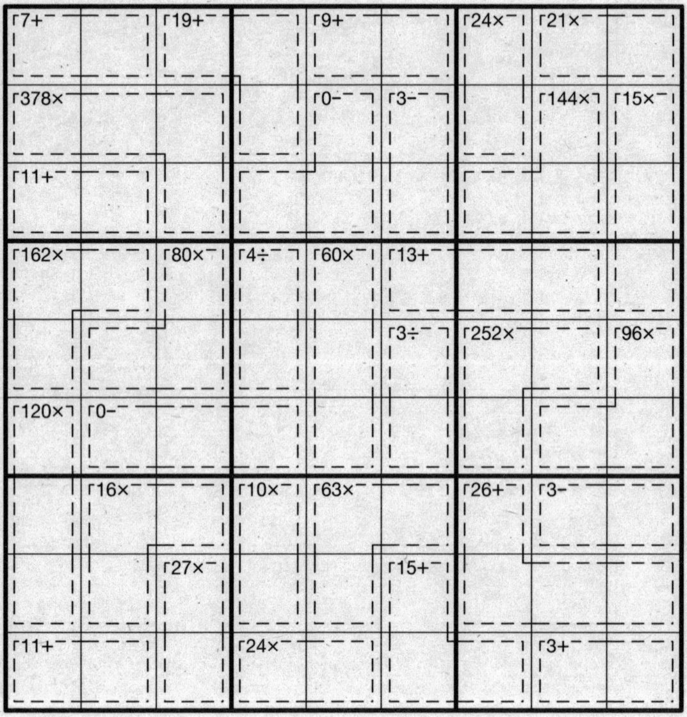

Killer Sudoku Pro Zero

There's no reason why Killer Sudoku Pro puzzles can't also be stripped back to a minimal number of clues:

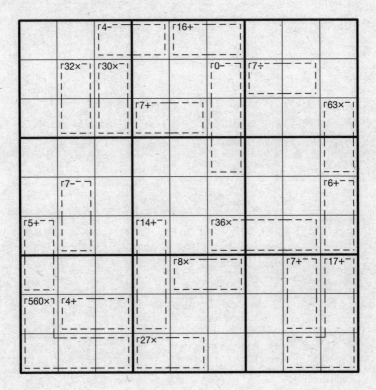

Instructions

☐ Place 1-9 once each into every row, column and bold-lined 3×3 box.

☐ No digit may be repeated in any dashed-line cage, and each dashed-line cage must result in the given value when the stated operation is applied between all of the digits in that cage.

☐ For subtraction and division operations, start with the highest number in the cage and then subtract or divide by the other numbers in that cage.

Killer Sudoku Pro Zero

Killer Sudoku Pro Zero

Killer Sudoku Pro Zero

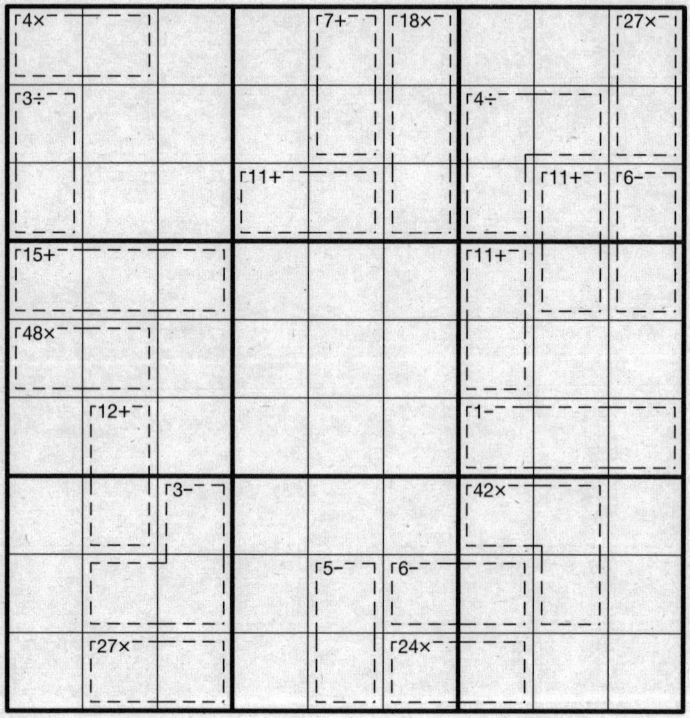

Sometimes we know the result but not how we get there...

Instructions

☐ Place 1-9 once each into every row, column and 3×3 box.

☐ No digit may be repeated in any dashed-line cage, and each dashed-line cage must result in the given value when a particular operation is applied between all of the digits in that cage. That operation may be addition, subtraction, multiplication or division – it is up to you to work out which.

☐ For subtraction and division operations, start with the highest digit in the cage and then subtract or divide by the other digits in that cage.

☐ There may be multiple operations that result in the correct value.

Mystery Killer

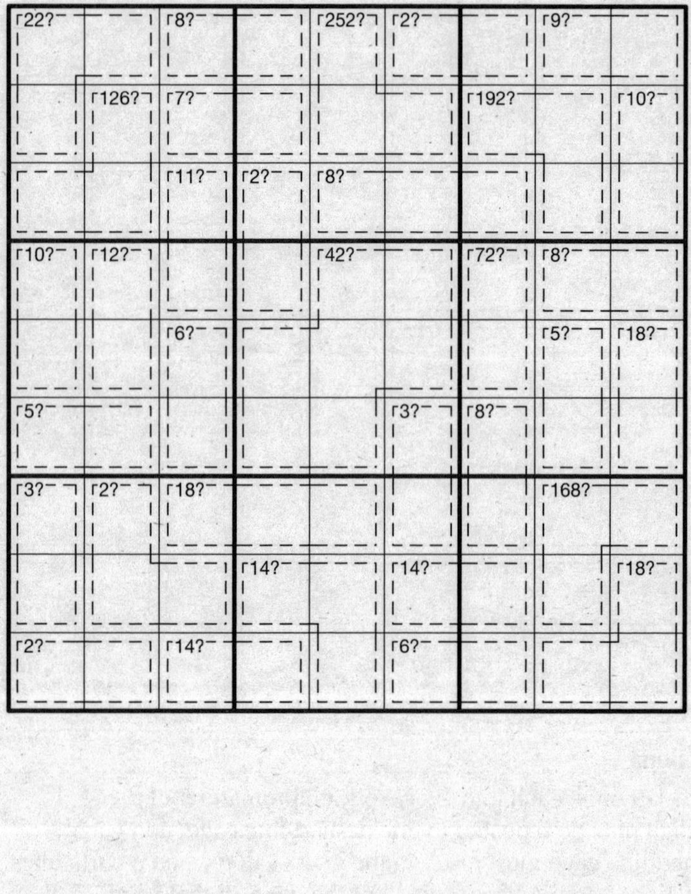

Mystery Killer

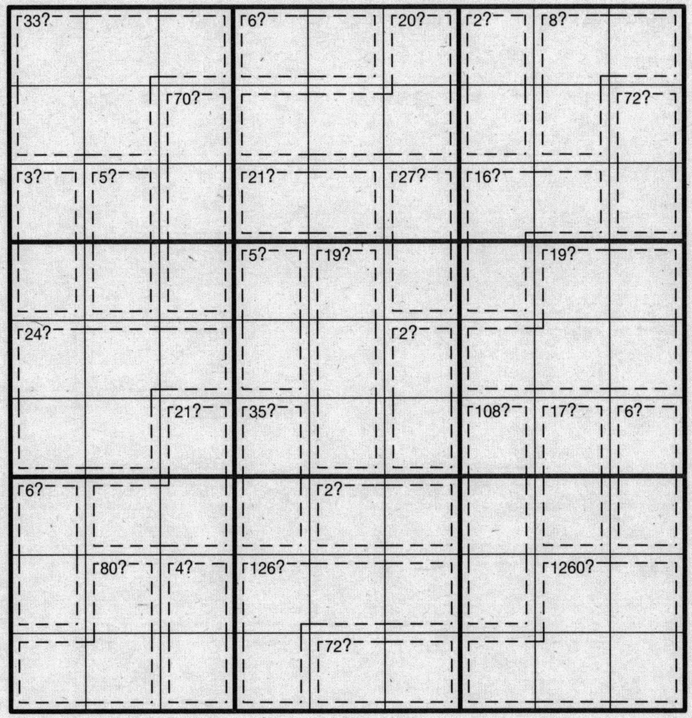

Mystery Killer

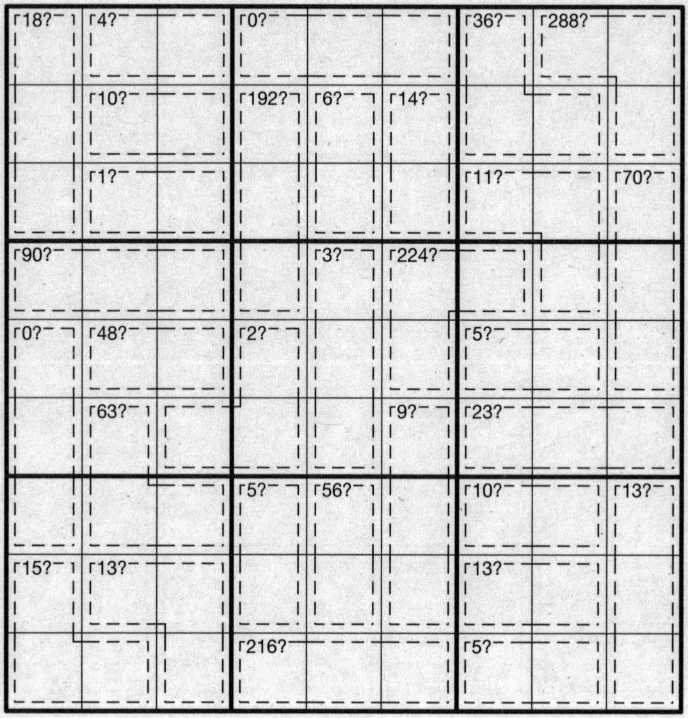

Mystery Killer

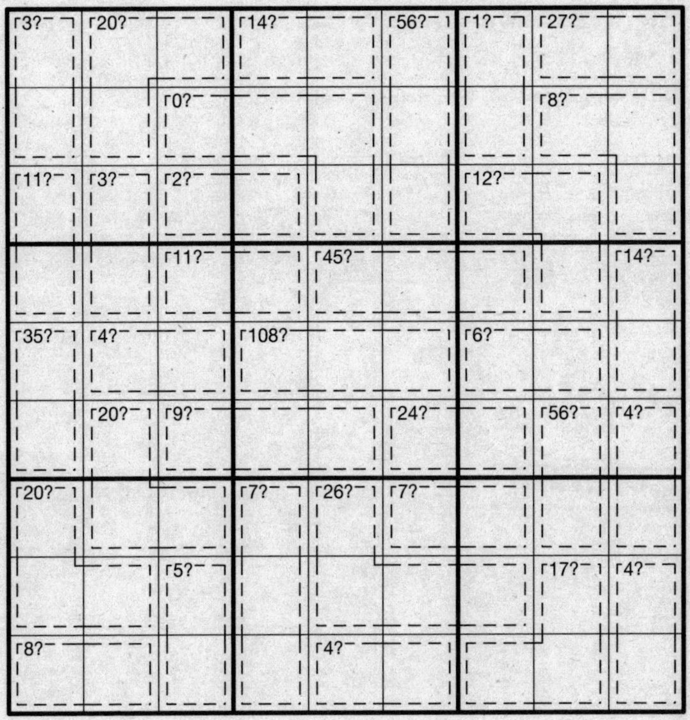

Mystery Killer

Mystery Killer Zero

And finally we reach the ultimate Killer conundrum!

Instructions

☐ Place 1-9 once each into every row, column and 3×3 box.

☐ No digit may be repeated in any dashed-line cage, and each dashed-line cage must result in the given value when a particular operation is applied between all of the digits in that cage. That operation may be addition, subtraction, multiplication or division – it is up to you to work out which.

☐ For subtraction and division operations, start with the highest digit in the cage and then subtract or divide by the other digits in that cage.

☐ There may be multiple operations that result in the correct value.

Mystery Killer Zero

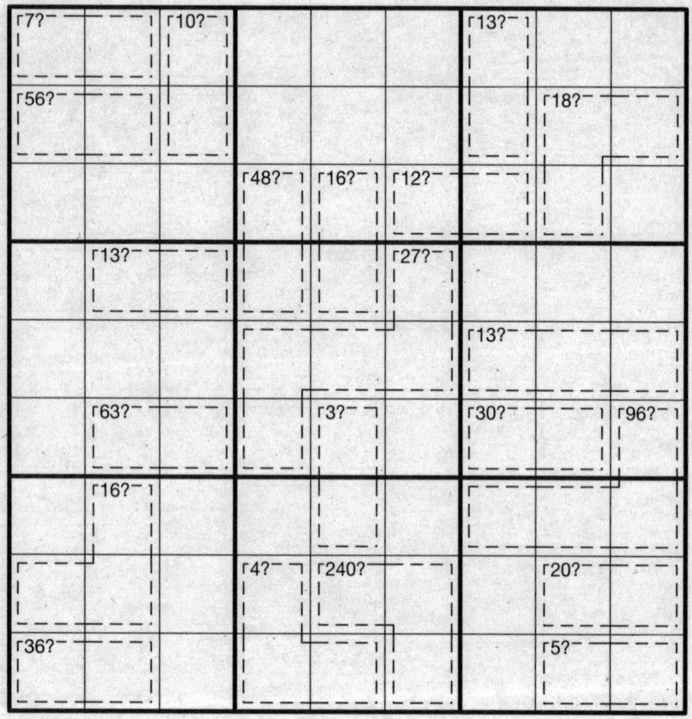

Killer Sudoku Values

Changing the numbers in a mathematical puzzle mixes things up:

0 1 2 3 4 5 6 7 8

Instructions

☐ Place 0-8 once each into every row, column and bold-lined 3×3 box.

☐ No number may be repeated in any dashed-line cage, and the numbers in each dashed-line cage must add up to the given value.

Killer Sudoku Values

Killer Sudoku Values

0 1 2 3 4 5 6 7 8

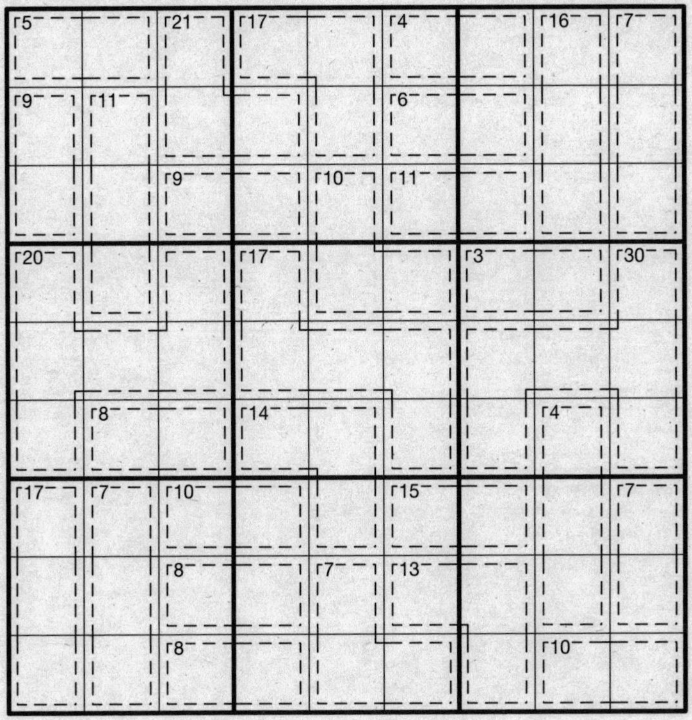

Killer Sudoku Values

2 3 4 5 6 7 8 9 10

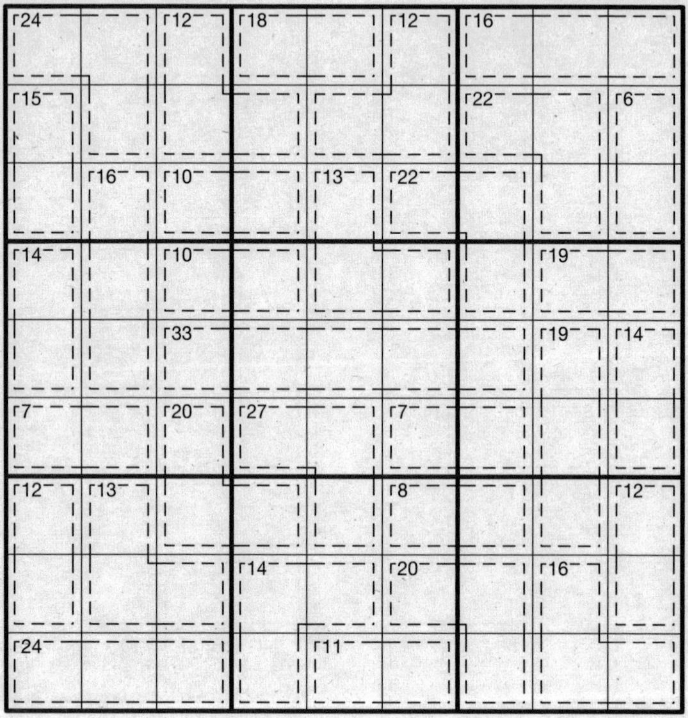
24
12
18
12
16
15
22
6
16
10
13
22
14
10
19
33
19
14
7
20
27
7
12
13
8
12
14
20
16
24
11

Instructions

- Place 2-10 once each into every row, column and bold-lined 3×3 box.
- No number may be repeated in any dashed-line cage, and the numbers in each dashed-line cage must add up to the given value.

Killer Sudoku Pro Values

Instructions

☐ Place 2-10 once each into every row, column and bold-lined 3×3 box.

☐ No digit may be repeated in any dashed-line cage, and each dashed-line cage must result in the given value when the stated operation is applied between all of the digits in that cage.

☐ For subtraction and division operations, start with the highest number in the cage and then subtract or divide by the other numbers in that cage.

Killer Sudoku Pro Zero Values

Instructions

☐ Place 2-10 once each into every row, column and bold-lined 3×3 box.

☐ No digit may be repeated in any dashed-line cage, and each dashed-line cage must result in the given value when the stated operation is applied between all of the digits in that cage.

☐ For subtraction and division operations, start with the highest number in the cage and then subtract or divide by the other numbers in that cage.

Killer Sudoku Pro Negative

Generally we exclude negative cage clues for clarity (e.g. consider the '-3-' in this puzzle!), but they are certainly possible:

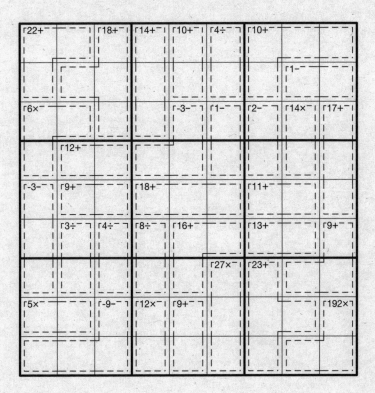

Instructions

☐ Place 1-9 once each into every row, column and bold-lined 3×3 box.

☐ No digit may be repeated in any dashed-line cage, and each dashed-line cage must result in the given value when the stated operation is applied between all of the digits in that cage.

☐ For subtraction and division operations, start with the highest number in the cage and subtract/divide by the rest.

○ *Note:* Take care – some cage totals are negative.

Killer Sudoku Pro Negative

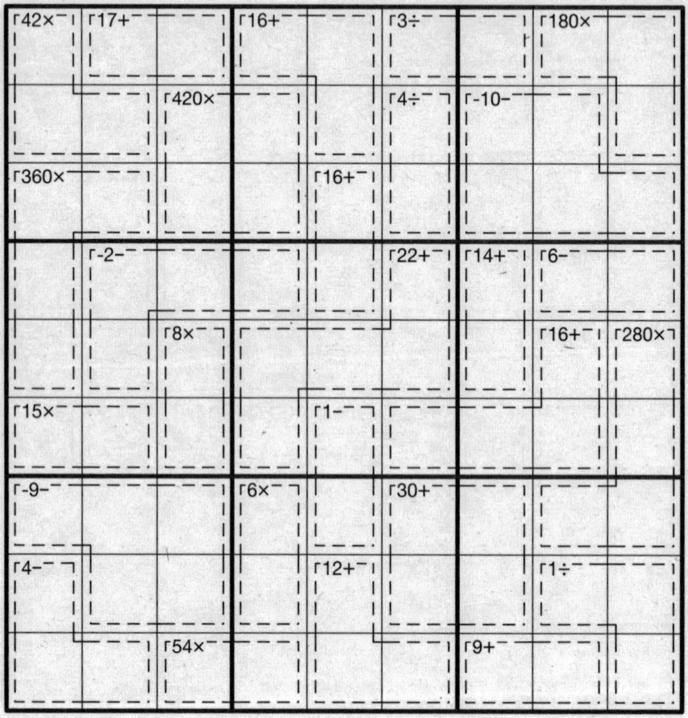

Killer Sudoku Pro Negative

We will tend to have more negative clues if we place negative numbers in the grid:

-4 -3 -2 -1 0 1 2 3 4

┌3+	┌1+	┌2+	┌4+ ┌5+	
┌12×	┌1+	┌6× ┌	┌8×	
┌2÷	┌6+ ┌	┌12×		
┌1-		┌1+ ┌4+		
	┌	┌2÷ ┌1+		
┌7-	┌6-			
┌0×	┌8×	┌12×	┌32×	
	┌2+	┌1+		
┌7+	┌2×	┌6-	┌0÷	

Instructions

☐ Place -4 to +4, including 0, once each into every row, column and bold-lined 3×3 box.

☐ No digit may be repeated in any dashed-line cage, and each dashed-line cage must result in the given value when the stated operation is applied between all of the digits in that cage.

☐ For subtraction and division operations, start with the highest number in the cage and subtract/divide by the rest.

O *Note:* Take care – some cage totals are negative.

Killer Sudoku Pro Negative

-4 -3 -2 -1 0 1 2 3 4

Killer Calcudoku Plus

What happens if we relax the constraint to not repeat a digit in a cage?

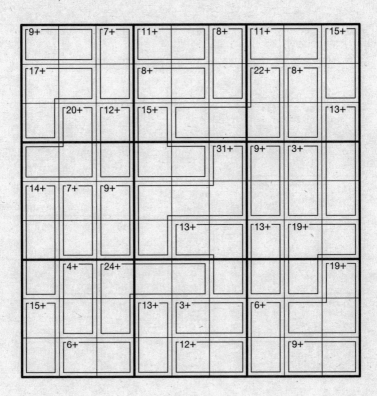

Instructions

☐ Place 1-9 once each into every row, column and bold-lined 3×3 box.

☐ Each set of caged cells must sum to the given total.

○ *Note:* Numbers *can* be repeated in a cage, subject to the normal rules of Sudoku.

Killer Calcudoku Plus

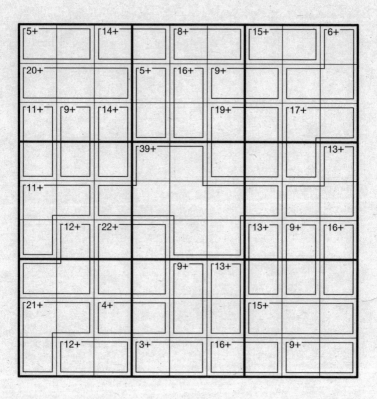

Killer Calcudoku Plus

Killer Calcudoku Plus

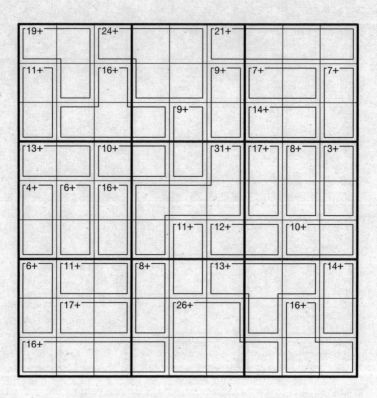

Killer Calcudoku Plus

Killer Calcudoku Plus

Killer Calcudoku

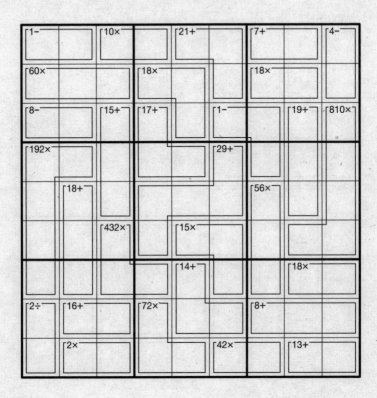

Instructions

- Place 1-9 once each into every row, column and bold-lined 3×3 box.
- Each set of caged cells must result in the given value when the stated operation is applied between the numbers in that cage.
- For subtraction and division operations, start with the highest number in the cage and then subtract or divide by the other numbers in that cage.
- *Note:* Numbers *can* repeat in a cage, subject to Sudoku rules.

Killer Calcudoku

630×		13+		7+		1728×	2−	
			13+	5+	3÷		2−	
24×	2−						14×	12+
	4−		8+		22+			
140×	36×	32+						
			54×			2−		11+
		27×	6−	7×		1−		
3÷						1−	576×	
3÷		2−						

Killer Calcudoku

Killer Calcudoku

Killer Calcudoku

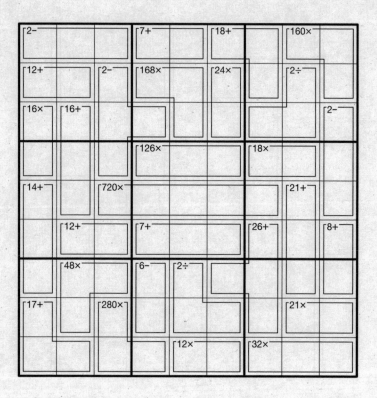

Mystery Killer Calcudoku

We can conceal the operation to make things tougher:

Instructions

☐ Place 1-9 once each into every row, column and 3×3 box.
☐ Each set of caged cells must result in the given value when a particular operation is applied between the numbers in that cage. That operation may be addition, subtraction, multiplication or division – it is up to you to work out which.
☐ For subtraction and division operations, start with the highest number in the cage and then subtract or divide by the other numbers in that cage.

Mystery Killer Calcudoku

Mystery Killer Calcudoku

Mystery Killer Calcudoku

12?		126?		7?		6?		8?
360?				20?	15?	6?		
24?	1?					28?		18?
	240?		168?	1?				
1?				14?		13?		
12?	18?			23?		8?		
	18?	56?	11?					
6?	8?			30?	15?			
	13?	7?				10?		

Mystery Killer Calcudoku

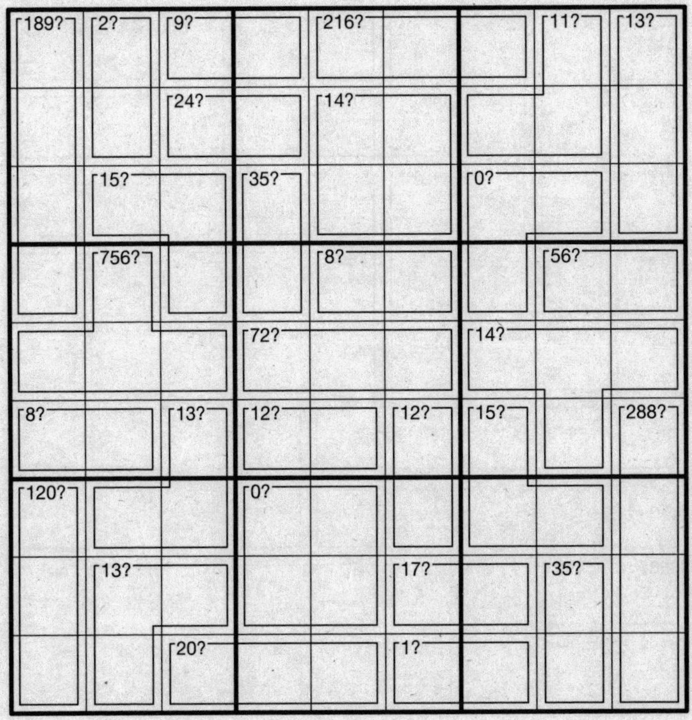

Mystery Killer Calcudoku

6?	6?	35?		5?		5?	2?	
		112?	4?		3?		2?	
11?			18?			14?		
19?				240?			72?	
	9?		126?			48?		
		3?			12?	20?		
1?			2?				5?	
20?		2?		17?			3?	54?
15?			8?		15?			

Killer Calcudoku Values

Changing the set of values to be placed mixes up the maths a bit:

2 3 4 5 6 7 8 9 10

Instructions

☐ Place 2-10 once each into every row, column and bold-lined 3×3 box.

☐ Each set of caged cells must result in the given value when the stated operation is applied between the numbers in that cage.

☐ For subtraction and division operations, start with the highest number in the cage and then subtract or divide by the other numbers in that cage.

Killer Calcudoku Values

2 3 4 5 6 7 8 9 10

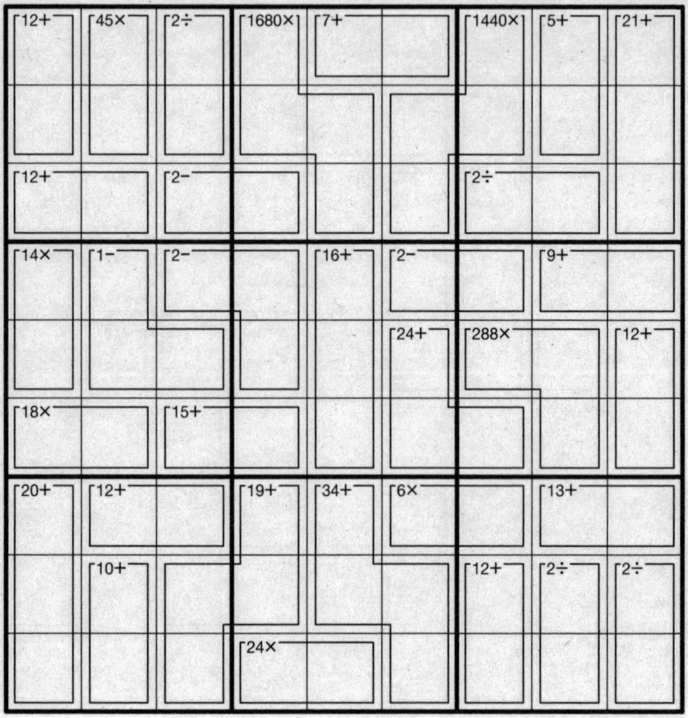

12+
45×
2÷
1680×
7+
1440×
5+
21+
12+
2−
2÷
14×
1−
2−
16+
2−
9+
24+
288×
12+
18×
15+
20+
12+
19+
34+
6×
13+
10+
12+
2÷
2÷
24×

Killer Calcudoku Values

0 1 2 3 4 5 6 7 8

Instructions

☐ Place 0-8 once each into every row, column and bold-lined 3×3 box.

☐ Each set of caged cells must result in the given value when the stated operation is applied between the numbers in that cage.

☐ For subtraction and division operations, start with the highest number in the cage and then subtract or divide by the other numbers in that cage.

Killer Calcudoku Values

Killer Calcudoku Zero

Getting rid of unnecessary cages makes things notably tougher:

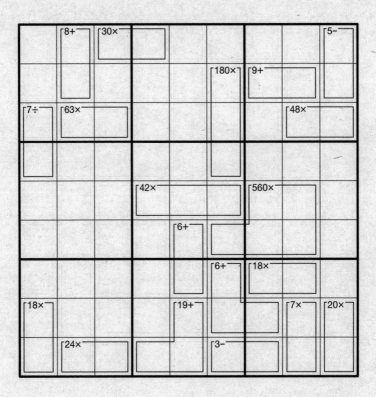

Instructions

☐ Place 1-9 once each into every row, column and bold-lined 3×3 box.

☐ Each set of caged cells must result in the given value when the stated operation is applied between the numbers in that cage.

☐ For subtraction and division operations, start with the highest number in the cage and then subtract or divide by the other numbers in that cage.

Killer Calcudoku Zero

Killer Calcudoku Zero

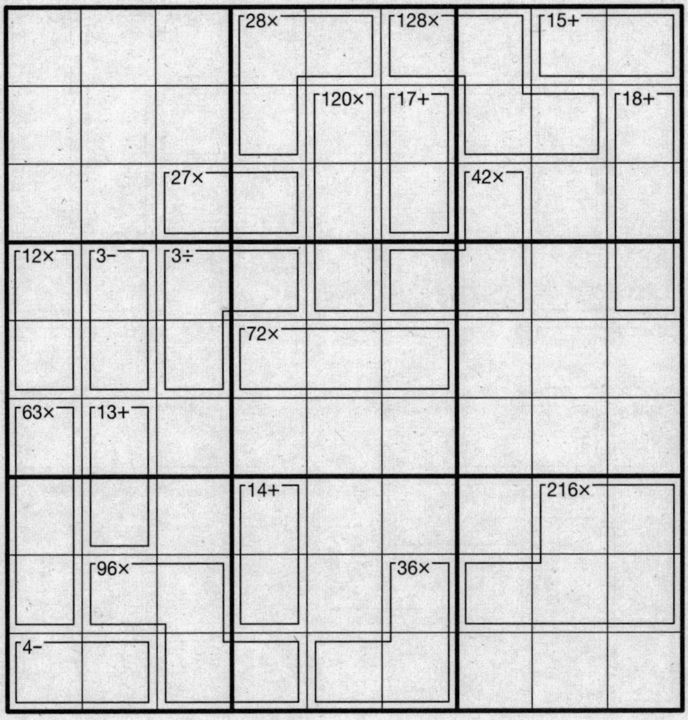

Killer Calcudoku Zero

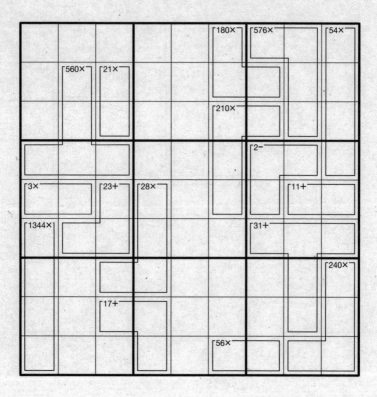

Killer Calcudoku Zero

Killer Calcudoku Zero

Samurai-2 Sudoku

We can overlap two puzzles and require them to be solved together:

		2		1	5					
		5			6					
9			6	2	1	3				
	7						7			
	8		1		5		2			
3	5		7	9			4		3	
5	4		9	3			1		5	
	9		5		7		9			
	8						3			
		3	1	5	2			6		
	8				6					
		2	7		3					

Instructions
☐ Place 1-9 once each into every row, column and bold-lined 3×3 box of each of the two overlapping 9×9 grids.
☐ The two grids must be solved simultaneously – each of the two grids may not have a unique solution when considered on its own.

Samurai-2 Sudoku

				7	8	5	9			
	6		1					2		
		1								
	2		4				6		3	
9				2		1				4
6										6
5										8
2			8		4					9
	4		7				9		4	
								1		
		1				2		8		
		3	5	8	6					

Samurai-2 Sudoku

			5					3			
		6		3			4				
	4	9	1					2			
9		3		5			6		9		8
	7		4	2			5	9		7	
	9		8	6			3	5		1	
2		7		4			9		6		7
		5						7	8	4	
			7			8		3			
		2					3				

Samurai-3 6×6 Sudoku

Samurai puzzles need not be made up of 9×9 grids:

Instructions

☐ Place 1-6 once each into every row, column and bold-lined 2×3 box of each of the three overlapping 6×6 grids.

☐ The three grids must be solved simultaneously – each of the three grids may not have a unique solution when considered on its own.

Samurai-3 6×6 Sudoku

Samurai-3 6×6 Sudoku

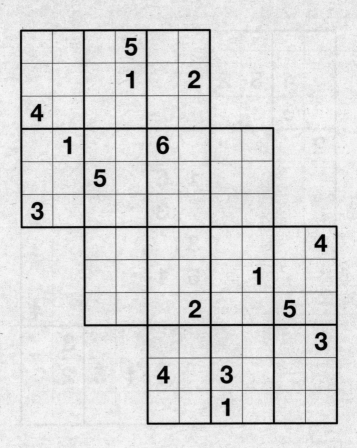

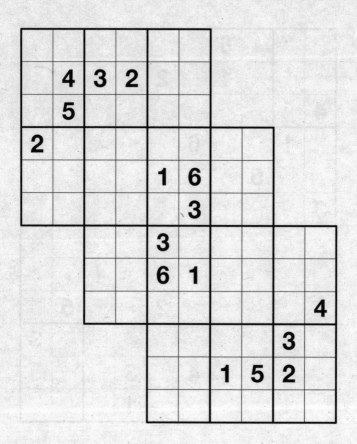

Samurai-4 Sudoku

This puzzle consists of four overlapping 9×9 grids:

Instructions

☐ Place 1-9 once each into every row, column and bold-lined 3×3 box of each of the four tightly-overlapping 9×9 grids.

☐ The four grids must be solved simultaneously – each of the four grids may not have a unique solution when considered on its own.

Samurai-4 Sudoku

Samurai-4 Sudoku

				2	8	4	9			
			7		6	2		3		
		9		4	2	7	8	9		
	6		5				4		6	
	4	8	3				6	8	2	
	2	5	9				8	5	4	
	9		8				2		9	
		1		5	3	6	4		1	
			4		5	2		7		
				3	8	4	9			

Samurai-4 Sudoku

2				8			5				2
				5	7	2	8				
		8	7			9	2				
1	7	5					4			2	1
	5									5	
	4									3	
9	1	3					5			1	8
		1	4			3	6				
			1	7	3	4					
6			5			8					6

Many of the variants found on the preceding 474 pages of this book can be mixed together to make all kinds of interesting puzzles!

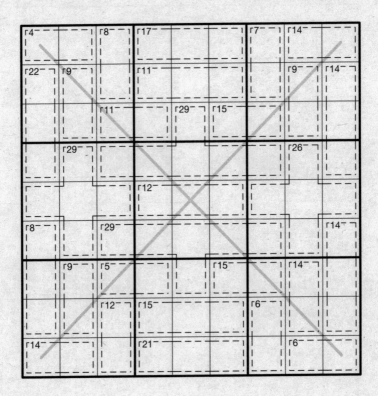

Instructions

☐ Place 1-9 once each into every row, column and bold-lined 3×3 box.

☐ Sudoku X rules apply: see page 33.

☐ Killer Sudoku rules apply: see page 395.

Jigsaw Killer Windoku

We can start to mix more and more exotic Sudoku cocktails:

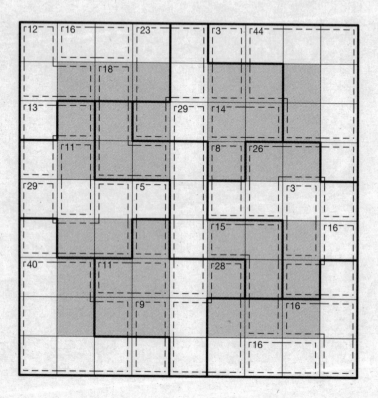

Instructions

- ❏ Place 1-9 once each into every row, column and bold-lined jigsaw shape.
- ❏ Windoku rules apply: see page 27 (but substitute "bold-lined jigsaw shape" for "bold-lined 3×3 box" in the first bullet point).
- ❏ Killer Sudoku rules apply: see page 395 (but substitute "bold-lined jigsaw shape" for "bold-lined 3×3 box" in the first bullet point).

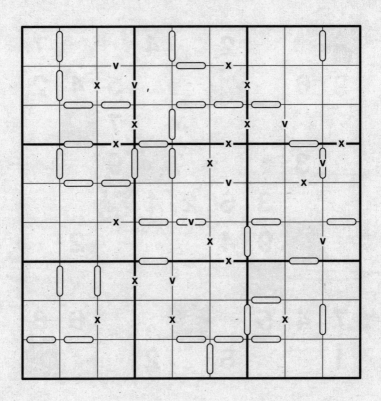

Instructions

☐ Place 1-9 once each into every row, column and bold-lined 3×3 box.

☐ Consecutive Sudoku rules apply: see page 83.

☐ Sudoku XV rules apply: see page 217.

Blackout Wraparound

			2		4			7
9	6					5	4	2
						7		
	3					9		
		3	6	2	1			
		9	4				2	
7	4	5					6	8
1			8		2			

Instructions

☐ Place 1-9 once each into every row, column and bold-lined jigsaw shape.

☐ Wraparound Sudoku rules apply: see page 71.

☐ Blackout Jigsaw Sudoku rules apply: see page 387.

Creasing Multiple Sudoku

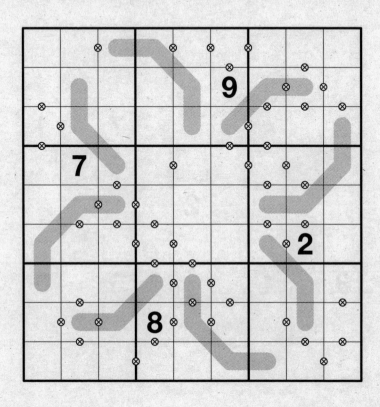

Instructions

□ Place 1-9 once each into every row, column and bold-lined 3×3 box.

□ Creasing Sudoku rules apply: see page 167.

□ Multiple Sudoku rules apply: see page 207.

Deficit Region Quad Max

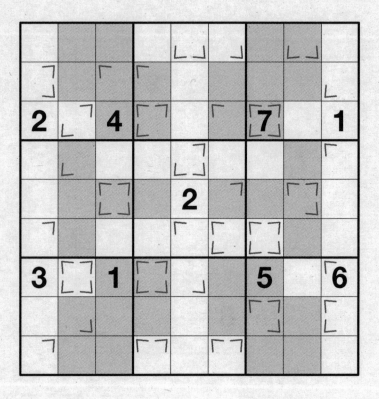

Instructions

☐ Place 1-9 once each into every row, column and bold-lined 3×3 box.

☐ Quad Max Sudoku rules apply: see page 367.

☐ Deficit Region Sudoku rules apply: see page 57.

Outside Arrow Sudoku

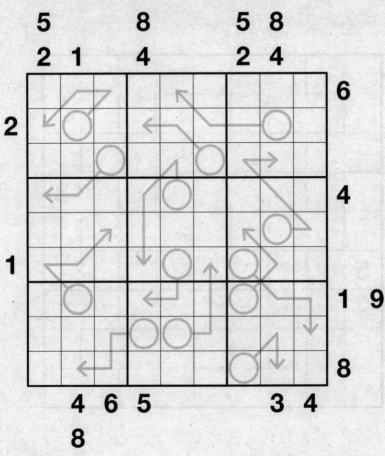

Instructions

☐ Place 1-9 once each into every row, column and bold-lined 3×3 box.

☐ Arrow Sudoku rules apply: see page 291.

☐ Outside Sudoku rules apply: see page 319.

Jigsaw Inequality Sudoku

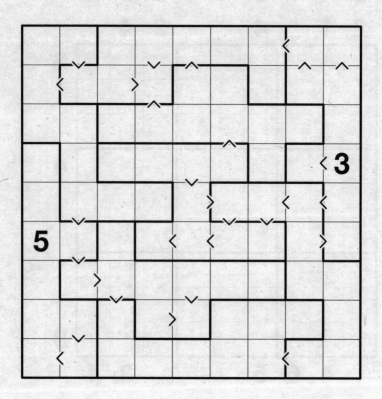

Instructions

☐ Place 1-9 once each into every row, column and bold-lined jigsaw shape.

☐ Inequality Sudoku rules apply: see page 145 (but substitute "bold-lined jigsaw shape" for "bold-lined 3×3 box" in the first bullet point).

Quad Skyscraper Sudoku

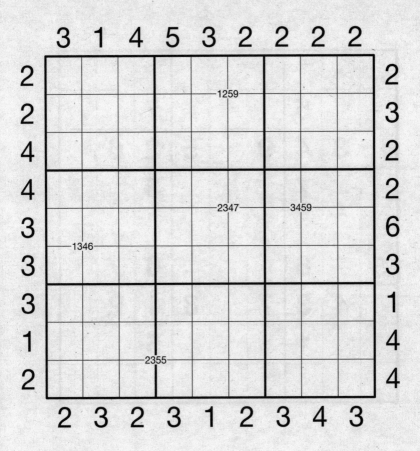

Instructions

☐ Place 1-9 once each into every row, column and bold-lined 3×3 box.

☐ Skyscraper Sudoku rules apply: see page 329.

☐ Quad Pencilmark Sudoku rules apply: see page 309.

King of Argyle Sudoku

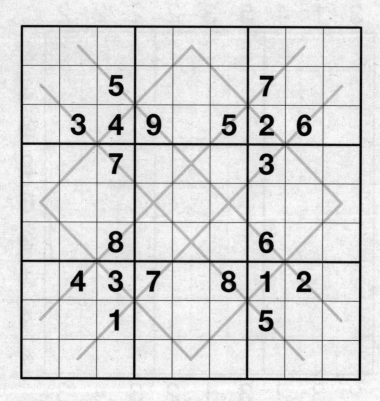

Instructions

☐ Place 1-9 once each into every row, column and bold-lined 3×3 box.

☐ Argyle Sudoku rules apply: see page 267.

☐ Anti-King Sudoku rules apply: see page 121.

Odd Pair Little Killer Sudoku

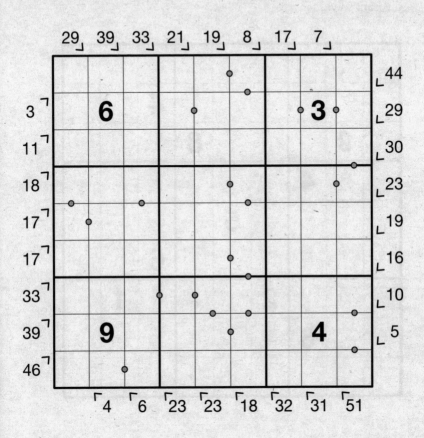

Instructions

☐ Place 1-9 once each into every row, column and bold-lined 3×3 box.

☐ Odd Pair Sudoku rules apply: see page 247.

☐ Little Killer Sudoku rules apply: see page 279.

Non-consecutive Anti-knight

Despite the low number of givens, this puzzle is an elegant and pleasant solve.

						4		
	9				8			
		4						
				5				
						6		
		2					1	
		6						

Instructions

☐ Place 1-9 once each into every row, column and bold-lined 3×3 box.
☐ Non-consecutive Sudoku rules apply: see page 93.
☐ Anti-Knight Sudoku rules apply: see page 129.

Kropki Frame Sudoku

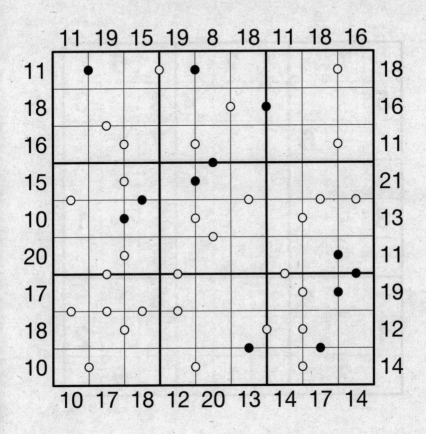

Instructions

☐ Place 1-9 once each into every row, column and bold-lined 3×3 box.

☐ Kropki Sudoku rules apply: see page 191.

☐ Frame Sudoku rules apply: see page 347.

Slashed Offset Sudoku

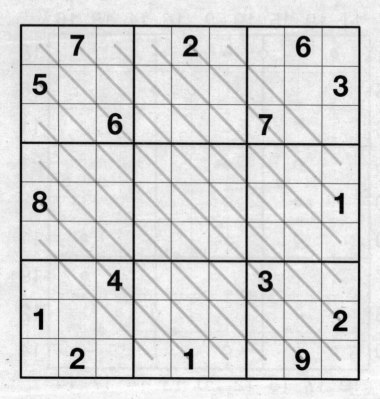

Instructions

- Place 1-9 once each into every row, column and bold-lined 3×3 box.
- Slashed Sudoku rules apply: see page 271.
- Offset Sudoku rules apply: see page 43.

Instructions

☐ Place 1-9 once each into every row and column of each of the two underlying 9×9 Sudoku grids.

☐ Place 1-9 once each into every bold-lined jigsaw shape.

NoDonkeyKillerCalcudokuZero

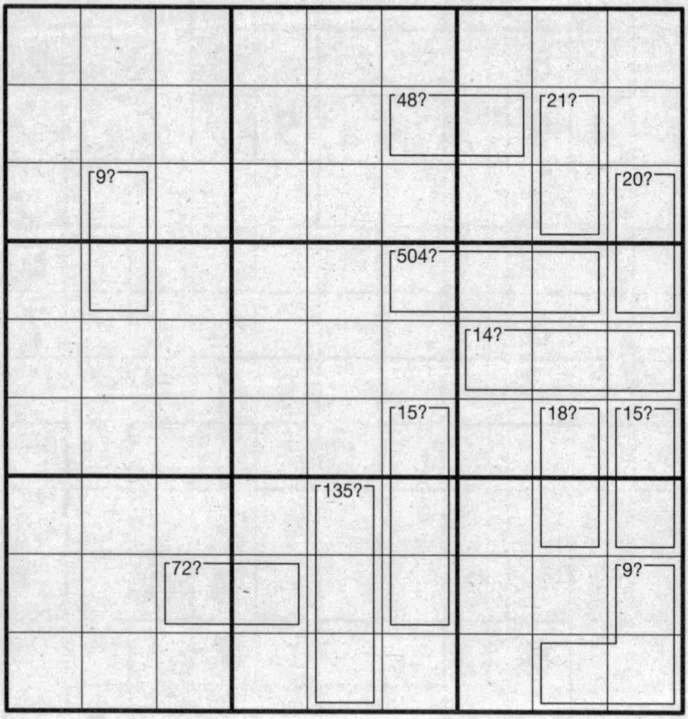

Instructions

- ☐ Place 1-9 once each into every row, column and bold-lined 3×3 box.
- ☐ No Donkey Step Sudoku rules apply: see page 137.
- ☐ Mystery Killer Calcudoku rules apply: see page 455. Some cages are omitted as on page 465.

Sum Sky Integer Multiples

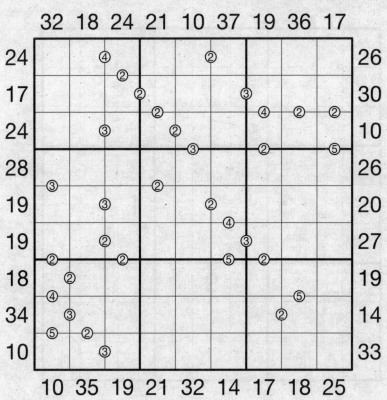

Instructions

☐ Place 2-10 once each into every row, column and bold-lined 3×3 box.

☐ Skyscraper Sum Sudoku rules apply: see page 343 (but substitute "2-10" for "1-9" in the first bullet point).

☐ Integer Multiple Sudoku rules apply: see page 203.

Arrow Non-con Corner

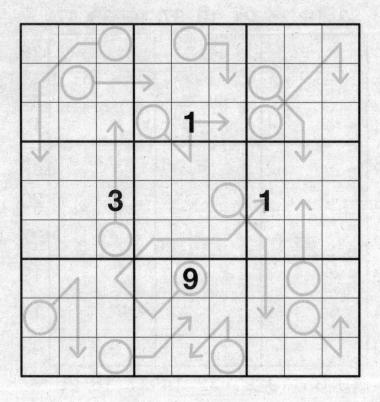

Instructions

☐ Place 1-9 once each into every row, column and bold-lined 3×3 box.

☐ Arrow Sudoku rules apply: see page 291.

☐ Non-con Corner Sudoku rules apply: see page 99.

Sudoku Thermometer Trio

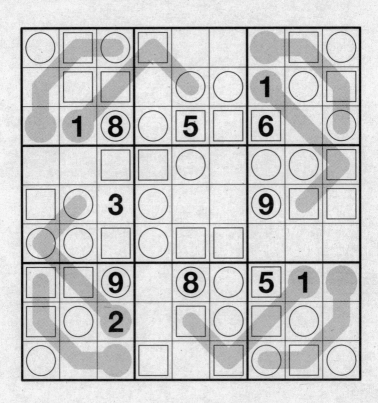

Instructions

☐ Place 1-9 once each into every row, column and bold-lined 3×3 box.

☐ Thermometer Sudoku rules apply: see page 159.

☐ Trio Sudoku rules apply: see page 115.

Killer Pro Zero Jigsaw X

If you can solve this puzzle in less than an hour then you've done extremely well!

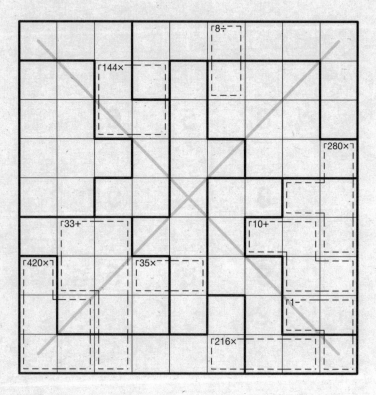

Instructions

☐ Place 1-9 once each into every row, column and bold-lined jigsaw shape.

☐ Killer Sudoku Pro Zero rules apply: see page 421 (but substitute "bold-lined jigsaw shape" for "bold-lined 3×3 box" in the first bullet point).

☐ Sudoku X rules apply: see page 33 (but substitute "bold-lined jigsaw shape" for "bold-lined 3×3 box" in the first bullet point).

Grid 1

9	5	6	4	8	1	3	2	7
1	2	3	6	7	9	5	4	8
7	4	8	2	5	3	6	1	9
8	3	2	1	9	5	7	6	4
6	7	9	3	4	2	8	5	1
5	1	4	8	6	7	9	3	2
3	6	7	9	2	4	1	8	5
2	9	1	5	3	8	4	7	6
4	8	5	7	1	6	2	9	3

Grid 2

4	3	8	5	7	1	9	6	2
9	6	2	4	8	3	1	5	7
1	5	7	2	9	6	3	4	8
8	1	9	3	6	7	4	2	5
3	7	4	8	2	5	6	9	1
5	2	6	1	4	9	8	7	3
2	9	3	6	5	8	7	1	4
6	8	5	7	1	4	2	3	9
7	4	1	9	3	2	5	8	6

Grid 3

1	7	2	3	8	6	4	9	5
6	9	8	4	2	5	3	7	1
3	5	4	1	9	7	2	8	6
8	4	3	7	5	1	6	2	9
9	1	5	6	4	2	8	3	7
2	6	7	9	3	8	1	5	4
7	8	6	5	1	3	9	4	2
5	3	9	2	6	4	7	1	8
4	2	1	8	7	9	5	6	3

Grid 4

1	9	7	8	4	3	6	2	5
8	2	4	6	5	9	1	7	3
5	3	6	7	2	1	8	9	4
2	6	9	3	1	5	7	4	8
4	7	8	9	6	2	3	5	1
3	1	5	4	8	7	2	6	9
6	5	3	2	9	8	4	1	7
9	8	2	1	7	4	5	3	6
7	4	1	5	3	6	9	8	2

Grid 5

9	8	4	7	3	6	1	5	2
7	3	5	1	4	2	9	8	6
2	1	6	8	9	5	4	7	3
1	4	8	5	6	3	2	9	7
6	5	9	2	8	7	3	4	1
3	7	2	9	1	4	8	6	5
8	2	1	6	5	9	7	3	4
5	9	3	4	7	1	6	2	8
4	6	7	3	2	8	5	1	9

Grid 6

6	5	1	7	8	9	3	2	4
2	7	9	3	1	4	5	8	6
8	4	3	6	2	5	1	9	7
5	8	6	1	4	7	9	3	2
7	1	4	2	9	3	6	5	8
3	9	2	5	6	8	4	7	1
1	3	5	4	7	2	8	6	9
9	6	7	8	5	1	2	4	3
4	2	8	9	3	6	7	1	5

Grid 7

9	3	6	7	5	2	8	4	1
1	8	2	4	6	9	3	5	7
7	4	5	3	8	1	6	2	9
5	6	3	2	9	8	7	1	4
4	7	9	1	3	5	2	6	8
8	2	1	6	7	4	5	9	3
2	1	8	5	4	3	9	7	6
3	5	7	9	1	6	4	8	2
6	9	4	8	2	7	1	3	5

Grid 8

1	4	6	9	5	7	2	8	3
5	3	9	1	8	2	6	4	7
2	8	7	4	3	6	1	5	9
4	5	3	8	1	9	7	6	2
6	2	8	3	7	5	9	1	4
9	7	1	2	6	4	8	3	5
3	6	5	7	9	8	4	2	1
7	1	4	6	2	3	5	9	8
8	9	2	5	4	1	3	7	6

Grid 9

5	8	4	9	7	2	3	1	6
7	2	3	6	1	4	5	9	8
9	6	1	5	3	8	2	7	4
4	3	9	1	5	6	7	8	2
2	7	6	8	4	9	1	3	5
8	1	5	3	2	7	4	6	9
3	9	2	7	6	5	8	4	1
1	5	8	4	9	3	6	2	7
6	4	7	2	8	1	9	5	3

Grid 10

1	5	6	8	2	9	4	7	3
8	4	7	1	6	3	9	5	2
2	9	3	5	7	4	6	8	1
7	2	1	3	4	8	5	6	9
5	3	8	9	1	6	2	4	7
4	6	9	2	5	7	3	1	8
9	8	5	6	3	1	7	2	4
3	7	2	4	8	5	1	9	6
6	1	4	7	9	2	8	3	5

Grid 11

9	8	1	2	3	6	5	4	7
6	5	7	4	1	9	3	8	2
3	2	4	7	8	5	9	6	1
8	7	3	1	9	4	6	2	5
1	6	9	3	5	2	4	7	8
5	4	2	8	6	7	1	9	3
7	3	5	9	4	8	2	1	6
2	9	6	5	7	1	8	3	4
4	1	8	6	2	3	7	5	9

Grid 12

9	7	8	2	5	3	6	1	4
5	1	4	7	6	8	9	2	3
2	6	3	9	4	1	8	5	7
7	9	1	3	8	6	5	4	2
3	4	2	5	9	7	1	6	8
8	5	6	1	2	4	7	3	9
4	2	7	8	1	5	3	9	6
1	8	9	6	3	2	4	7	5
6	3	5	4	7	9	2	8	1

Solutions for pages 21-31

H	G	A	D	C	E	I	B	F
F	I	C	B	G	A	H	D	E
E	B	D	H	F	I	G	A	C
G	D	H	A	E	C	B	F	I
A	E	I	F	B	G	D	C	H
C	F	B	I	H	D	A	E	G
B	H	G	E	D	F	C	I	A
I	C	F	G	A	B	E	H	D
D	A	E	C	I	H	F	G	B

W	o	n	d	e	r	f	u	l
f	r	d	n	l	u	e	o	W
u	e	l	W	f	o	n	r	d
d	f	e	o	u	n	W	l	r
n	W	u	l	r	e	d	f	o
o	l	r	f	W	d	u	e	n
r	d	W	u	o	f	l	n	e
l	u	o	e	n	W	r	d	f
e	n	f	r	d	l	o	W	u

5	3	1	6	4	2
2	4	6	3	1	5
4	6	5	1	2	3
3	1	2	4	5	6
6	2	4	5	3	1
1	5	3	2	6	4

3	4	1	2	5	6
2	6	5	1	4	3
4	1	3	5	6	2
6	5	2	4	3	1
5	2	6	3	1	4
1	3	4	6	2	5

5	4	1	7	6	2	3	8
3	6	8	2	4	1	7	5
8	5	6	3	7	4	2	1
2	7	4	1	3	5	8	6
1	8	3	6	2	7	5	4
4	2	7	5	1	8	6	3
7	3	5	4	8	6	1	2
6	1	2	8	5	3	4	7

8	9	6	3	1	A	C	B	5	7	2	4
4	C	2	B	3	7	8	5	A	1	9	6
A	7	1	5	9	6	2	4	C	3	B	8
9	2	5	4	B	3	1	7	8	A	6	C
7	6	C	1	2	5	A	8	B	9	4	3
3	8	B	A	C	4	6	9	1	2	5	7
C	A	3	2	8	B	5	6	7	4	1	9
6	5	4	8	A	9	7	1	2	C	3	B
B	1	7	9	4	C	3	2	6	8	A	5
1	4	9	6	7	2	B	C	3	5	8	A
2	B	A	C	5	8	9	3	4	6	7	1
5	3	8	7	6	1	4	A	9	B	C	2

8	2	9	A	F	B	4	1	C	G	5	7	D	3	6	E
7	G	E	C	A	5	2	6	F	B	D	3	1	8	9	4
3	1	6	B	7	D	9	C	8	4	A	E	5	2	F	G
D	4	F	5	3	E	G	8	2	6	1	9	C	B	A	7
1	C	B	6	9	A	5	D	7	E	4	8	G	F	2	3
2	D	A	7	E	8	F	G	3	C	9	5	4	6	1	B
G	E	5	9	4	2	6	3	A	1	F	B	7	C	8	D
4	F	8	3	C	7	1	B	6	D	G	2	A	5	E	9
5	3	D	E	1	G	7	F	4	A	C	6	2	9	B	8
C	7	1	G	B	3	A	9	5	8	2	F	E	D	4	6
6	9	2	8	5	4	C	E	G	3	B	D	F	1	7	A
A	B	4	F	8	6	D	2	9	7	E	1	3	G	C	5
E	8	C	D	2	F	3	4	B	9	7	G	6	A	5	1
9	A	7	4	G	1	8	5	D	2	6	C	B	E	3	F
B	5	G	2	6	9	E	7	1	F	3	A	8	4	D	C
F	6	3	1	D	C	B	A	E	5	8	4	9	7	G	2

6	8	5	1	3	2	7	9	4
2	7	1	9	8	4	6	5	3
9	3	4	5	6	7	8	2	1
7	2	6	8	4	9	1	3	5
5	9	3	2	1	6	4	8	7
4	1	8	7	5	3	2	6	9
3	4	9	6	2	1	5	7	8
1	5	2	3	7	8	9	4	6
8	6	7	4	9	5	3	1	2

3	9	1	5	4	7	2	8	6
2	6	7	3	8	1	9	4	5
4	5	8	2	9	6	7	3	1
7	1	9	4	6	8	5	2	3
5	4	2	7	1	3	6	9	8
6	8	3	9	5	2	1	7	4
1	2	4	6	3	9	8	5	7
8	7	5	1	2	4	3	6	9
9	3	6	8	7	5	4	1	2

8	7	3	9	6	1	4	5	2
4	9	1	8	5	2	6	7	3
6	5	2	3	7	4	1	9	8
1	6	7	4	2	3	5	8	9
9	2	8	5	1	6	7	3	4
5	3	4	7	9	8	2	6	1
3	8	5	2	4	7	9	1	6
2	1	9	6	8	5	3	4	7
7	4	6	1	3	9	8	2	5

8	2	4	7	1	9	6	3	5
1	5	9	6	4	3	8	2	7
6	3	7	2	8	5	4	1	9
5	1	8	4	2	7	9	6	3
7	6	3	1	9	8	2	5	4
4	9	2	3	5	6	7	8	1
2	4	6	5	7	1	3	9	8
9	7	1	8	3	2	5	4	6
3	8	5	9	6	4	1	7	2

2	6	3	4	8	1	9	5	7
7	1	5	2	3	9	6	4	8
4	9	8	6	5	7	3	1	2
1	3	4	7	6	8	5	2	9
5	2	9	1	4	3	7	8	6
8	7	6	9	2	5	1	3	4
9	4	2	5	1	6	8	7	3
6	8	1	3	7	4	2	9	5
3	5	7	8	9	2	4	6	1

Grid 1

3	2	6	4	8	5	7	9	1
8	1	5	2	7	9	4	3	6
9	4	7	6	3	1	8	2	5
2	9	8	3	1	7	5	6	4
5	7	1	9	6	4	3	8	2
6	3	4	5	2	8	1	7	9
1	6	9	7	5	3	2	4	8
7	8	2	1	4	6	9	5	3
4	5	3	8	9	2	6	1	7

Grid 2

1	7	5	8	2	9	6	4	3
2	9	4	5	6	3	1	8	7
3	8	6	7	4	1	9	5	2
6	4	1	3	9	5	2	7	8
9	3	8	6	7	2	5	1	4
5	2	7	1	8	4	3	9	6
7	5	2	4	1	6	8	3	9
8	6	3	9	5	7	4	2	1
4	1	9	2	3	8	7	6	5

Grid 3

6	5	1	3	9	4	7	8	2
4	7	2	6	8	1	9	3	5
8	3	9	7	2	5	6	1	4
1	8	5	2	6	7	4	9	3
3	2	6	1	4	9	5	7	8
7	9	4	5	3	8	1	2	6
5	6	8	9	1	2	3	4	7
2	1	3	4	7	6	8	5	9
9	4	7	8	5	3	2	6	1

Grid 4

1	3	6	2	4	9	8	5	7
9	7	4	6	8	5	2	1	3
5	2	8	7	3	1	9	6	4
6	1	7	4	9	3	5	2	8
4	8	2	5	6	7	1	3	9
3	5	9	8	1	2	4	7	6
7	6	5	9	2	8	3	4	1
8	4	1	3	5	6	7	9	2
2	9	3	1	7	4	6	8	5

Grid 5

6	2	4	1	7	9	3	5	8
7	8	3	5	2	4	6	1	9
5	1	9	6	3	8	7	4	2
1	9	2	3	8	6	5	7	4
3	5	6	2	4	7	9	8	1
8	4	7	9	1	5	2	3	6
4	7	5	8	9	2	1	6	3
9	3	8	7	6	1	4	2	5
2	6	1	4	5	3	8	9	7

Grid 6

6	1	7	3	9	2	8	5	4
2	8	3	4	5	7	1	6	9
5	9	4	8	6	1	3	2	7
3	7	6	9	8	5	2	4	1
8	4	9	2	1	6	7	3	5
1	5	2	7	4	3	9	8	6
7	6	8	1	2	4	5	9	3
4	2	1	5	3	9	6	7	8
9	3	5	6	7	8	4	1	2

Grid 7

6	2	4	9	3	7	1	5	8
1	8	5	4	2	6	7	3	9
3	9	7	1	8	5	6	2	4
7	1	2	5	6	9	4	8	3
9	5	3	7	4	8	2	6	1
4	6	8	2	1	3	5	9	7
8	3	1	6	7	2	9	4	5
2	7	9	3	5	4	8	1	6
5	4	6	8	9	1	3	7	2

Grid 8

1	2	9	3	6	5	8	4	7
7	6	8	1	4	2	5	9	3
3	4	5	9	8	7	1	6	2
6	1	4	8	5	3	2	7	9
5	8	7	6	2	9	4	3	1
2	9	3	7	1	4	6	8	5
4	7	6	5	3	1	9	2	8
9	5	2	4	7	8	3	1	6
8	3	1	2	9	6	7	5	4

Grid 9

7	1	2	9	4	3	5	6	8
9	3	5	7	8	6	4	1	2
4	6	8	5	1	2	3	7	9
8	5	6	2	3	1	7	9	4
1	4	7	8	6	9	2	5	3
2	9	3	4	5	7	6	8	1
5	2	9	3	7	8	1	4	6
3	7	1	6	9	4	8	2	5
6	8	4	1	2	5	9	3	7

Grid 10

3	9	7	8	4	5	2	1	6
5	4	6	1	7	2	9	3	8
1	2	8	6	3	9	7	4	5
8	7	3	9	1	4	6	5	2
2	5	9	7	6	3	1	8	4
4	6	1	2	5	8	3	7	9
6	8	4	3	2	7	5	9	1
7	1	5	4	9	6	8	2	3
9	3	2	5	8	1	4	6	7

Grid 11

2	9	8	1	3	5	4	7	6
7	5	3	4	2	6	9	1	8
1	6	4	9	8	7	3	5	2
6	2	7	8	5	9	1	3	4
4	3	9	2	6	1	7	8	5
8	1	5	3	7	4	2	6	9
9	4	6	7	1	8	5	2	3
5	7	2	6	4	3	8	9	1
3	8	1	5	9	2	6	4	7

Grid 12

5	1	9	8	4	7	6	3	2
8	4	6	3	1	2	7	5	9
3	7	2	6	9	5	8	1	4
1	9	4	2	6	8	3	7	5
6	3	5	1	7	4	2	9	8
2	8	7	5	3	9	1	4	6
9	2	3	7	5	6	4	8	1
4	6	1	9	8	3	5	2	7
7	5	8	4	2	1	9	6	3

Solutions for pages 44-55

Grid 1

7	8	6	4	9	5	1	2	3
5	4	1	8	2	3	9	6	7
9	3	2	1	7	6	5	4	8
6	1	4	5	3	9	8	7	2
2	7	9	6	8	4	3	1	5
8	5	3	2	1	7	6	9	4
3	6	7	9	4	8	2	5	1
1	9	8	7	5	2	4	3	6
4	2	5	3	6	1	7	8	9

Grid 2

8	2	4	1	5	9	7	3	6
1	5	6	7	3	4	8	2	9
7	3	9	6	8	2	1	5	4
9	6	2	3	4	1	5	8	7
3	8	1	9	7	5	4	6	2
4	7	5	8	2	6	9	1	3
6	9	3	4	1	8	2	7	5
2	1	7	5	9	3	6	4	8
5	4	8	2	6	7	3	9	1

Grid 3

8	4	5	2	7	1	3	9	6
2	9	6	5	3	8	7	4	1
7	3	1	9	4	6	2	8	5
9	1	8	7	5	2	6	3	4
6	7	3	8	1	4	9	5	2
5	2	4	3	6	9	1	7	8
1	6	9	4	8	7	5	2	3
3	8	7	1	2	5	4	6	9
4	5	2	6	9	3	8	1	7

Grid 4

9	3	1	7	8	5	4	2	6
7	4	5	2	9	6	3	8	1
6	8	2	3	4	1	5	7	9
3	1	9	5	7	8	2	6	4
5	2	8	1	6	4	7	9	3
4	6	7	9	2	3	1	5	8
8	5	6	4	1	2	9	3	7
1	9	3	8	5	7	6	4	2
2	7	4	6	3	9	8	1	5

Grid 5

3	2	8	7	9	1	5	6	4
1	5	7	4	6	8	9	2	3
4	9	6	5	2	3	1	7	8
2	8	3	9	5	7	4	1	6
9	6	1	2	3	4	8	5	7
7	4	5	8	1	6	3	9	2
5	3	2	6	4	9	7	8	1
8	1	9	3	7	2	6	4	5
6	7	4	1	8	5	2	3	9

Grid 6

7	1	3	8	5	4	2	9	6
6	5	2	9	3	7	8	4	1
4	9	8	1	2	6	7	5	3
1	8	6	7	9	3	4	2	5
2	4	5	6	1	8	3	7	9
3	7	9	5	4	2	1	6	8
5	3	7	4	8	9	6	1	2
8	6	1	2	7	5	9	3	4
9	2	4	3	6	1	5	8	7

Grid 7

9	3	1	7	8	6	5	2	4
4	5	7	2	3	9	8	1	6
2	8	6	1	4	5	9	7	3
7	9	2	4	6	1	3	8	5
8	6	5	3	7	2	1	4	9
1	4	3	5	9	8	2	6	7
3	7	8	9	1	4	6	5	2
5	1	4	6	2	3	7	9	8
6	2	9	8	5	7	4	3	1

Grid 8

5	9	4	8	6	1	3	7	2
1	6	3	7	2	9	5	4	8
8	7	2	3	5	4	6	9	1
7	2	6	4	8	3	1	5	9
4	3	5	1	9	6	2	8	7
9	1	8	2	7	5	4	3	6
6	5	1	9	3	8	7	2	4
3	8	7	6	4	2	9	1	5
2	4	9	5	1	7	8	6	3

Grid 9

5	2	9	8	6	4	3	7	1
1	6	8	7	9	3	5	2	4
4	7	3	1	2	5	8	9	6
9	8	7	3	4	6	1	5	2
3	5	6	2	1	7	4	8	9
2	1	4	9	5	8	6	3	7
7	3	1	6	8	9	2	4	5
6	9	5	4	3	2	7	1	8
8	4	2	5	7	1	9	6	3

Grid 10

6	8	9	3	1	7	2	4	5
3	7	1	2	4	5	6	9	8
4	2	5	8	6	9	1	3	7
5	1	8	4	3	2	7	6	9
9	4	6	7	8	1	5	2	3
7	3	2	5	9	6	4	8	1
8	5	7	6	2	3	9	1	4
2	9	3	1	7	4	8	5	6
1	6	4	9	5	8	3	7	2

Grid 11

5	8	7	1	3	2	9	4	6
9	4	2	6	8	7	3	1	5
3	6	1	5	9	4	7	8	2
1	9	4	7	2	5	6	3	8
6	5	8	9	4	3	2	7	1
2	7	3	8	6	1	5	9	4
8	2	5	4	7	9	1	6	3
4	3	9	2	1	6	8	5	7
7	1	6	3	5	8	4	2	9

Grid 12

1	2	5	8	3	9	6	4	7
3	8	4	7	6	1	2	9	5
7	6	9	5	2	4	1	8	3
9	3	1	4	8	7	5	2	6
4	5	6	1	9	2	3	7	8
2	7	8	3	5	6	9	1	4
6	4	3	9	1	8	7	5	2
5	9	7	2	4	3	8	6	1
8	1	2	6	7	5	4	3	9

Grid 1

9	8	1	2	4	5	3	7	6
7	3	4	1	6	8	9	5	2
2	5	6	3	7	9	8	1	4
6	7	2	5	1	3	4	8	9
4	1	3	8	9	7	2	6	5
8	9	5	6	2	4	7	3	1
5	2	8	9	3	1	6	4	7
3	4	9	7	5	6	1	2	8
1	6	7	4	8	2	5	9	3

Grid 2

1	4	5	9	2	7	6	3	8
6	3	7	1	8	4	9	2	5
8	2	9	6	3	5	7	4	1
4	6	2	3	5	1	8	7	9
3	9	8	4	7	6	5	1	2
7	5	1	8	9	2	3	6	4
2	8	6	5	1	3	4	9	7
9	7	4	2	6	8	1	5	3
5	1	3	7	4	9	2	8	6

Grid 3

2	8	9	6	4	1	5	7	3
3	5	6	2	9	7	1	4	8
1	4	7	5	8	3	6	9	2
9	3	1	7	5	2	4	8	6
7	6	4	9	1	8	2	3	5
5	2	8	4	3	6	7	1	9
6	1	5	8	7	9	3	2	4
4	9	3	1	2	5	8	6	7
8	7	2	3	6	4	9	5	1

Grid 4

6	9	3	2	1	4	8	5	7
7	2	5	6	8	9	3	4	1
1	4	8	3	7	5	2	9	6
2	3	1	7	4	6	9	8	5
4	5	6	9	3	8	1	7	2
9	8	7	1	5	2	4	6	3
3	1	9	4	6	7	5	2	8
5	7	2	8	9	1	6	3	4
8	6	4	5	2	3	7	1	9

Grid 5

8	2	3	5	9	6	4	7	1
6	5	7	4	8	1	2	9	3
1	9	4	2	3	7	6	5	8
4	3	2	6	7	8	5	1	9
9	8	6	3	1	5	7	2	4
7	1	5	9	2	4	8	3	6
3	6	1	8	5	2	9	4	7
5	4	9	7	6	3	1	8	2
2	7	8	1	4	9	3	6	5

Grid 6

9	7	8	1	6	3	5	2	4
6	5	3	9	4	2	8	1	7
1	4	2	5	8	7	6	3	9
2	1	6	7	3	4	9	5	8
3	9	7	8	2	5	1	4	6
5	8	4	6	1	9	2	7	3
8	6	5	4	7	1	3	9	2
4	3	1	2	9	6	7	8	5
7	2	9	3	5	8	4	6	1

Grid 7

6	7	8	1	4	3	5	2	9
2	3	1	6	9	5	8	4	7
5	4	9	8	7	2	3	1	6
9	5	4	7	3	6	1	8	2
7	1	2	9	5	8	6	3	4
3	8	6	4	2	1	9	7	5
8	2	5	3	6	7	4	9	1
4	6	3	2	1	9	7	5	8
1	9	7	5	8	4	2	6	3

Grid 8

9	6	5	2	3	8	7	4	1
4	7	9	1	2	5	8	3	6
8	3	6	4	7	9	1	2	5
2	1	3	8	6	4	5	7	9
7	4	1	3	9	6	2	5	8
6	5	8	7	4	1	3	9	2
5	9	2	6	8	7	4	1	3
1	2	7	9	5	3	6	8	4
3	8	4	5	1	2	9	6	7

Grid 9

3	4	7	9	6	8	1	5	2
8	5	1	2	7	3	6	9	4
9	1	2	3	4	7	5	6	8
6	2	4	5	8	1	9	7	3
7	9	5	4	3	2	8	1	6
1	8	3	6	5	9	2	4	7
2	6	8	7	9	5	4	3	1
5	7	6	1	2	4	3	8	9
4	3	9	8	1	6	7	2	5

Grid 10

2	3	9	1	6	4	7	5	8
5	8	4	7	1	3	6	2	9
7	4	3	9	2	8	5	6	1
8	5	2	3	7	1	4	9	6
3	1	8	6	9	7	2	4	5
4	9	6	5	8	2	1	7	3
6	7	5	2	3	9	8	1	4
9	2	1	4	5	6	3	8	7
1	6	7	8	4	5	9	3	2

Grid 11

1	9	8	5	2	6	3	4	7
2	7	4	1	5	3	6	9	8
6	3	1	8	4	9	7	2	5
7	5	9	4	6	2	8	3	1
3	4	5	9	7	8	2	1	6
5	8	2	6	3	1	9	7	4
9	2	6	7	1	4	5	8	3
8	1	7	3	9	5	4	6	2
4	6	3	2	8	7	1	5	9

Grid 12

7	5	8	3	1	4	9	2	6
5	3	6	4	2	9	8	7	1
4	2	3	5	6	7	1	8	9
9	8	7	6	3	1	4	5	2
6	7	5	9	4	2	3	1	8
1	4	2	8	5	6	7	9	3
3	1	9	2	8	5	6	4	7
8	9	4	1	7	3	2	6	5
2	6	1	7	9	8	5	3	4

Solutions for pages 68-79

Grid 1

2	7	8	1	3	9	6	4	5
9	3	1	4	6	5	8	7	2
6	5	9	3	4	7	2	8	1
4	8	2	9	5	3	7	1	6
3	6	7	2	1	8	5	9	4
7	1	4	5	8	2	3	6	9
8	2	3	6	9	4	1	5	7
1	9	5	8	7	6	4	2	3
5	4	6	7	2	1	9	3	8

Grid 2

9	3	4	1	7	2	6	5	8
7	2	5	8	6	9	1	3	4
6	5	1	4	3	8	2	9	7
8	6	2	5	4	3	9	7	1
4	9	8	6	5	1	7	2	3
3	1	9	7	2	5	8	4	6
1	7	6	2	9	4	3	8	5
5	8	3	9	1	7	4	6	2
2	4	7	3	8	6	5	1	9

Grid 3

2	6	5	8	9	1	3	7	4
1	3	4	7	8	9	6	2	5
7	1	9	2	4	6	8	5	3
8	4	3	5	7	2	1	6	9
6	7	1	4	5	3	2	9	8
3	2	8	9	6	7	5	4	1
9	5	2	6	3	8	4	1	7
5	9	6	3	1	4	7	8	2
4	8	7	1	2	5	9	3	6

Grid 4

7	1	4	8	9	6	2	3	5
4	2	8	7	5	1	3	9	6
1	4	3	6	2	8	7	5	9
5	6	7	4	3	9	8	2	1
9	8	1	2	4	5	6	7	3
8	3	9	5	7	2	1	6	4
2	7	5	1	6	3	9	4	8
3	5	6	9	1	7	4	8	2
6	9	2	3	8	4	5	1	7

Grid 5

9	6	1	8	4	2	5	3	7
3	8	7	6	5	9	1	4	2
7	4	9	2	3	1	8	5	6
2	9	8	1	6	3	4	7	5
1	3	5	9	2	7	6	8	4
6	1	2	5	8	4	7	9	3
5	7	6	4	9	8	3	2	1
8	5	4	3	7	6	2	1	9
4	2	3	7	1	5	9	6	8

Grid 6

8	6	7	1	3	5	4	9	2
7	2	8	5	6	9	3	1	4
2	5	3	4	1	6	7	8	9
6	4	1	3	8	7	9	2	5
3	7	2	8	9	4	6	5	1
4	8	6	9	5	1	2	3	7
9	1	5	2	7	3	8	4	6
5	9	4	6	2	8	1	7	3
1	3	9	7	4	2	5	6	8

Grid 7

5	8	6	7	1	4	2	9	3
4	1	7	8	6	3	5	2	9
7	6	9	2	3	5	4	8	1
8	3	5	6	7	2	9	1	4
1	9	4	3	5	8	7	6	2
6	7	2	1	4	9	8	3	5
2	4	8	5	9	1	3	7	6
3	5	1	9	2	7	6	4	8
9	2	3	4	8	6	1	5	7

Grid 8

5	4	2	1	9	8	7	6	3
9	2	3	8	6	7	4	5	1
6	8	1	7	4	9	5	3	2
8	6	4	5	3	2	9	1	7
4	7	5	3	2	1	8	9	6
1	3	9	2	8	5	6	7	4
2	5	7	9	1	6	3	4	8
3	9	8	6	7	4	1	2	5
7	1	6	4	5	3	2	8	9

Grid 9

4	6	2	1	7	9	5	8	3
6	7	8	4	3	2	9	5	1
3	2	1	9	5	7	4	6	8
9	4	7	8	6	3	2	1	5
8	3	5	6	2	4	1	9	7
2	5	4	7	1	6	8	3	9
5	1	6	2	9	8	3	7	4
1	8	9	3	4	5	7	2	6
7	9	3	5	8	1	6	4	2

Grid 10

1	9	6	5	7	8	3	2	4
5	4	3	2	6	9	8	1	7
7	2	8	3	4	1	6	5	9
4	3	5	1	8	7	9	6	2
9	6	1	4	2	3	7	8	5
8	7	2	6	9	5	1	4	3
2	1	7	8	3	4	5	9	6
6	5	9	7	1	2	4	3	8
3	8	4	9	5	6	2	7	1

Grid 11

4	7	3	1	8	2	9	5	6
9	5	2	4	7	6	3	1	8
6	8	1	9	3	5	7	2	4
3	1	5	6	2	4	8	7	9
2	4	7	8	1	9	6	3	5
8	6	9	3	5	7	2	4	1
5	3	6	2	4	8	1	9	7
1	9	4	7	6	3	5	8	2
7	2	8	5	9	1	4	6	3

Grid 12

4	3	8	6	1	5	2	9	7
7	2	1	4	9	3	6	8	5
9	5	6	7	8	2	1	4	3
2	1	4	9	7	8	5	3	6
3	9	7	5	2	6	4	1	8
6	8	5	3	4	1	9	7	2
8	7	9	2	6	4	3	5	1
1	6	3	8	5	9	7	2	4
5	4	2	1	3	7	8	6	9

Solutions for pages 80-91

Grid 1

9	6	1	7	2	8	3	4	5
2	5	7	1	4	3	6	8	9
4	8	3	9	5	6	2	1	7
8	3	2	6	1	5	9	7	4
6	7	5	4	8	9	1	3	2
1	9	4	3	7	2	8	5	6
7	1	9	2	3	4	5	6	8
3	2	8	5	6	7	4	9	1
5	4	6	8	9	1	7	2	3

Grid 2

2	5	1	8	4	7	9	6	3
9	3	8	6	2	1	4	5	7
7	4	6	3	5	9	8	2	1
5	8	7	1	9	3	6	4	2
6	2	4	7	8	5	1	3	9
3	1	9	2	6	4	5	7	8
1	9	5	4	7	2	3	8	6
8	7	3	5	1	6	2	9	4
4	6	2	9	3	8	7	1	5

Grid 3

5	4	1	7	2	8	9	3	6
7	2	9	1	6	3	4	5	8
3	8	6	4	5	9	7	2	1
9	6	4	2	3	1	8	7	5
2	1	7	9	8	5	3	6	4
8	5	3	6	7	4	2	1	9
6	7	5	8	9	2	1	4	3
4	9	2	3	1	6	5	8	7
1	3	8	5	4	7	6	9	2

Grid 4

9	1	5	6	8	7	2	3	4
6	2	3	1	9	4	5	8	7
8	7	4	5	3	2	6	9	1
1	3	9	8	4	6	7	2	5
5	4	8	7	2	9	1	6	3
7	6	2	3	1	5	9	4	8
2	9	1	4	7	3	8	5	6
3	8	6	2	5	1	4	7	9
4	5	7	9	6	8	3	1	2

Grid 5

4	1	2	5	3	8	9	7	6
5	8	6	1	9	7	3	2	4
9	7	3	4	2	6	1	5	8
8	6	5	3	1	2	4	9	7
2	4	1	7	6	9	8	3	5
3	9	7	8	4	5	6	1	2
1	5	9	6	7	4	2	8	3
7	3	4	2	8	1	5	6	9
6	2	8	9	5	3	7	4	1

Grid 6

8	5	1	3	2	9	6	4	7
6	2	9	7	4	8	5	3	1
4	3	7	5	6	1	8	2	9
9	6	2	4	1	5	3	7	8
3	7	8	6	9	2	4	1	5
1	4	5	8	3	7	9	6	2
5	9	3	2	7	4	1	8	6
7	1	6	9	8	3	2	5	4
2	8	4	1	5	6	7	9	3

Grid 7

6	8	4	5	7	1	2	9	3
7	3	2	4	9	6	1	5	8
1	9	5	2	8	3	6	7	4
4	7	6	9	3	8	5	2	1
2	5	3	1	4	7	9	8	6
9	1	8	6	5	2	3	4	7
5	2	7	3	6	4	8	1	9
8	6	9	7	1	5	4	3	2
3	4	1	8	2	9	7	6	5

Grid 8

4	9	5	7	6	1	2	8	3
1	6	2	3	9	8	4	5	7
3	8	7	4	2	5	9	6	1
5	1	3	2	7	4	6	9	8
8	2	9	5	1	6	3	7	4
6	7	4	9	8	3	5	1	2
9	4	8	1	5	2	7	3	6
2	5	6	8	3	7	1	4	9
7	3	1	6	4	9	8	2	5

Grid 9

9	4	2	6	3	7	1	5	8
1	8	5	9	2	4	6	3	7
6	3	7	8	5	1	4	9	2
5	7	3	1	6	2	8	4	9
2	6	9	4	8	3	7	1	5
8	1	4	7	9	5	2	6	3
3	5	6	2	4	8	9	7	1
4	2	1	3	7	9	5	8	6
7	9	8	5	1	6	3	2	4

Grid 10

9	3	8	5	1	7	6	4	2
5	2	6	3	9	4	1	8	7
4	7	1	6	2	8	5	9	3
1	6	2	4	5	9	7	3	8
8	9	7	2	6	3	4	5	1
3	5	4	8	7	1	9	2	6
7	1	5	9	3	2	8	6	4
2	4	9	7	8	6	3	1	5
6	8	3	1	4	5	2	7	9

Grid 11

9	3	6	7	5	2	1	8	4
1	4	7	9	3	8	6	2	5
2	8	5	4	1	6	7	3	9
7	1	8	3	4	9	2	5	6
5	2	4	8	6	1	3	9	7
6	9	3	2	7	5	4	1	8
8	7	1	5	2	4	9	6	3
3	5	2	6	9	7	8	4	1
4	6	9	1	8	3	5	7	2

Grid 12

2	7	6	3	8	1	4	9	5
8	3	9	4	7	5	1	2	6
1	5	4	6	2	9	8	3	7
7	9	8	2	3	4	6	5	1
5	2	3	7	1	6	9	8	4
6	4	1	5	9	8	2	7	3
3	6	5	9	4	2	7	1	8
9	8	7	1	6	3	5	4	2
4	1	2	8	5	7	3	6	9

Grid 1

5	8	1	2	6	7	4	9	3
2	9	3	4	5	1	6	8	7
6	4	7	9	3	8	5	1	2
4	6	5	7	1	2	8	3	9
8	7	9	6	4	3	1	2	5
1	3	2	5	8	9	7	4	6
9	2	4	1	7	6	3	5	8
7	1	8	3	9	5	2	6	4
3	5	6	8	2	4	9	7	1

Grid 2

9	3	1	5	7	2	6	8	4
2	7	5	8	4	6	3	1	9
6	4	8	3	9	1	5	7	2
4	8	6	1	3	9	2	5	7
7	5	2	6	8	4	9	3	1
3	1	9	2	5	7	4	6	8
1	9	3	7	2	5	8	4	6
5	2	7	4	6	8	1	9	3
8	6	4	9	1	3	7	2	5

Grid 3

5	8	6	9	4	2	7	1	3
2	4	9	3	1	7	5	8	6
7	1	3	6	8	5	2	4	9
1	3	5	2	6	8	4	9	7
4	9	7	5	3	1	8	6	2
8	6	2	7	9	4	1	3	5
6	2	8	4	7	9	3	5	1
3	5	1	8	2	6	9	7	4
9	7	4	1	5	3	6	2	8

Grid 4

7	5	2	8	1	4	6	3	9
1	8	4	6	3	9	2	5	7
9	3	6	2	5	7	4	8	1
3	6	9	7	2	5	1	4	8
5	2	7	4	8	1	9	6	3
8	4	1	9	6	3	7	2	5
4	1	8	5	9	6	3	7	2
6	9	5	3	7	2	8	1	4
2	7	3	1	4	8	5	9	6

Grid 5

8	5	2	7	4	1	9	3	6
4	1	7	9	6	3	5	8	2
6	3	9	2	8	5	7	1	4
3	9	6	4	1	7	2	5	8
5	2	8	6	3	9	4	7	1
1	7	4	8	5	2	6	9	3
7	4	1	5	2	8	3	6	9
2	8	5	3	9	6	1	4	7
9	6	3	1	7	4	8	2	5

Grid 6

2	6	8	1	3	5	7	9	4
5	3	1	4	9	7	2	6	8
7	9	4	8	6	2	5	3	1
4	7	9	6	2	8	1	5	3
1	5	3	9	7	4	8	2	6
8	2	6	3	5	1	4	7	9
3	8	2	5	1	9	6	4	7
6	4	7	2	8	3	9	1	5
9	1	5	7	4	6	3	8	2

Grid 7

7	5	2	8	3	1	6	9	4
1	3	8	4	9	6	2	5	7
9	6	4	7	5	2	8	3	1
4	9	6	2	7	5	3	1	8
8	1	3	6	4	9	5	7	2
2	7	5	1	8	3	9	4	6
5	2	7	3	1	8	4	6	9
3	8	1	9	6	4	7	2	5
6	4	9	5	2	7	1	8	3

Grid 8

4	7	3	9	1	8	5	6	2
5	8	2	7	6	3	1	9	4
6	9	1	2	5	4	3	8	7
9	4	6	5	2	1	8	7	3
2	3	7	8	9	6	4	1	5
1	5	8	3	4	7	6	2	9
7	1	5	6	3	2	9	4	8
3	2	4	1	8	9	7	5	6
8	6	9	4	7	5	2	3	1

Grid 9

1	2	7	3	6	8	9	4	5
9	3	8	1	5	4	2	7	6
5	4	6	2	9	7	1	8	3
8	1	2	6	7	5	3	9	4
6	5	4	9	8	3	7	1	2
7	9	3	4	1	2	6	5	8
2	7	1	8	4	6	5	3	9
4	6	5	7	3	9	8	2	1
3	8	9	5	2	1	4	6	7

Grid 10

6	9	3	7	5	2	1	8	4
2	1	5	9	8	4	7	3	6
8	7	4	3	1	6	2	5	9
5	6	1	8	7	3	4	9	2
9	4	8	6	2	5	3	7	1
3	2	7	1	4	9	5	6	8
1	8	2	5	6	7	9	4	3
7	3	6	4	9	1	8	2	5
4	5	9	2	3	8	6	1	7

Grid 11

9	4	3	5	8	6	7	2	1
2	8	7	9	1	4	3	6	5
6	1	5	2	3	7	8	4	9
7	2	1	4	6	3	5	9	8
3	5	6	8	9	2	1	7	4
8	9	4	1	7	5	2	3	6
5	7	9	6	2	1	4	8	3
1	6	2	3	4	8	9	5	7
4	3	8	7	5	9	6	1	2

Grid 12

7	2	1	9	5	8	3	4	6
3	6	8	1	2	4	9	7	5
9	4	5	6	7	3	8	1	2
1	7	9	8	4	2	5	6	3
8	5	4	7	3	6	1	2	9
6	3	2	5	1	9	4	8	7
5	9	7	4	6	1	2	3	8
2	1	6	3	8	5	7	9	4
4	8	3	2	9	7	6	5	1

Solutions for pages 104-115

1	5	6	4	9	7	8	2	3
2	8	4	1	3	6	5	7	9
9	3	7	8	2	5	6	4	1
8	6	9	3	1	4	7	5	2
3	1	5	7	8	2	4	9	6
7	4	2	6	5	9	1	3	8
4	7	3	9	6	1	2	8	5
6	2	8	5	7	3	9	1	4
5	9	1	2	4	8	3	6	7

1	9	5	7	2	6	4	8	3
2	6	4	3	8	9	1	5	7
7	3	8	1	4	5	9	2	6
6	5	7	9	3	2	8	1	4
9	8	3	4	7	1	2	6	5
4	2	1	5	6	8	7	3	9
3	1	9	8	5	7	6	4	2
5	7	2	6	1	4	3	9	8
8	4	6	2	9	3	5	7	1

8	6	7	2	9	3	4	1	5
5	4	3	6	7	1	8	9	2
1	2	9	5	8	4	7	6	3
4	9	8	7	5	6	3	2	1
7	1	5	8	3	2	9	4	6
2	3	6	1	4	9	5	7	8
3	7	2	4	1	5	6	8	9
9	8	1	3	6	7	2	5	4
6	5	4	9	2	8	1	3	7

4	9	1	8	3	7	2	6	5
5	2	6	9	4	1	8	3	7
3	8	7	5	2	6	9	1	4
2	4	9	1	8	3	7	5	6
6	5	3	2	7	9	4	8	1
1	7	8	4	6	5	3	2	9
8	1	5	7	9	2	6	4	3
9	6	4	3	5	8	1	7	2
7	3	2	6	1	4	5	9	8

6	4	8	2	7	5	9	1	3
1	7	3	9	4	8	2	6	5
5	2	9	1	6	3	8	4	7
3	6	4	7	2	1	5	8	9
7	9	5	3	8	4	1	2	6
8	1	2	6	5	9	3	7	4
2	5	1	4	3	6	7	9	8
9	3	6	8	1	7	4	5	2
4	8	7	5	9	2	6	3	1

2	5	6	8	1	9	3	4	7
4	9	1	6	7	3	2	8	5
3	8	7	5	4	2	1	9	6
5	7	8	4	6	1	9	2	3
6	2	3	9	8	5	7	1	4
9	1	4	2	3	7	6	5	8
8	4	2	3	9	6	5	7	1
7	3	9	1	5	4	8	6	2
1	6	5	7	2	8	4	3	9

3	2	6	7	5	1	4	9	8
8	9	1	6	3	4	5	2	7
5	4	7	2	8	9	1	6	3
4	5	3	1	9	6	7	8	2
7	6	8	4	2	5	9	3	1
9	1	2	3	7	8	6	4	5
6	3	9	8	1	7	2	5	4
2	7	4	5	6	3	8	1	9
1	8	5	9	4	2	3	7	6

7	8	3	2	6	4	5	1	9
2	1	5	9	8	3	4	7	6
6	9	4	1	7	5	2	8	3
9	7	2	4	1	6	8	3	5
4	3	8	7	5	9	6	2	1
1	5	6	8	3	2	7	9	4
8	6	7	5	9	1	3	4	2
3	4	9	6	2	7	1	5	8
5	2	1	3	4	8	9	6	7

3	1	6	8	2	4	5	9	7
4	7	5	3	9	6	2	1	8
8	2	9	1	7	5	3	4	6
9	5	1	4	3	8	6	7	2
2	4	3	6	1	7	8	5	9
6	8	7	9	5	2	1	3	4
7	6	8	5	4	1	9	2	3
5	9	4	2	6	3	7	8	1
1	3	2	7	8	9	4	6	5

6	1	8	2	5	3	7	4	9
5	9	2	6	7	4	1	3	8
4	7	3	9	1	8	5	2	6
2	3	9	5	6	7	4	8	1
7	8	5	4	3	1	6	9	2
1	4	6	8	2	9	3	7	5
8	5	4	3	9	6	2	1	7
9	2	7	1	4	5	8	6	3
3	6	1	7	8	2	9	5	4

4	8	5	7	2	1	9	3	6
9	7	3	6	5	8	4	1	2
2	6	1	4	9	3	8	5	7
8	2	6	3	1	4	5	7	9
5	3	9	2	7	6	1	8	4
1	4	7	5	8	9	2	6	3
7	1	4	9	6	5	3	2	8
6	9	8	1	3	2	7	4	5
3	5	2	8	4	7	6	9	1

9	7	2	4	8	6	5	3	1
3	1	8	9	5	7	6	4	2
6	5	4	3	2	1	7	8	9
1	8	3	2	6	9	4	5	7
4	9	7	1	3	5	8	2	6
2	6	5	8	7	4	9	1	3
8	4	1	7	9	3	2	6	5
7	3	6	5	4	2	1	9	8
5	2	9	6	1	8	3	7	4

Solutions for pages 116-127

Grid 1
9	5	7	3	2	6	8	4	1
1	3	6	4	8	7	9	2	5
4	8	2	1	5	9	7	3	6
6	2	4	9	7	8	1	5	3
8	9	3	5	6	1	2	7	4
7	1	5	2	3	4	6	9	8
2	6	1	7	4	5	3	8	9
3	4	8	6	9	2	5	1	7
5	7	9	8	1	3	4	6	2

Grid 2
7	9	5	4	8	3	6	1	2
2	3	1	6	5	9	4	8	7
8	6	4	2	7	1	3	9	5
3	5	2	9	4	8	1	7	6
9	8	7	3	1	6	2	5	4
1	4	6	5	2	7	9	3	8
4	2	9	7	3	5	8	6	1
6	7	8	1	9	4	5	2	3
5	1	3	8	6	2	7	4	9

Grid 3
5	7	9	6	8	3	1	4	2
3	4	6	7	1	2	5	9	8
2	8	1	9	4	5	6	7	3
8	1	2	3	6	7	9	5	4
4	5	7	2	9	8	3	6	1
6	9	3	4	5	1	8	2	7
7	2	5	8	3	9	4	1	6
1	3	4	5	2	6	7	8	9
9	6	8	1	7	4	2	3	5

Grid 4
8	6	9	3	4	1	2	5	7
3	2	4	5	8	7	6	1	9
5	7	1	6	2	9	8	4	3
7	5	2	9	1	4	3	6	8
6	1	8	7	3	2	5	9	4
4	9	3	8	5	6	7	2	1
9	3	7	1	6	5	4	8	2
2	8	5	4	9	3	1	7	6
1	4	6	2	7	8	9	3	5

Grid 5
7	9	8	2	6	3	1	5	4
6	2	4	1	7	5	3	8	9
3	5	1	9	8	4	2	7	6
9	3	6	8	4	2	5	1	7
8	4	7	5	1	9	6	2	3
5	1	2	6	3	7	4	9	8
1	7	3	4	2	8	9	6	5
4	6	9	7	5	1	8	3	2
2	8	5	3	9	6	7	4	1

Grid 6
4	8	5	7	6	9	1	2	3
3	9	6	1	4	2	8	5	7
2	1	7	5	8	3	4	9	6
6	3	4	2	9	5	7	8	1
9	2	1	3	7	8	6	4	5
7	5	8	6	1	4	2	3	9
1	4	2	9	3	6	5	7	8
5	7	3	8	2	1	9	6	4
8	6	9	4	5	7	3	1	2

Grid 7
8	2	7	5	6	4	1	9	3
6	5	4	9	1	3	2	7	8
3	9	1	8	2	7	4	6	5
5	6	2	4	3	9	8	1	7
4	8	3	1	7	6	5	2	9
1	7	9	2	5	8	3	4	6
9	3	5	6	4	2	7	8	1
7	4	8	3	9	1	6	5	2
2	1	6	7	8	5	9	3	4

Grid 8
9	5	4	6	2	1	7	8	3
1	3	7	5	4	8	2	9	6
6	2	8	3	9	7	4	1	5
3	4	6	2	1	5	8	7	9
2	9	1	8	7	6	3	5	4
7	8	5	9	3	4	1	6	2
4	1	2	7	6	9	5	3	8
5	7	9	4	8	3	6	2	1
8	6	3	1	5	2	9	4	7

Grid 9
6	7	1	5	2	8	4	3	9
9	8	2	4	6	3	1	7	5
4	5	3	1	9	7	8	2	6
7	6	9	8	3	2	5	1	4
3	2	4	6	5	1	9	8	7
8	1	5	9	7	4	2	6	3
5	9	7	2	1	6	3	4	8
1	4	6	3	8	5	7	9	2
2	3	8	7	4	9	6	5	1

Grid 10
5	3	8	7	1	9	6	2	4
4	1	6	3	5	2	8	9	7
2	9	7	4	8	6	1	5	3
1	6	5	9	2	7	3	4	8
3	8	2	6	4	5	9	7	1
9	7	4	1	3	8	2	6	5
6	5	9	8	7	1	4	3	2
7	4	1	2	6	3	5	8	9
8	2	3	5	9	4	7	1	6

Grid 11
2	5	9	7	4	6	8	3	1
6	1	4	8	3	5	7	9	2
8	7	3	2	1	9	6	5	4
5	6	1	9	8	4	2	7	3
9	8	2	5	7	3	1	4	6
3	4	7	1	6	2	5	8	9
1	9	6	3	5	8	4	2	7
7	2	5	4	9	1	3	6	8
4	3	8	6	2	7	9	1	5

Grid 12
8	2	3	6	1	4	9	7	5
4	9	1	7	8	5	3	6	2
7	6	5	9	3	2	4	1	8
1	8	7	2	6	9	5	3	4
2	3	4	8	5	1	6	9	7
9	5	6	3	4	7	8	2	1
3	7	8	5	2	6	1	4	9
5	1	9	4	7	3	2	8	6
6	4	2	1	9	8	7	5	3

4	2	5	7	3	1	6	8	9
8	6	3	2	5	9	7	4	1
9	7	1	6	4	8	3	5	2
1	5	4	3	2	6	9	7	8
2	3	7	9	8	4	5	1	6
6	9	8	5	1	7	2	3	4
5	1	2	4	6	3	8	9	7
7	4	6	8	9	5	1	2	3
3	8	9	1	7	2	4	6	5

2	7	9	1	8	6	5	3	4
3	4	6	5	7	2	9	1	8
5	1	8	3	4	9	2	7	6
6	2	7	4	1	8	3	5	9
9	3	5	6	2	7	8	4	1
4	8	1	9	3	5	6	2	7
8	6	2	7	5	4	1	9	3
7	9	3	2	6	1	4	8	5
1	5	4	8	9	3	7	6	2

9	2	4	6	5	8	7	3	1
1	3	6	7	2	9	4	5	8
7	8	5	1	3	4	9	6	2
2	7	8	5	1	3	6	9	4
5	1	9	4	7	6	2	8	3
4	6	3	9	8	2	5	1	7
8	4	2	3	9	5	1	7	6
3	9	7	2	6	1	8	4	5
6	5	1	8	4	7	3	2	9

1	4	6	2	5	3	8	7	9
3	8	2	1	7	9	4	5	6
7	9	5	4	8	6	2	1	3
6	7	9	8	3	5	1	2	4
4	3	8	6	2	1	5	9	7
2	5	1	7	9	4	6	3	8
5	2	7	9	4	8	3	6	1
8	6	3	5	1	7	9	4	2
9	1	4	3	6	2	7	8	5

3	1	4	6	5	9	8	2	7
8	2	9	7	1	4	6	3	5
7	6	5	8	3	2	4	1	9
6	5	8	4	9	3	1	7	2
4	9	2	1	7	8	5	6	3
1	7	3	2	6	5	9	4	8
5	8	7	3	4	6	2	9	1
2	4	1	9	8	7	3	5	6
9	3	6	5	2	1	7	8	4

5	9	4	7	6	1	8	2	3
7	6	1	8	2	3	5	9	4
8	2	3	9	4	5	6	7	1
1	3	7	4	9	6	2	8	5
9	5	8	2	3	7	1	4	6
2	4	6	1	5	8	7	3	9
4	7	9	6	1	2	3	5	8
6	8	5	3	7	4	9	1	2
3	1	2	5	8	9	4	6	7

7	9	5	1	2	3	8	4	6
2	8	6	5	4	7	9	1	3
1	4	3	6	8	9	7	5	2
6	7	9	3	1	2	4	8	5
5	2	8	4	7	6	3	9	1
3	1	4	8	9	5	6	2	7
9	6	1	2	3	4	5	7	8
4	5	2	7	6	8	1	3	9
8	3	7	9	5	1	2	6	4

9	4	3	2	8	1	6	7	5
1	8	5	6	7	3	2	4	9
7	2	6	5	4	9	3	8	1
5	7	2	4	1	6	9	3	8
4	1	8	9	3	5	7	2	6
6	3	9	7	2	8	5	1	4
2	9	7	1	6	4	8	5	3
8	5	1	3	9	7	4	6	2
3	6	4	8	5	2	1	9	7

6	8	7	4	3	1	9	2	5
5	1	4	9	2	7	6	8	3
2	3	9	6	8	5	7	4	1
7	2	5	1	6	8	3	9	4
8	4	1	5	9	3	2	6	7
9	6	3	7	4	2	1	5	8
1	9	6	8	7	4	5	3	2
3	5	8	2	1	9	4	7	6
4	7	2	3	5	6	8	1	9

5	3	2	8	1	4	6	7	9
4	7	1	6	3	9	8	5	2
9	6	8	7	5	2	4	3	1
3	2	9	1	6	7	5	8	4
1	5	4	3	2	8	9	6	7
6	8	7	9	4	5	2	1	3
7	4	5	2	8	1	3	9	6
8	1	3	4	9	6	7	2	5
2	9	6	5	7	3	1	4	8

6	3	5	7	2	1	4	8	9
2	4	9	3	5	8	7	1	6
7	1	8	4	6	9	3	2	5
4	9	7	2	1	5	8	6	3
5	8	3	6	9	7	1	4	2
1	6	2	8	4	3	5	9	7
9	5	4	1	7	2	6	3	8
3	2	6	5	8	4	9	7	1
8	7	1	9	3	6	2	5	4

3	7	4	9	6	2	5	8	1
8	2	1	5	4	3	6	7	9
6	5	9	8	7	1	2	4	3
4	3	2	1	9	6	8	5	7
1	6	5	3	8	7	9	2	4
9	8	7	2	5	4	3	1	6
2	1	6	4	3	8	7	9	5
5	4	3	7	2	9	1	6	8
7	9	8	6	1	5	4	3	2

Grid 1
```
7 3 6 4 1 5 2 8 9
2 9 1 7 6 8 4 3 5
4 5 8 2 9 3 6 7 1
9 6 3 5 7 2 1 4 8
5 8 2 1 4 9 7 6 3
1 7 4 3 8 6 5 9 2
3 2 9 6 5 7 8 1 4
6 4 5 8 3 1 9 2 7
8 1 7 9 2 4 3 5 6
```

Grid 2
```
1 2 5 7 9 4 6 3 8
4 3 8 6 1 2 9 7 5
6 9 7 3 8 5 4 1 2
2 1 6 9 7 3 8 5 4
3 8 4 2 5 6 7 9 1
5 7 9 8 4 1 2 6 3
8 6 1 5 2 7 3 4 9
7 5 2 4 3 9 1 8 6
9 4 3 1 6 8 5 2 7
```

Grid 3
```
1 6 7 3 4 8 5 2 9
2 3 4 6 5 9 1 7 8
8 5 9 1 2 7 3 4 6
7 2 6 5 8 4 9 1 3
4 9 3 2 1 6 8 5 7
5 8 1 9 7 3 2 6 4
9 7 5 8 6 1 4 3 2
3 4 2 7 9 5 6 8 1
6 1 8 4 3 2 7 9 5
```

Grid 4
```
6 9 3 1 8 4 2 7 5
1 4 2 5 9 7 8 6 3
5 8 7 3 6 2 9 1 4
9 6 5 2 1 8 4 3 7
3 7 8 6 4 5 1 9 2
2 1 4 7 3 9 6 5 8
7 5 9 8 2 1 3 4 6
8 3 1 4 7 6 5 2 9
4 2 6 9 5 3 7 8 1
```

Grid 5
```
7 9 1 3 4 6 5 2 8
3 4 5 2 9 8 1 7 6
8 2 6 1 7 5 3 9 4
9 3 8 5 6 4 7 1 2
1 7 4 9 8 2 6 3 5
5 6 2 7 1 3 4 8 9
2 8 3 4 5 7 9 6 1
6 5 9 8 3 1 2 4 7
4 1 7 6 2 9 8 5 3
```

Grid 6
```
3 7 4 5 9 6 8 2 1
6 9 8 1 2 3 4 5 7
1 2 5 8 4 7 3 6 9
5 3 7 2 8 1 6 9 4
4 8 9 3 6 5 1 7 2
2 6 1 9 7 4 5 8 3
7 5 6 4 1 9 2 3 8
8 4 3 7 5 2 9 1 6
9 1 2 6 3 8 7 4 5
```

Grid 7
```
4 8 3 1 6 2 5 7 9
5 9 7 4 8 3 6 1 2
2 1 6 7 5 9 3 4 8
1 6 9 2 4 7 8 5 3
7 3 2 8 1 5 4 9 6
8 5 4 3 9 6 1 2 7
6 2 5 9 3 4 7 8 1
3 7 1 5 2 8 9 6 4
9 4 8 6 7 1 2 3 5
```

Grid 8
```
7 2 1 8 9 5 3 6 4
5 6 8 3 4 2 7 9 1
3 4 9 1 7 6 2 8 5
2 9 3 7 8 4 5 1 6
6 8 5 2 1 3 9 4 7
4 1 7 5 6 9 8 2 3
8 7 2 4 3 1 6 5 9
1 3 6 9 5 8 4 7 2
9 5 4 6 2 7 1 3 8
```

Grid 9
```
7 2 4 5 8 3 1 6 9
3 5 6 9 1 4 8 2 7
1 9 8 6 2 7 4 3 5
5 8 7 2 4 1 3 9 6
6 4 2 3 5 9 7 8 1
9 3 1 8 7 6 5 4 2
2 1 5 4 9 8 6 7 3
8 7 3 1 6 2 9 5 4
4 6 9 7 3 5 2 1 8
```

Grid 10
```
2 9 4 8 7 6 1 3 5
1 7 5 2 4 3 9 8 6
8 3 6 9 5 1 4 2 7
5 4 3 1 2 7 8 6 9
9 1 7 4 6 8 2 5 3
6 2 8 5 3 9 7 1 4
4 8 9 3 1 5 6 7 2
3 6 2 7 8 4 5 9 1
7 5 1 6 9 2 3 4 8
```

Grid 11
```
5 9 6 8 1 2 4 3 7
7 1 2 4 3 9 8 5 6
8 4 3 6 5 7 9 1 2
6 5 7 3 9 1 2 4 8
4 3 1 2 8 6 7 9 5
2 8 9 5 7 4 1 6 3
1 2 5 9 6 8 3 7 4
3 7 4 1 2 5 6 8 9
9 6 8 7 4 3 5 2 1
```

Grid 12
```
8 7 3 1 6 5 9 2 4
1 2 4 3 7 9 8 5 6
6 5 9 2 8 4 7 3 1
2 9 1 8 5 6 4 7 3
5 4 6 7 9 3 2 1 8
7 3 8 4 2 1 6 9 5
4 8 5 9 1 2 3 6 7
9 6 7 5 3 8 1 4 2
3 1 2 6 4 7 5 8 9
```

2	1	7	6	3	5	8	4	9
9	4	5	1	7	8	6	3	2
6	8	3	9	4	2	5	1	7
1	7	2	3	5	4	9	6	8
4	3	9	2	8	6	1	7	5
8	5	6	7	9	1	4	2	3
7	9	1	5	6	3	2	8	4
3	6	8	4	2	9	7	5	1
5	2	4	8	1	7	3	9	6

7	5	1	4	3	2	9	8	6
2	4	3	6	9	8	7	5	1
9	6	8	1	7	5	3	4	2
4	3	2	7	8	6	1	9	5
1	7	6	9	5	4	2	3	8
5	8	9	3	2	1	4	6	7
6	2	7	8	4	3	5	1	9
8	9	4	5	1	7	6	2	3
3	1	5	2	6	9	8	7	4

9	5	7	8	3	1	4	2	6
6	2	1	9	4	7	3	8	5
3	4	8	2	6	5	9	7	1
4	9	6	7	5	2	8	1	3
5	7	2	1	8	3	6	4	9
8	1	3	6	9	4	7	5	2
7	3	5	4	2	9	1	6	8
2	6	4	3	1	8	5	9	7
1	8	9	5	7	6	2	3	4

8	5	6	7	3	1	4	9	2
1	3	9	4	8	2	6	5	7
4	2	7	9	5	6	8	3	1
7	1	3	5	6	9	2	4	8
6	9	4	3	2	8	7	1	5
2	8	5	1	4	7	3	6	9
3	7	8	6	9	5	1	2	4
5	6	1	2	7	4	9	8	3
9	4	2	8	1	3	5	7	6

1	6	9	4	5	2	7	3	8
8	5	3	7	6	1	4	2	9
4	2	7	9	3	8	6	1	5
7	9	1	6	8	4	2	5	3
2	3	6	1	9	5	8	4	7
5	4	8	3	2	7	1	9	6
6	7	5	2	1	9	3	8	4
3	8	2	5	4	6	9	7	1
9	1	4	8	7	3	5	6	2

5	1	8	9	7	6	2	3	4
9	4	7	3	1	2	8	5	6
6	2	3	4	8	5	9	7	1
2	9	4	7	6	1	5	8	3
3	8	5	2	4	9	6	1	7
1	7	6	5	3	8	4	2	9
8	3	1	6	2	4	7	9	5
7	6	9	8	5	3	1	4	2
4	5	2	1	9	7	3	6	8

2	5	3	9	7	4	8	6	1
1	4	7	8	6	2	3	9	5
8	9	6	1	5	3	4	2	7
3	8	4	5	2	7	6	1	9
7	1	9	3	8	6	5	4	2
6	2	5	4	9	1	7	3	8
4	6	2	7	1	5	9	8	3
5	3	8	2	4	9	1	7	6
9	7	1	6	3	8	2	5	4

6	3	5	4	9	8	1	2	7
2	9	7	6	1	5	3	8	4
1	4	8	3	7	2	6	9	5
7	1	2	8	3	4	5	6	9
8	6	4	5	2	9	7	1	3
9	5	3	7	6	1	2	4	8
4	8	6	2	5	3	9	7	1
3	7	9	1	4	6	8	5	2
5	2	1	9	8	7	4	3	6

6	3	2	7	8	9	5	4	1
4	9	8	1	5	2	6	7	3
5	7	1	4	3	6	9	8	2
7	2	6	5	9	4	3	1	8
9	5	3	8	1	7	2	6	4
8	1	4	2	6	3	7	9	5
2	8	9	6	4	5	1	3	7
3	4	5	9	7	1	8	2	6
1	6	7	3	2	8	4	5	9

7	5	1	2	3	8	9	6	4
2	8	4	6	9	1	7	3	5
9	6	3	4	5	7	2	8	1
6	1	9	7	8	4	3	5	2
5	3	8	1	2	9	4	7	6
4	2	7	3	6	5	8	1	9
3	7	6	5	4	2	1	9	8
8	4	5	9	1	3	6	2	7
1	9	2	8	7	6	5	4	3

5	6	1	2	3	8	9	7	4
4	3	8	1	9	7	5	2	6
9	7	2	4	5	6	3	8	1
6	8	7	3	1	9	4	5	2
3	9	5	8	4	2	6	1	7
2	1	4	6	7	5	8	3	9
1	5	3	7	6	4	2	9	8
8	4	9	5	2	1	7	6	3
7	2	6	9	8	3	1	4	5

7	1	8	6	9	3	4	2	5
6	9	4	2	5	1	7	3	8
5	2	3	7	4	8	6	1	9
4	7	2	8	3	6	5	9	1
8	5	1	4	2	9	3	7	6
3	6	9	5	1	7	2	8	4
2	4	7	9	8	5	1	6	3
1	8	6	3	7	4	9	5	2
9	3	5	1	6	2	8	4	7

Solutions for pages 164-175

Grid 1
```
6 8 7 9 1 2 3 4 5
3 1 2 4 8 5 7 9 6
5 4 9 7 6 3 2 1 8
2 3 5 8 9 6 4 7 1
7 6 1 2 3 4 5 8 9
4 9 8 1 5 7 6 2 3
8 5 4 3 2 1 9 6 7
9 7 6 5 4 8 1 3 2
1 2 3 6 7 9 8 5 4
```

Grid 2
```
8 2 3 9 5 1 7 4 6
4 7 1 2 6 8 5 9 3
6 5 9 3 4 7 2 1 8
1 8 7 6 2 5 4 3 9
9 6 2 4 7 3 8 5 1
3 4 5 8 1 9 6 7 2
7 1 8 5 9 2 3 6 4
2 9 4 7 3 6 1 8 5
5 3 6 1 8 4 9 2 7
```

Grid 3
```
5 4 1 2 8 7 3 6 9
6 9 3 1 5 4 7 8 2
8 7 2 3 9 6 5 1 4
3 8 7 6 2 5 4 9 1
1 6 9 4 7 3 2 5 8
4 2 5 9 1 8 6 3 7
7 1 8 5 3 2 9 4 6
2 5 6 8 4 9 1 7 3
9 3 4 7 6 1 8 2 5
```

Grid 4
```
7 3 4 8 9 2 6 5 1
6 1 2 4 7 5 9 8 3
9 8 5 1 6 3 7 2 4
5 7 3 9 2 4 1 6 8
2 9 8 7 1 6 4 3 5
1 4 6 3 5 8 2 7 9
8 5 7 2 4 9 3 1 6
4 6 1 5 3 7 8 9 2
3 2 9 6 8 1 5 4 7
```

Grid 5
```
5 8 6 7 2 1 9 4 3
7 3 2 9 5 4 6 8 1
1 4 9 3 8 6 2 7 5
8 9 7 5 1 2 3 6 4
3 6 1 4 9 7 5 2 8
4 2 5 8 6 3 1 9 7
9 1 8 2 7 5 4 3 6
6 7 3 1 4 9 8 5 2
2 5 4 6 3 8 7 1 9
```

Grid 6
```
7 6 8 3 9 1 4 5 2
2 5 9 4 8 7 1 3 6
3 4 1 2 5 6 7 8 9
1 7 3 8 2 9 6 4 5
5 8 2 1 6 4 3 9 7
4 9 6 7 3 5 2 1 8
6 1 7 5 4 8 9 2 3
9 3 5 6 1 2 8 7 4
8 2 4 9 7 3 5 6 1
```

Grid 7
```
4 8 7 9 1 2 5 6 3
3 6 2 7 5 8 4 9 1
5 1 9 3 4 6 8 2 7
6 2 8 4 9 3 1 7 5
1 9 3 6 7 5 2 8 4
7 4 5 8 2 1 6 3 9
9 3 6 5 8 4 7 1 2
2 7 4 1 6 9 3 5 8
8 5 1 2 3 7 9 4 6
```

Grid 8
```
6 5 7 2 1 4 8 9 3
1 8 4 6 3 9 5 7 2
9 3 2 8 5 7 1 4 6
8 1 3 4 6 2 9 5 7
7 9 6 1 8 5 3 2 4
2 4 5 7 9 3 6 1 8
3 7 8 5 4 1 2 6 9
5 2 9 3 7 6 4 8 1
4 6 1 9 2 8 7 3 5
```

Grid 9
```
7 6 5 3 4 8 9 1 2
8 4 2 5 1 9 6 3 7
1 9 3 2 7 6 5 4 8
2 7 8 1 6 3 4 5 9
3 5 4 7 9 2 1 8 6
9 1 6 4 8 5 2 7 3
6 8 7 9 5 4 3 2 1
5 2 1 6 3 7 8 9 4
4 3 9 8 2 1 7 6 5
```

Grid 10
```
8 7 3 2 9 5 4 6 1
2 4 1 3 6 7 5 8 9
9 5 6 1 4 8 3 7 2
4 9 7 8 5 1 2 3 6
6 1 2 7 3 4 8 9 5
3 8 5 6 2 9 7 1 4
7 3 4 9 1 2 6 5 8
1 2 8 5 7 6 9 4 3
5 6 9 4 8 3 1 2 7
```

Grid 11
```
8 7 2 6 3 5 4 9 1
6 4 3 8 9 1 5 7 2
1 5 9 7 4 2 6 3 8
9 1 8 2 6 3 7 5 4
7 6 4 5 1 9 2 8 3
3 2 5 4 7 8 9 1 6
2 8 1 9 5 4 3 6 7
5 3 7 1 2 6 8 4 9
4 9 6 3 8 7 1 2 5
```

Grid 12
```
2 3 8 5 9 6 1 4 7
4 9 6 1 7 8 5 2 3
7 5 1 3 4 2 6 8 9
6 8 5 7 2 4 3 9 1
3 7 4 9 8 1 2 5 6
9 1 2 6 3 5 8 7 4
8 6 7 2 1 9 4 3 5
1 4 3 8 5 7 9 6 2
5 2 9 4 6 3 7 1 8
```

Grid 1

5	4	6	7	3	2	9	1	8
9	2	8	6	1	4	7	3	5
1	7	3	5	8	9	4	6	2
8	3	1	4	2	5	6	7	9
2	6	9	8	7	1	3	5	4
7	5	4	3	9	6	8	2	1
6	8	2	1	4	7	5	9	3
3	1	5	9	6	8	2	4	7
4	9	7	2	5	3	1	8	6

Grid 2

9	8	4	5	1	7	2	6	3
3	2	1	6	9	4	8	5	7
5	7	6	8	2	3	9	4	1
7	6	5	4	3	2	1	9	8
2	1	8	7	6	9	4	3	5
4	9	3	1	8	5	6	7	2
8	3	9	2	7	6	5	1	4
6	4	2	3	5	1	7	8	9
1	5	7	9	4	8	3	2	6

Grid 3

7	2	9	4	1	8	6	3	5
3	8	1	6	5	7	4	9	2
6	4	5	2	3	9	8	1	7
1	6	2	9	7	3	5	8	4
4	5	7	1	8	2	3	6	9
8	9	3	5	6	4	2	7	1
9	1	6	3	2	5	7	4	8
2	7	4	8	9	6	1	5	3
5	3	8	7	4	1	9	2	6

Grid 4

5	6	7	8	4	9	1	2	3
4	8	3	6	1	2	5	7	9
2	1	9	5	3	7	8	4	6
9	3	8	1	6	4	7	5	2
7	5	4	3	2	8	9	6	1
6	2	1	9	7	5	3	8	4
3	9	5	2	8	6	4	1	7
8	4	2	7	9	1	6	3	5
1	7	6	4	5	3	2	9	8

Grid 5

2	7	4	5	6	3	8	9	1
9	3	8	2	7	1	4	6	5
1	6	5	4	9	8	3	2	7
3	4	9	6	5	7	2	1	8
6	2	7	8	1	4	5	3	9
5	8	1	3	2	9	7	4	6
4	1	2	9	8	5	6	7	3
7	5	3	1	4	6	9	8	2
8	9	6	7	3	2	1	5	4

Grid 6

9	4	6	5	1	2	8	7	3
5	1	3	7	8	4	9	2	6
7	8	2	6	9	3	4	5	1
2	9	1	8	3	7	5	6	4
8	6	5	9	4	1	7	3	2
4	3	7	2	5	6	1	9	8
1	5	4	3	6	9	2	8	7
6	2	9	4	7	8	3	1	5
3	7	8	1	2	5	6	4	9

Grid 7

4	2	8	9	5	3	7	1	6
1	5	3	4	7	6	9	8	2
6	9	7	2	1	8	4	3	5
3	8	1	7	6	4	5	2	9
7	4	2	8	9	5	1	6	3
5	6	9	1	3	2	8	4	7
8	3	6	5	4	9	2	7	1
2	7	5	3	8	1	6	9	4
9	1	4	6	2	7	3	5	8

Grid 8

6	4	5	9	7	8	1	3	2
3	9	1	5	2	6	7	8	4
2	8	7	3	4	1	6	9	5
9	2	4	6	1	5	8	7	3
1	3	6	7	8	2	5	4	9
5	7	8	4	9	3	2	1	6
8	1	3	2	6	9	4	5	7
7	5	2	8	3	4	9	6	1
4	6	9	1	5	7	3	2	8

Grid 9

3	2	6	4	5	9	7	1	8
9	8	4	7	6	1	2	5	3
7	5	1	2	3	8	9	6	4
1	6	9	3	4	7	8	2	5
4	3	8	5	9	2	1	7	6
5	7	2	1	8	6	3	4	9
8	1	3	6	7	5	4	9	2
2	9	5	8	1	4	6	3	7
6	4	7	9	2	3	5	8	1

Grid 10

1	3	6	2	8	5	7	9	4
4	5	8	7	1	9	3	6	2
2	7	9	3	6	4	1	8	5
9	6	7	1	3	2	5	4	8
5	1	2	4	9	8	6	7	3
8	4	3	6	5	7	9	2	1
3	9	1	8	2	6	4	5	7
6	2	4	5	7	3	8	1	9
7	8	5	9	4	1	2	3	6

Grid 11

4	3	2	8	1	5	9	7	6
7	1	9	2	6	4	3	8	5
8	5	6	7	9	3	2	1	4
6	4	7	3	2	8	1	5	9
9	8	1	4	5	6	7	2	3
5	2	3	9	7	1	6	4	8
1	6	4	5	3	7	8	9	2
2	7	5	6	8	9	4	3	1
3	9	8	1	4	2	5	6	7

Grid 12

3	4	5	9	2	8	7	6	1
2	9	7	6	4	1	3	5	8
6	8	1	5	7	3	2	4	9
8	5	9	3	6	4	1	2	7
1	2	6	8	9	7	5	3	4
7	3	4	1	5	2	8	9	6
4	1	3	2	8	6	9	7	5
9	6	2	7	1	5	4	8	3
5	7	8	4	3	9	6	1	2

Grid 1

9	5	6	4	8	2	7	3	1
4	7	2	1	3	9	6	8	5
8	1	3	7	6	5	2	4	9
5	9	8	2	1	4	3	7	6
6	4	1	3	9	7	8	5	2
3	2	7	8	5	6	9	1	4
7	8	4	9	2	1	5	6	3
1	6	9	5	7	3	4	2	8
2	3	5	6	4	8	1	9	7

Grid 2

9	6	8	4	5	1	2	3	7
5	1	7	3	2	6	9	8	4
4	2	3	9	8	7	6	1	5
3	4	2	1	9	8	7	5	6
6	9	1	7	4	5	3	2	8
7	8	5	6	3	2	4	9	1
1	3	9	8	7	4	5	6	2
8	5	4	2	6	9	1	7	3
2	7	6	5	1	3	8	4	9

Grid 3

5	7	2	1	3	4	8	9	6
9	3	6	5	8	7	1	4	2
4	1	8	9	6	2	5	7	3
2	4	1	3	7	5	9	6	8
6	8	7	2	1	9	4	3	5
3	5	9	6	4	8	2	1	7
8	6	4	7	5	1	3	2	9
7	9	5	4	2	3	6	8	1
1	2	3	8	9	6	7	5	4

Grid 4

5	4	6	1	7	9	8	3	2
3	7	1	8	2	4	6	9	5
2	9	8	3	6	5	4	1	7
7	8	3	2	9	1	5	6	4
1	2	5	4	3	6	7	8	9
9	6	4	5	8	7	3	2	1
6	3	7	9	4	2	1	5	8
4	1	9	6	5	8	2	7	3
8	5	2	7	1	3	9	4	6

Grid 5

5	2	6	9	4	1	8	7	3
8	4	3	6	5	7	2	1	9
9	1	7	2	3	8	5	4	6
2	3	8	4	7	5	9	6	1
4	6	5	8	1	9	7	3	2
1	7	9	3	2	6	4	8	5
7	9	4	5	6	3	1	2	8
3	8	1	7	9	2	6	5	4
6	5	2	1	8	4	3	9	7

Grid 6

8	2	1	9	3	7	6	4	5
9	5	3	6	1	4	7	2	8
6	7	4	8	5	2	9	1	3
7	1	8	2	6	5	3	9	4
3	6	5	4	8	9	2	7	1
4	9	2	1	7	3	8	5	6
2	8	7	3	4	1	5	6	9
5	4	6	7	9	8	1	3	2
1	3	9	5	2	6	4	8	7

Grid 7

1	6	5	8	3	7	2	9	4
9	3	8	4	2	5	6	1	7
2	7	4	1	6	9	8	5	3
4	5	2	9	1	8	3	7	6
8	9	3	7	5	6	4	2	1
7	1	6	2	4	3	9	8	5
3	8	9	6	7	1	5	4	2
5	2	1	3	8	4	7	6	9
6	4	7	5	9	2	1	3	8

Grid 8

2	8	3	9	4	1	6	5	7
9	5	6	7	3	2	1	4	8
7	1	4	5	6	8	9	2	3
4	3	2	8	1	7	5	9	6
8	7	9	6	2	5	4	3	1
1	6	5	4	9	3	7	8	2
5	9	7	2	8	6	3	1	4
3	4	8	1	7	9	2	6	5
6	2	1	3	5	4	8	7	9

Grid 9

4	5	7	1	2	3	6	8	9
2	1	9	8	6	7	5	4	3
8	6	3	9	5	4	2	7	1
1	3	4	2	8	9	7	5	6
9	7	5	4	1	6	3	2	8
6	2	8	7	3	5	9	1	4
3	9	1	5	7	8	4	6	2
5	4	2	6	9	1	8	3	7
7	8	6	3	4	2	1	9	5

Grid 10

2	1	8	7	5	4	6	3	9
3	9	7	6	1	8	5	4	2
4	6	5	3	2	9	7	8	1
6	5	3	2	4	1	8	9	7
7	4	1	8	9	6	3	2	5
9	8	2	5	3	7	1	6	4
1	7	6	4	8	2	9	5	3
5	2	9	1	6	3	4	7	8
8	3	4	9	7	5	2	1	6

Grid 11

7	3	8	6	4	9	1	5	2
1	2	9	7	5	8	6	3	4
6	5	4	3	2	1	7	8	9
3	7	5	9	8	6	4	2	1
8	9	2	1	7	4	5	6	3
4	6	1	2	3	5	8	9	7
5	4	3	8	1	2	9	7	6
2	1	6	5	9	7	3	4	8
9	8	7	4	6	3	2	1	5

Grid 12

8	2	7	6	5	3	9	1	4
9	4	6	8	1	2	3	7	5
5	1	3	4	7	9	8	6	2
4	9	5	1	3	6	7	2	8
3	8	1	2	4	7	5	9	6
6	7	2	9	8	5	1	4	3
2	3	8	7	6	1	4	5	9
1	6	4	5	9	8	2	3	7
7	5	9	3	2	4	6	8	1

Solutions for pages 200-211

Grid 1 (9×9):
```
2 6 3 9 4 1 7 8 5
4 9 8 7 5 3 2 1 6
1 5 7 8 2 6 9 4 3
3 7 6 5 1 2 8 9 4
5 2 1 4 8 9 6 3 7
8 4 9 6 3 7 5 2 1
9 8 5 3 6 4 1 7 2
7 3 2 1 9 5 4 6 8
6 1 4 2 7 8 3 5 9
```

Grid 2 (9×9):
```
5 7 2 3 6 1 9 8 4
6 8 3 5 9 4 7 2 1
4 1 9 7 2 8 3 6 5
9 6 4 8 5 7 2 1 3
1 3 8 2 4 6 5 9 7
7 2 5 1 3 9 8 4 6
8 5 6 4 7 2 1 3 9
3 4 1 9 8 5 6 7 2
2 9 7 6 1 3 4 5 8
```

Grid 3 (9×9):
```
5 1 6 9 8 2 4 7 3
7 3 8 6 1 4 2 5 9
9 4 2 3 7 5 6 1 8
3 6 7 4 5 8 1 9 2
1 9 5 2 3 6 8 4 7
8 2 4 1 9 7 5 3 6
4 8 3 7 6 1 9 2 5
2 5 9 8 4 3 7 6 1
6 7 1 5 2 9 3 8 4
```

Grid 4 (2 3 4 5 6 7 8 9 10):
```
5 4 3 8 9 7 2 10 6
2 6 9 10 3 4 5 8 7
8 10 7 6 5 2 9 4 3
10 5 6 4 2 9 7 3 8
3 7 2 5 10 8 6 9 4
9 8 4 7 6 3 10 5 2
4 2 5 3 7 10 8 6 9
6 9 8 2 4 5 3 7 10
7 3 10 9 8 6 4 2 5
```

Grid 5 (2 3 4 5 6 7 8 9 10):
```
5 4 6 9 2 3 8 10 7
3 7 9 6 10 8 4 5 2
10 8 2 5 4 7 6 3 9
9 2 10 7 5 4 3 6 8
6 5 8 3 9 10 2 7 4
4 3 7 8 6 2 10 9 5
2 9 4 10 3 5 7 8 6
7 10 5 4 8 6 9 2 3
8 6 3 2 7 9 5 4 10
```

Grid 6 (2 3 4 5 6 7 8 9 10):
```
8 10 4 6 7 9 5 3 2
2 6 5 10 3 8 7 4 9
7 3 9 4 5 2 6 8 10
6 2 8 9 4 10 3 5 7
3 9 7 2 8 5 10 6 4
5 4 10 3 6 7 2 9 8
9 8 6 7 10 3 4 2 5
4 7 2 5 9 6 8 10 3
10 5 3 8 2 4 9 7 6
```

Grid 7 (2 3 4 5 6 7 8 9 10):
```
4 3 9 5 10 7 8 2 6
7 2 5 9 6 8 3 4 10
10 6 8 3 4 2 9 7 5
5 4 7 8 2 10 6 3 9
2 10 3 6 5 9 7 8 4
9 8 6 7 3 4 5 10 2
3 9 4 2 7 6 10 5 8
8 5 10 4 9 3 2 6 7
6 7 2 10 8 5 4 9 3
```

Grid 8 (9×9):
```
8 1 3 4 2 7 5 9 6
9 4 5 1 6 8 2 7 3
6 2 7 3 5 9 1 8 4
3 8 9 7 1 2 4 6 5
5 6 2 8 3 4 7 1 9
1 7 4 5 9 6 8 3 2
7 9 6 2 4 1 3 5 8
2 5 8 6 7 3 9 4 1
4 3 1 9 8 5 6 2 7
```

Grid 9 (9×9):
```
8 7 3 9 1 2 6 5 4
6 9 4 8 3 5 7 1 2
5 1 2 7 4 6 9 3 8
9 3 7 1 5 8 2 4 6
4 8 6 3 2 9 5 7 1
2 5 1 6 7 4 8 9 3
1 2 9 5 6 3 4 8 7
7 4 5 2 8 1 3 6 9
3 6 8 4 9 7 1 2 5
```

Grid 10 (9×9):
```
6 7 8 1 3 9 4 2 5
9 5 2 8 4 7 3 6 1
1 3 4 2 5 6 9 7 8
8 4 5 9 2 3 6 1 7
7 2 1 5 6 4 8 9 3
3 6 9 7 8 1 2 5 4
2 8 7 3 9 5 1 4 6
4 1 3 6 7 2 5 8 9
5 9 6 4 1 8 7 3 2
```

Grid 11 (9×9):
```
4 9 3 7 1 6 5 2 8
7 2 5 3 4 8 6 1 9
8 6 1 2 9 5 7 4 3
2 7 8 4 6 9 1 3 5
3 4 6 5 2 1 8 9 7
5 1 9 8 7 3 2 6 4
6 5 2 9 8 4 3 7 1
1 8 4 6 3 7 9 5 2
9 3 7 1 5 2 4 8 6
```

Grid 12 (9×9):
```
4 6 9 2 1 7 8 3 5
1 2 8 3 9 5 7 4 6
3 5 7 6 8 4 9 2 1
2 3 6 9 4 8 1 5 7
8 4 5 7 6 1 3 9 2
9 7 1 5 3 2 4 6 8
6 8 4 1 2 9 5 7 3
7 9 3 8 5 6 2 1 4
5 1 2 4 7 3 6 8 9
```

Solutions for pages 212-223

Grid 1

4	7	9	8	5	1	2	6	3
3	5	6	4	7	2	8	1	9
1	8	2	3	9	6	7	5	4
5	6	8	7	4	9	3	2	1
2	4	3	6	1	5	9	7	8
7	9	1	2	3	8	6	4	5
8	1	7	9	2	4	5	3	6
9	2	5	1	6	3	4	8	7
6	3	4	5	8	7	1	9	2

Grid 2

8	6	1	5	3	4	9	7	2
5	3	4	2	7	9	6	1	8
2	7	9	8	6	1	3	5	4
7	2	8	1	5	6	4	9	3
9	1	3	7	4	2	8	6	5
6	4	5	9	8	3	7	2	1
3	9	6	4	2	5	1	8	7
1	8	2	3	9	7	5	4	6
4	5	7	6	1	8	2	3	9

Grid 3

5	7	3	8	1	6	4	2	9
8	2	4	9	5	7	6	3	1
6	9	1	2	4	3	5	8	7
4	8	6	7	3	5	9	1	2
1	3	7	4	2	9	8	5	6
2	5	9	1	6	8	7	4	3
7	1	5	6	8	2	3	9	4
9	4	8	3	7	1	2	6	5
3	6	2	5	9	4	1	7	8

Grid 4 (2 3 4 5 6 7 8 9 10)

10	2	7	9	8	4	3	6	5
8	5	9	10	6	3	7	2	4
6	4	3	2	7	5	8	10	9
2	10	8	4	5	9	6	7	3
9	3	6	7	2	10	4	5	8
4	7	5	6	3	8	2	9	10
7	8	4	5	10	6	9	3	2
5	9	2	3	4	7	10	8	6
3	6	10	8	9	2	5	4	7

Grid 5 (2 3 4 5 6 7 8 9 10)

9	5	2	7	3	4	8	10	6
4	6	3	10	9	8	5	2	7
8	10	7	2	6	5	3	9	4
3	7	8	4	2	9	10	6	5
6	2	10	5	7	3	4	8	9
5	9	4	6	8	10	7	3	2
7	4	9	3	10	6	2	5	8
2	3	6	8	5	7	9	4	10
10	8	5	9	4	2	6	7	3

Grid 6

1	9	8	7	4	2	5	3	6
7	3	6	9	5	1	2	8	4
2	5	4	3	6	8	9	1	7
3	2	9	1	8	7	4	6	5
8	1	5	4	2	6	7	9	3
6	4	7	5	3	9	1	2	8
5	7	1	8	9	3	6	4	2
9	6	3	2	7	4	8	5	1
4	8	2	6	1	5	3	7	9

Grid 7

8	5	9	7	4	3	1	2	6
6	4	3	1	2	8	7	9	5
7	1	2	5	6	9	4	8	3
3	2	4	8	7	5	9	6	1
5	7	6	9	1	2	8	3	4
9	8	1	6	3	4	2	5	7
4	3	5	2	9	1	6	7	8
2	6	8	4	5	7	3	1	9
1	9	7	3	8	6	5	4	2

Grid 8

1	4	2	7	5	9	3	6	8
3	7	6	2	1	8	5	4	9
5	9	8	3	4	6	7	2	1
4	6	1	9	3	5	8	7	2
8	2	5	6	7	1	4	9	3
9	3	7	8	2	4	6	1	5
2	1	3	5	6	7	9	8	4
7	8	4	1	9	3	2	5	6
6	5	9	4	8	2	1	3	7

Grid 9

5	7	8	3	9	2	4	1	6
9	2	6	1	4	8	5	7	3
3	4	1	6	7	5	2	9	8
1	6	9	5	3	4	7	8	2
7	5	3	2	8	6	9	4	1
4	8	2	9	1	7	6	3	5
8	3	5	7	2	9	1	6	4
2	1	7	4	6	3	8	5	9
6	9	4	8	5	1	3	2	7

Grid 10

8	6	2	3	7	4	1	5	9
1	9	3	5	2	8	4	6	7
5	4	7	9	6	1	3	8	2
7	5	4	2	3	6	9	1	8
9	2	8	4	1	5	7	3	6
3	1	6	8	9	7	2	4	5
2	8	5	1	4	9	6	7	3
4	7	9	6	5	3	8	2	1
6	3	1	7	8	2	5	9	4

Grid 11

6	7	5	4	9	3	1	2	8
2	9	8	1	7	6	3	4	5
4	1	3	5	8	2	7	6	9
1	3	2	9	5	4	6	8	7
9	4	6	7	3	8	2	5	1
5	8	7	6	2	1	9	3	4
8	6	9	3	4	7	5	1	2
7	2	1	8	6	5	4	9	3
3	5	4	2	1	9	8	7	6

Grid 12

9	6	8	7	3	4	2	1	5
7	5	4	1	6	2	8	9	3
3	1	2	9	8	5	4	6	7
4	3	9	8	7	6	1	5	2
2	7	1	3	5	9	6	8	4
5	8	6	2	4	1	3	7	9
1	9	7	6	2	3	5	4	8
8	4	3	5	1	7	9	2	6
6	2	5	4	9	8	7	3	1

Grid 1

1	6	9	5	8	7	3	4	2
5	7	4	3	1	2	9	6	8
3	8	2	4	9	6	1	5	7
9	5	1	7	3	4	8	2	6
2	4	6	1	5	8	7	9	3
7	3	8	6	2	9	4	1	5
8	2	7	9	6	1	5	3	4
4	9	5	2	7	3	6	8	1
6	1	3	8	4	5	2	7	9

Grid 2

4	7	5	9	2	1	3	8	6
8	1	6	4	3	7	5	2	9
2	3	9	6	5	8	7	4	1
3	6	4	7	9	2	1	5	8
9	8	2	5	1	3	6	7	4
7	5	1	8	4	6	9	3	2
6	2	8	1	7	5	4	9	3
5	9	3	2	6	4	8	1	7
1	4	7	3	8	9	2	6	5

Grid 3

9	3	4	7	6	2	1	5	8
6	1	2	8	5	9	3	4	7
7	5	8	1	4	3	2	6	9
3	7	5	2	9	4	8	1	6
1	2	6	5	8	7	4	9	3
4	8	9	6	3	1	7	2	5
8	9	3	4	2	6	5	7	1
5	4	1	9	7	8	6	3	2
2	6	7	3	1	5	9	8	4

Grid 4

5	8	7	4	3	9	2	1	6
2	9	6	8	1	7	4	3	5
4	3	1	6	2	5	7	8	9
9	6	3	1	7	8	5	4	2
8	5	4	2	6	3	9	7	1
7	1	2	5	9	4	8	6	3
6	7	9	3	4	2	1	5	8
3	4	8	9	5	1	6	2	7
1	2	5	7	8	6	3	9	4

Grid 5

4	5	1	8	7	2	9	6	3
3	6	2	5	9	4	7	8	1
8	9	7	1	6	3	5	4	2
6	3	4	2	1	5	8	9	7
2	1	5	7	8	9	6	3	4
9	7	8	4	3	6	2	1	5
5	2	6	3	4	8	1	7	9
7	4	9	6	2	1	3	5	8
1	8	3	9	5	7	4	2	6

Grid 6

5	9	8	3	1	6	2	4	7
3	6	7	4	2	5	9	8	1
1	2	4	7	9	8	5	6	3
2	4	3	5	7	1	8	9	6
9	7	1	8	6	2	4	3	5
6	8	5	9	3	4	7	1	2
8	3	9	6	5	7	1	2	4
7	1	6	2	4	9	3	5	8
4	5	2	1	8	3	6	7	9

Grid 7

7	5	2	4	3	8	9	6	1
8	9	4	2	1	6	7	5	3
1	6	3	5	7	9	2	4	8
5	2	9	8	6	3	1	7	4
4	7	6	9	2	1	3	8	5
3	1	8	7	4	5	6	9	2
9	3	1	6	8	4	5	2	7
2	4	5	3	9	7	8	1	6
6	8	7	1	5	2	4	3	9

Grid 8

5	8	2	6	7	4	1	3	9
3	4	6	1	2	9	7	8	5
1	7	9	8	3	5	4	2	6
8	6	3	2	4	1	9	5	7
4	5	7	9	8	3	2	6	1
2	9	1	5	6	7	3	4	8
6	3	4	7	9	8	5	1	2
9	1	8	4	5	2	6	7	3
7	2	5	3	1	6	8	9	4

Grid 9

3	1	5	6	4	9	8	2	7
2	4	6	8	3	7	5	9	1
9	7	8	5	1	2	6	3	4
6	3	7	4	9	5	2	1	8
1	2	4	3	6	8	7	5	9
5	8	9	2	7	1	3	4	6
4	5	3	1	8	6	9	7	2
7	6	1	9	2	3	4	8	5
8	9	2	7	5	4	1	6	3

Grid 10

7	6	5	9	3	2	4	1	8
9	2	1	5	4	8	6	3	7
3	8	4	6	1	7	9	2	5
1	5	8	7	6	9	2	4	3
6	4	7	2	5	3	1	8	9
2	9	3	1	8	4	7	5	6
8	3	9	4	2	6	5	7	1
4	1	6	3	7	5	8	9	2
5	7	2	8	9	1	3	6	4

Grid 11

7	1	6	5	8	4	9	2	3
8	5	9	2	3	6	4	1	7
3	4	2	9	1	7	6	8	5
1	2	7	8	6	5	3	9	4
4	9	5	7	2	3	8	6	1
6	8	3	4	9	1	5	7	2
5	7	1	6	4	8	2	3	9
2	6	4	3	7	9	1	5	8
9	3	8	1	5	2	7	4	6

Grid 12

2	3	6	7	9	5	8	1	4
4	1	9	2	8	6	5	7	3
7	8	5	4	3	1	2	6	9
8	4	2	5	1	7	9	3	6
3	6	7	9	2	8	1	4	5
9	5	1	3	6	4	7	8	2
1	2	4	6	7	9	3	5	8
5	9	8	1	4	3	6	2	7
6	7	3	8	5	2	4	9	1

Solutions for pages 236-247

Grid 1

5	4	9	6	8	7	3	2	1
8	3	7	4	1	2	5	6	9
1	6	2	3	5	9	4	7	8
9	7	6	5	2	4	1	8	3
2	5	8	9	3	1	7	4	6
3	1	4	8	7	6	9	5	2
4	2	5	1	9	8	6	3	7
7	9	3	2	6	5	8	1	4
6	8	1	7	4	3	2	9	5

Grid 2

7	9	5	4	1	3	2	8	6
3	2	6	5	7	8	4	9	1
1	4	8	2	6	9	3	7	5
2	8	7	9	3	5	6	1	4
4	6	1	7	8	2	9	5	3
9	5	3	6	4	1	8	2	7
8	3	2	1	5	6	7	4	9
6	1	4	8	9	7	5	3	2
5	7	9	3	2	4	1	6	8

Grid 3

2	9	7	1	8	6	5	3	4
6	1	5	4	9	3	8	2	7
3	4	8	2	7	5	6	9	1
4	3	9	6	5	1	7	8	2
7	2	6	8	4	9	3	1	5
8	5	1	7	3	2	4	6	9
9	7	2	5	6	8	1	4	3
5	6	3	9	1	4	2	7	8
1	8	4	3	2	7	9	5	6

Grid 4

1	8	9	2	4	6	5	3	7
4	6	2	5	3	7	8	9	1
5	3	7	1	9	8	2	4	6
9	4	1	6	8	5	3	7	2
3	7	5	4	1	2	6	8	9
8	2	6	3	7	9	4	1	5
2	1	8	9	5	3	7	6	4
7	5	4	8	6	1	9	2	3
6	9	3	7	2	4	1	5	8

Grid 5

4	6	7	2	3	1	9	5	8
2	8	1	9	7	5	3	6	4
5	3	9	4	6	8	1	2	7
3	4	8	1	9	2	5	7	6
9	1	6	5	4	7	2	8	3
7	2	5	3	8	6	4	9	1
8	9	4	7	2	3	6	1	5
6	5	3	8	1	9	7	4	2
1	7	2	6	5	4	8	3	9

Grid 6

5	7	8	4	6	2	1	3	9
9	1	6	3	5	8	4	7	2
2	4	3	7	9	1	8	5	6
3	6	5	2	4	9	7	1	8
4	8	2	1	7	5	6	9	3
1	9	7	8	3	6	2	4	5
7	2	4	5	8	3	9	6	1
8	5	9	6	1	7	3	2	4
6	3	1	9	2	4	5	8	7

Grid 7

6	8	3	9	2	5	7	4	1
9	1	7	4	3	6	5	8	2
2	4	5	8	7	1	3	9	6
7	2	8	5	9	4	6	1	3
4	9	1	7	6	3	8	2	5
3	5	6	1	8	2	4	7	9
8	7	2	3	5	9	1	6	4
5	6	4	2	1	7	9	3	8
1	3	9	6	4	8	2	5	7

Grid 8

7	2	6	9	5	4	3	1	8
4	1	3	7	6	8	5	9	2
9	5	8	3	2	1	4	6	7
1	4	7	8	9	2	6	5	3
3	9	2	6	7	5	8	4	1
6	8	5	1	4	3	2	7	9
8	3	4	5	1	9	7	2	6
5	7	1	2	8	6	9	3	4
2	6	9	4	3	7	1	8	5

Grid 9

9	5	4	1	2	3	6	8	7
1	2	6	9	7	8	4	3	5
3	7	8	6	5	4	2	9	1
2	6	7	3	8	1	9	5	4
8	4	3	7	9	5	1	6	2
5	1	9	4	6	2	3	7	8
7	3	2	8	1	6	5	4	9
6	9	5	2	4	7	8	1	3
4	8	1	5	3	9	7	2	6

Grid 10

5	3	9	8	6	4	1	2	7
6	8	2	9	7	1	4	3	5
4	1	7	2	5	3	9	6	8
7	4	3	5	8	9	6	1	2
1	2	8	6	4	7	5	9	3
9	5	6	3	1	2	8	7	4
3	9	5	4	2	6	7	8	1
2	7	4	1	9	8	3	5	6
8	6	1	7	3	5	2	4	9

Grid 11

6	5	2	8	1	7	3	4	9
8	3	4	2	5	9	1	7	6
9	7	1	6	3	4	2	5	8
1	8	7	4	2	6	9	3	5
4	2	9	3	7	5	8	6	1
3	6	5	1	9	8	7	2	4
7	4	8	9	6	2	5	1	3
2	1	6	5	8	3	4	9	7
5	9	3	7	4	1	6	8	2

Grid 12

8	7	1	6	9	4	2	3	5
9	3	2	8	5	1	6	4	7
6	5	4	3	7	2	9	1	8
3	6	8	9	4	7	5	2	1
7	2	5	1	3	6	8	9	4
4	1	9	5	2	8	7	6	3
2	9	7	4	8	3	1	5	6
5	4	6	7	1	9	3	8	2
1	8	3	2	6	5	4	7	9

Solutions for pages 248-259

9	7	4	8	6	5	2	3	1
1	5	3	4	2	7	9	6	8
6	8	2	3	9	1	5	7	4
2	3	9	1	8	6	7	4	5
5	1	8	2	7	4	3	9	6
4	6	7	9	5	3	1	8	2
3	4	5	7	1	8	6	2	9
8	9	6	5	3	2	4	1	7
7	2	1	6	4	9	8	5	3

6	5	8	7	9	2	1	4	3
2	3	1	5	6	4	8	9	7
9	7	4	1	8	3	2	5	6
3	4	6	2	1	5	7	8	9
7	8	2	3	4	9	6	1	5
5	1	9	6	7	8	4	3	2
8	9	7	4	5	6	3	2	1
1	2	5	8	3	7	9	6	4
4	6	3	9	2	1	5	7	8

9	5	2	6	1	3	8	4	7
7	6	4	5	2	8	9	1	3
8	1	3	9	7	4	6	5	2
3	9	6	7	4	2	1	8	5
1	4	7	8	5	6	2	3	9
2	8	5	3	9	1	7	6	4
4	7	8	2	6	5	3	9	1
5	3	9	1	8	7	4	2	6
6	2	1	4	3	9	5	7	8

6	7	5	1	8	2	3	9	4
2	3	1	4	9	5	7	8	6
8	4	9	7	3	6	1	2	5
7	9	8	3	5	1	4	6	2
5	1	4	6	2	7	8	3	9
3	6	2	8	4	9	5	1	7
1	8	6	9	7	4	2	5	3
4	5	3	2	6	8	9	7	1
9	2	7	5	1	3	6	4	8

7	6	5	9	2	8	4	3	1
2	9	4	1	7	3	8	6	5
8	1	3	5	6	4	2	7	9
1	4	2	7	9	5	6	8	3
3	5	7	6	8	1	9	2	4
6	8	9	4	3	2	5	1	7
5	2	8	3	1	9	7	4	6
9	7	1	8	4	6	3	5	2
4	3	6	2	5	7	1	9	8

7	3	8	5	2	9	4	1	6
2	5	6	4	3	1	9	7	8
4	9	1	8	6	7	5	2	3
8	2	7	6	9	5	3	4	1
3	1	9	7	4	2	6	8	5
6	4	5	1	8	3	2	9	7
5	8	2	9	1	6	7	3	4
9	6	4	3	7	8	1	5	2
1	7	3	2	5	4	8	6	9

7	6	4	1	5	9	3	8	2
8	9	5	2	7	3	6	1	4
3	1	2	4	8	6	7	9	5
4	7	6	8	2	1	9	5	3
9	2	8	5	3	7	4	6	1
5	3	1	9	6	4	2	7	8
1	8	7	6	4	2	5	3	9
2	5	3	7	9	8	1	4	6
6	4	9	3	1	5	8	2	7

3	4	9	2	7	8	5	1	6
8	7	5	1	9	6	2	4	3
6	1	2	3	4	5	7	8	9
2	8	4	7	3	1	9	6	5
9	6	3	8	5	2	1	7	4
1	5	7	9	6	4	3	2	8
5	3	1	6	8	7	4	9	2
7	9	6	4	2	3	8	5	1
4	2	8	5	1	9	6	3	7

3	8	5	4	6	7	9	2	1
1	6	2	3	9	8	7	5	4
9	4	7	1	2	5	6	8	3
8	7	1	2	3	6	5	4	9
2	3	4	5	1	9	8	6	7
6	5	9	7	8	4	3	1	2
4	1	8	9	5	3	2	7	6
7	9	6	8	4	2	1	3	5
5	2	3	6	7	1	4	9	8

3	2	9	1	5	4	7	6	8
7	6	5	2	8	3	1	4	9
8	4	1	7	6	9	3	5	2
5	3	6	8	9	7	4	2	1
2	7	4	5	1	6	9	8	3
9	1	8	4	3	2	5	7	6
1	8	2	9	7	5	6	3	4
6	9	7	3	4	8	2	1	5
4	5	3	6	2	1	8	9	7

9	4	2	5	1	6	8	7	3
1	8	5	2	7	3	4	9	6
3	6	7	8	9	4	5	1	2
8	7	3	4	5	1	2	6	9
4	9	6	7	2	8	3	5	1
2	5	1	3	6	9	7	4	8
7	3	9	1	8	5	6	2	4
5	1	8	6	4	2	9	3	7
6	2	4	9	3	7	1	8	5

7	2	8	5	4	3	9	6	1
9	1	4	2	7	6	5	3	8
3	6	5	9	1	8	2	4	7
8	3	1	4	6	5	7	2	9
5	7	9	8	3	2	4	1	6
6	4	2	1	9	7	3	8	5
4	9	7	3	8	1	6	5	2
2	8	3	6	5	9	1	7	4
1	5	6	7	2	4	8	9	3

Grid 1

5	2	9	1	4	6	7	3	8
6	7	3	2	8	9	4	5	1
8	4	1	7	5	3	2	6	9
2	5	4	6	7	1	9	8	3
9	6	8	5	3	4	1	2	7
1	3	7	9	2	8	5	4	6
3	9	6	4	1	2	8	7	5
7	1	2	8	6	5	3	9	4
4	8	5	3	9	7	6	1	2

Grid 2

4	5	9	1	6	3	2	7	8
7	6	8	2	9	4	3	1	5
2	1	3	7	8	5	9	4	6
8	4	5	9	1	6	7	2	3
9	3	6	4	7	2	5	8	1
1	7	2	5	3	8	6	9	4
5	8	4	6	2	9	1	3	7
6	2	1	3	4	7	8	5	9
3	9	7	8	5	1	4	6	2

Grid 3

7	1	5	8	4	6	2	9	3
2	4	6	9	5	3	8	7	1
3	9	8	2	7	1	5	4	6
4	5	7	1	3	9	6	2	8
8	3	9	6	2	7	4	1	5
1	6	2	4	8	5	9	3	7
9	7	1	5	6	4	3	8	2
5	8	3	7	9	2	1	6	4
6	2	4	3	1	8	7	5	9

Grid 4

8	4	7	3	6	9	1	2	5
1	9	2	8	5	4	6	7	3
5	6	3	7	2	1	9	8	4
9	7	5	4	8	3	2	1	6
3	2	8	9	1	6	5	4	7
6	1	4	2	7	5	3	9	8
2	3	6	1	4	8	7	5	9
7	8	9	5	3	2	4	6	1
4	5	1	6	9	7	8	3	2

Grid 5

3	6	4	2	8	1	7	9	5
9	7	2	6	5	3	8	1	4
1	5	8	9	7	4	2	3	6
8	1	7	4	3	9	6	5	2
2	9	5	1	6	7	4	8	3
4	3	6	8	2	5	1	7	9
6	2	3	5	1	8	9	4	7
5	4	1	7	9	6	3	2	8
7	8	9	3	4	2	5	6	1

Grid 6

7	4	9	5	2	6	1	8	3
1	6	8	7	4	3	2	9	5
3	2	5	9	8	1	6	4	7
6	9	4	3	7	5	8	1	2
5	8	7	6	1	2	9	3	4
2	1	3	4	9	8	5	7	6
9	5	2	1	3	7	4	6	8
4	7	6	8	5	9	3	2	1
8	3	1	2	6	4	7	5	9

Grid 7

5	1	9	7	4	8	6	2	3
6	8	3	2	5	1	4	9	7
4	2	7	9	3	6	8	1	5
8	4	5	1	7	2	3	6	9
3	9	2	8	6	4	5	7	1
7	6	1	5	9	3	2	8	4
2	3	4	6	1	7	9	5	8
9	7	8	3	2	5	1	4	6
1	5	6	4	8	9	7	3	2

Grid 8

7	6	3	1	5	9	4	8	2
5	2	1	8	3	4	6	9	7
8	4	9	2	6	7	3	1	5
9	7	6	5	4	1	8	2	3
4	1	2	9	8	3	5	7	6
3	8	5	7	2	6	9	4	1
1	3	7	6	9	8	2	5	4
2	9	4	3	7	5	1	6	8
6	5	8	4	1	2	7	3	9

Grid 9

2	8	7	1	5	6	9	3	4
5	3	1	2	4	9	7	6	8
4	6	9	3	7	8	2	5	1
6	1	3	7	9	5	4	8	2
7	9	5	4	8	2	6	1	3
8	4	2	6	1	3	5	7	9
3	5	8	9	2	7	1	4	6
1	2	6	5	3	4	8	9	7
9	7	4	8	6	1	3	2	5

Grid 10

3	5	6	9	2	8	4	7	1
9	7	8	4	5	1	3	2	6
2	4	1	3	7	6	9	5	8
8	3	7	6	1	9	2	4	5
6	9	5	2	8	4	7	1	3
1	2	4	5	3	7	6	8	9
4	8	3	7	6	5	1	9	2
5	6	9	1	4	2	8	3	7
7	1	2	8	9	3	5	6	4

Grid 11

1	9	5	4	6	3	7	8	2
3	2	7	1	8	9	5	6	4
8	6	4	5	2	7	1	9	3
9	5	1	8	3	4	2	7	6
7	8	3	2	9	6	4	1	5
2	4	6	7	5	1	8	3	9
5	1	9	3	4	8	6	2	7
4	3	8	6	7	2	9	5	1
6	7	2	9	1	5	3	4	8

Grid 12

7	2	4	9	3	1	8	5	6
8	5	6	7	2	4	9	3	1
9	1	3	8	6	5	7	4	2
5	4	9	2	1	8	3	6	7
3	6	7	5	4	9	2	1	8
2	8	1	3	7	6	5	9	4
6	9	2	4	8	3	1	7	5
1	7	5	6	9	2	4	8	3
4	3	8	1	5	7	6	2	9

```
8 6 7 3 1 9 2 4 5     2 7 6 3 9 4 1 8 5     5 6 2 8 7 4 1 3 9
9 4 1 5 8 2 7 6 3     1 9 4 8 5 6 2 7 3     3 7 4 1 2 9 5 6 8
2 5 3 7 6 4 9 8 1     3 5 8 1 7 2 4 9 6     9 1 8 5 6 3 2 7 4
7 8 4 6 9 1 5 3 2     6 4 3 5 8 1 9 2 7     1 4 7 3 9 8 6 5 2
5 2 9 8 7 3 4 1 6     8 2 7 9 6 3 5 4 1     8 2 5 6 4 7 3 9 1
1 3 6 4 2 5 8 9 7     9 1 5 2 4 7 6 3 8     6 3 9 2 5 1 8 4 7
4 7 2 9 3 6 1 5 8     7 6 9 4 1 8 3 5 2     4 8 6 7 3 2 9 1 5
6 9 8 1 5 7 3 2 4     4 8 2 6 3 5 7 1 9     7 5 1 9 8 6 4 2 3
3 1 5 2 4 8 6 7 9     5 3 1 7 2 9 8 6 4     2 9 3 4 1 5 7 8 6
```

```
7 9 8 1 5 4 6 3 2     8 1 3 7 6 9 2 4 5     3 2 9 1 4 8 7 6 5
6 4 5 2 8 3 7 9 1     2 9 4 8 1 5 3 6 7     6 7 8 2 9 5 4 3 1
3 2 1 6 7 9 4 8 5     6 5 7 3 4 2 9 8 1     4 5 1 3 6 7 2 9 8
4 7 9 8 1 5 2 6 3     1 3 2 9 5 6 8 7 4     7 8 6 9 5 4 3 1 2
8 3 2 4 6 7 1 5 9     4 6 8 1 3 7 5 9 2     9 1 3 8 2 6 5 4 7
1 5 6 3 9 2 8 4 7     5 7 9 4 2 8 6 1 3     5 4 2 7 1 3 9 8 6
9 8 3 7 4 1 5 2 6     3 8 6 5 7 1 4 2 9     2 9 5 4 8 1 6 7 3
2 6 7 5 3 8 9 1 4     7 2 5 6 9 4 1 3 8     1 6 7 5 3 9 8 2 4
5 1 4 9 2 6 3 7 8     9 4 1 2 8 3 7 5 6     8 3 4 6 7 2 1 5 9
```

```
9 5 8 1 2 7 4 6 3
6 1 7 3 4 9 2 5 8
3 2 4 8 6 5 1 9 7
4 7 9 5 3 2 6 8 1
8 6 2 4 9 1 7 3 5
5 3 1 6 7 8 9 4 2
1 8 6 7 5 4 3 2 9
7 9 3 2 8 6 5 1 4
2 4 5 9 1 3 8 7 6
```

Kakuro — top clues: 56, 25, 31, 34, 28, 12, 6, 3
```
      4 8 1 2 9 7 6 5 3  |41
 4    3 6 9 5 4 8 7 2 1  |31
11    2 5 7 6 3 1 8 9 4  |29
 9    8 1 2 7 6 4 9 3 5  |23
24    7 4 3 1 5 9 2 8 6  |23
29    5 9 6 8 2 3 4 1 7  |17
28    1 7 5 4 8 2 3 6 9  |12
37    9 2 4 3 1 6 5 7 8  |2
42    6 3 8 9 7 5 1 4 2
      6 12 11 25 31 28 29 24
```

Kakuro — top clues: 42, 27, 29, 23, 20, 19, 9, 8
```
      3 1 2 5 6 9 4 7 8  |41
 3    6 8 4 3 1 7 5 9 2  |48
 7    5 7 9 4 2 8 3 1 6  |34
15    1 9 3 2 7 4 8 6 5  |11
17    8 2 6 9 3 5 7 4 1  |13
23    7 4 5 1 8 6 9 2 3  |16
35    4 5 1 6 9 3 2 8 7  |9
26    9 6 8 7 5 2 1 3 4  |9
55    2 3 7 8 4 1 6 5 9
      2 12 17 28 24 20 38 42
```

Kakuro — top clues: 43, 36, 25, 29, 23, 15, 9, 2
```
      3 6 5 7 9 1 4 8 2  |42
 3    4 7 2 8 3 5 9 6 1  |26
10    1 9 8 6 4 2 3 7 5  |28
13    7 3 1 5 2 4 8 9 6  |28
25    5 4 6 9 7 8 2 1 3  |22
33    2 8 9 1 6 3 7 5 4  |13
17    9 2 7 4 1 6 5 3 8  |11
41    8 1 3 2 5 7 6 4 9  |5
49    6 5 4 3 8 9 1 2 7
      6 13 14 10 30 38 20 43
```

Kakuro — top clues: 38, 39, 28, 31, 18, 18, 8, 3
```
      9 4 7 2 5 6 8 1 3  |47
 9    6 1 5 3 8 9 2 4 7  |38
10    3 8 2 7 4 1 5 9 6  |20
11    4 2 8 6 3 5 9 7 1  |31
19    7 3 9 8 1 2 4 6 5  |16
19    5 6 1 9 7 4 3 8 2  |18
37    2 9 3 4 6 7 1 5 8  |11
44    1 7 4 5 2 8 6 3 9  |4
      8 5 6 1 9 3 7 2 4
      8 6 15 19 30 17 44 52
```

Kakuro — top clues: 44, 28, 36, 19, 19, 19, 6, 9
```
      3 7 2 6 4 5 8 1 9  |48
      1 9 6 8 7 3 2 4 5  |41
 8    8 5 4 2 1 9 3 6 7  |34
19    5 4 1 7 3 2 9 8 6  |17
22    6 2 7 9 5 8 4 3 1  |15
26    9 3 8 1 6 4 5 7 2  |12
26    2 6 9 3 8 7 1 5 4
31    4 1 3 5 9 6 7 2 8
42    7 8 5 4 2 1 6 9 3
      7 12 8 22 25 28 40 45
```

Grid 1 — top clues: 38, 52, 28, 21, 18, 11, 12, 7; left clues: 4, 3, 18, 25, 30, 27, 37, 41; right clues: 48, 34, 17, 30, 19, 19, 5, 2; bottom clues: 9, 15, 12, 14, 21, 27, 39, 44

```
4 1 8 9 5 2 6 3 7
2 3 5 6 7 1 8 4 9
7 6 9 4 8 3 2 5 1
5 9 7 2 4 6 1 8 3
1 4 6 8 3 7 9 2 5
3 8 2 1 9 5 4 7 6
6 5 1 7 2 4 3 9 8
8 2 3 5 1 9 7 6 4
9 7 4 3 6 8 5 1 2
```

Grid 2 — top clues: 25, 24, 39, 31, 17, 17, 16, 2; left clues: 1, 9, 22, 19, 20, 31, 36, 45; right clues: 44, 30, 39, 20, 18, 21, 9; bottom clues: 3, 10, 22, 20, 19, 33, 37, 54

```
1 4 6 7 5 3 8 9 2
5 9 2 1 6 8 4 3 7
7 8 3 4 2 9 1 5 6
2 7 9 3 1 4 6 8 5
4 3 1 5 8 6 2 7 9
6 5 8 9 7 2 3 1 4
9 1 4 6 3 7 5 2 8
8 6 5 2 9 1 7 4 3
3 2 7 8 4 5 9 6 1
```

Grid 3 — top clues: 36, 33, 36, 30, 10, 19, 10, 6; left clues: 4, 9, 14, 32, 16, 24, 35, 36; right clues: 43, 39, 34, 27, 14, 14, 8, 5; bottom clues: 6, 11, 18, 24, 14, 35, 30, 38

```
4 8 5 7 9 1 2 3 6
1 6 9 2 5 3 4 8 7
3 7 2 4 8 6 5 1 9
9 1 3 6 2 8 7 5 4
2 4 6 3 7 5 1 9 8
7 5 8 1 4 9 3 6 2
5 2 1 9 6 7 8 4 3
8 9 7 5 3 4 6 2 1
6 3 4 8 1 2 9 7 5
```

Grid 4 — top clues: -25, -34, -5, -7, -6, 4, 4, 6; left clues: 3, 2, 1, 1, -13, -11, -24, -25; right clues: -28, -1, -10, -14, -5, 1, 4, 7; bottom clues: 1, 5, 0, -6, -9, -17, -18, -16

```
3 5 9 1 2 8 7 4 6
7 6 1 9 5 4 3 2 8
2 8 4 6 7 3 5 9 1
5 7 3 8 6 9 2 1 4
9 1 6 2 4 7 8 3 5
4 2 8 5 3 1 6 7 9
6 9 5 7 1 2 4 8 3
8 4 7 3 9 6 1 5 2
1 3 2 4 8 5 9 6 7
```

Grid 5 — top clues: -20, -14, -16, -6, -2, -3, 2, 2; left clues: 2, 1, 1, -9, -4, -11, -34, -16; right clues: -21, -27, 1, -7, -6, 4, 2, 9; bottom clues: 8, 2, 3, -11, -9, -2, -14, -31

```
1 5 3 8 4 6 9 7 2
7 6 4 2 1 9 3 8 5
2 8 9 5 7 3 6 1 4
5 3 6 9 2 1 7 4 8
4 2 8 3 6 7 5 9 1
9 7 1 4 5 8 2 3 6
3 9 2 1 8 5 4 6 7
6 1 5 7 9 4 8 2 3
8 4 7 6 3 2 1 5 9
```

Grid 6 — top clues: 20, 384, 9, 10, 6; left clues: 1, 12, 48, 225, 200; right clues: 720, 12, 96, 3; bottom clues: 2, 20, 18, 72, 1080

```
1 2 4 3 5 6
6 3 5 4 1 2
4 5 2 1 6 3
3 1 6 5 2 4
5 6 3 2 4 1
2 4 1 6 3 5
```

Grid 7 — top clues: 400, 6, 48, 10, 6; left clues: 3, 10, 12, 96, 60; right clues: 360, 288, 8, 5, 3; bottom clues: 4, 5, 108, 32, 150

```
3 2 1 4 5 6
5 6 4 1 3 2
2 1 3 5 6 4
6 4 5 3 2 1
1 3 2 6 4 5
4 5 6 2 1 3
```

Grid 8

```
3 9 7 8 5 4 6 2 1
2 5 8 7 6 1 3 4 9
4 6 1 9 2 3 5 7 8
7 3 2 5 1 8 4 9 6
6 1 9 4 7 2 8 5 3
5 8 4 6 3 9 2 1 7
9 4 3 2 8 7 1 6 5
8 7 6 1 4 5 9 3 2
1 2 5 3 9 6 7 8 4
```

Grid 9

```
9 6 7 4 2 5 3 1 8
1 2 5 8 9 3 6 4 7
4 8 3 6 7 1 2 9 5
2 1 4 7 3 8 5 6 9
3 5 9 1 6 2 7 8 4
6 7 8 5 4 9 1 3 2
7 9 1 2 8 6 4 5 3
8 4 6 3 5 7 9 2 1
5 3 2 9 1 4 8 7 6
```

Grid 10

```
8 4 3 5 9 2 7 6 1
1 7 2 6 8 3 9 5 4
9 6 5 7 1 4 3 2 8
7 2 8 1 4 9 5 3 6
6 9 1 3 2 5 4 8 7
5 3 4 8 7 6 2 1 9
2 1 6 9 3 7 8 4 5
3 8 7 4 5 1 6 9 2
4 5 9 2 6 8 1 7 3
```

Grid 11

```
9 8 6 3 2 5 4 1 7
2 3 5 4 7 1 8 9 6
4 7 1 8 6 9 2 3 5
7 2 4 9 5 6 3 8 1
3 6 8 2 1 4 7 5 9
1 5 9 7 3 8 6 2 4
8 4 2 1 9 7 5 6 3
6 9 7 5 8 3 1 4 2
5 1 3 6 4 2 9 7 8
```

Grid 12

```
6 7 5 2 9 8 4 1 3
9 1 3 6 4 5 2 7 8
2 4 8 7 3 1 6 9 5
7 9 4 1 8 3 5 6 2
5 8 2 9 7 6 1 3 4
1 3 6 4 5 2 9 8 7
4 5 7 3 1 9 8 2 6
8 6 1 5 2 7 3 4 9
3 2 9 8 6 4 7 5 1
```

Solutions for pages 296-307

Grid 1

1	6	8	7	9	3	4	2	5
4	5	7	6	1	2	8	3	9
3	9	2	5	4	8	7	6	1
8	2	3	4	7	5	9	1	6
7	4	9	1	3	6	5	8	2
6	1	5	2	8	9	3	4	7
9	8	1	3	6	7	2	5	4
5	7	6	8	2	4	1	9	3
2	3	4	9	5	1	6	7	8

Grid 2

7	9	6	1	8	3	5	4	2
5	8	3	6	4	2	1	9	7
2	1	4	5	9	7	8	3	6
4	3	8	9	2	6	7	5	1
6	5	2	7	1	4	3	8	9
1	7	9	3	5	8	6	2	4
3	2	7	8	6	9	4	1	5
9	6	1	4	3	5	2	7	8
8	4	5	2	7	1	9	6	3

Grid 3

5	6	4	3	8	7	1	2	9
2	9	7	6	4	1	5	3	8
1	8	3	5	9	2	7	6	4
8	3	1	7	5	6	4	9	2
7	2	9	1	3	4	8	5	6
4	5	6	9	2	8	3	1	7
3	7	5	4	6	9	2	8	1
6	4	8	2	1	5	9	7	3
9	1	2	8	7	3	6	4	5

Grid 4

4	9	6	2	7	1	8	3	5
3	2	8	4	5	6	7	1	9
7	5	1	8	3	9	2	4	6
1	4	5	6	8	2	9	7	3
9	6	3	7	1	5	4	8	2
8	7	2	3	9	4	5	6	1
5	1	7	9	4	3	6	2	8
2	8	9	1	6	7	3	5	4
6	3	4	5	2	8	1	9	7

Grid 5

9	8	6	3	4	7	5	2	1
7	2	4	6	5	1	3	8	9
3	5	1	2	9	8	7	6	4
5	6	2	4	1	9	8	7	3
4	9	3	8	7	6	2	1	5
1	7	8	5	2	3	9	4	6
6	4	9	7	3	2	1	5	8
8	1	7	9	6	5	4	3	2
2	3	5	1	8	4	6	9	7

Grid 6

3	1	9	8	6	4	2	7	5
4	6	8	2	5	7	9	3	1
2	7	5	1	9	3	6	8	4
7	5	2	3	4	6	8	1	9
1	8	6	5	2	9	7	4	3
9	4	3	7	8	1	5	6	2
8	3	1	9	7	2	4	5	6
5	9	4	6	3	8	1	2	7
6	2	7	4	1	5	3	9	8

Grid 7

6	1	2	9	7	3	4	8	5
9	8	5	2	4	6	3	1	7
4	3	7	8	5	1	9	6	2
7	4	9	1	6	5	2	3	8
8	2	3	4	9	7	6	5	1
5	6	1	3	2	8	7	4	9
3	9	8	6	1	2	5	7	4
1	5	4	7	3	9	8	2	6
2	7	6	5	8	4	1	9	3

Grid 8

8	5	1	4	9	2	3	7	6
9	6	7	1	3	5	2	4	8
3	4	2	8	6	7	1	5	9
2	8	9	6	5	3	4	1	7
1	7	6	9	2	4	5	8	3
4	3	5	7	8	1	6	9	2
6	9	4	3	1	8	7	2	5
7	2	3	5	4	9	8	6	1
5	1	8	2	7	6	9	3	4

Grid 9

9	1	3	6	2	4	8	5	7
5	6	8	9	1	7	3	2	4
7	2	4	8	5	3	1	6	9
3	4	5	1	9	6	2	7	8
2	8	9	3	7	5	6	4	1
1	7	6	4	8	2	9	3	5
6	5	1	7	3	9	4	8	2
8	3	2	5	4	1	7	9	6
4	9	7	2	6	8	5	1	3

Grid 10 (2 3 4 5 6 7 8 9 10)

3	9	4	7	8	2	6	10	5
8	6	10	5	4	9	7	3	2
7	5	2	6	10	3	8	9	4
6	4	8	2	7	10	3	5	9
10	7	9	4	3	5	2	6	8
5	2	3	8	9	6	4	7	10
4	8	6	9	5	7	10	2	3
2	3	5	10	6	8	9	4	7
9	10	7	3	2	4	5	8	6

Grid 11 (0 1 2 3 4 5 6 7 8)

7	3	8	4	6	1	5	2	0
6	5	2	8	0	7	4	3	1
1	4	0	2	5	3	6	8	7
5	0	3	1	8	6	7	4	2
8	1	6	7	2	4	0	5	3
4	2	7	5	3	0	1	6	8
0	8	1	3	4	5	2	7	6
2	6	4	0	7	8	3	1	5
3	7	5	6	1	2	8	0	4

Grid 12 (0 1 2 3 4 5 6 7 8)

2	8	3	4	7	1	6	0	5
6	7	0	2	8	5	1	3	4
4	1	5	6	0	3	8	2	7
1	5	2	8	3	7	4	6	0
8	6	4	5	2	0	7	1	3
0	3	7	1	6	4	5	8	2
7	2	8	0	5	6	3	4	1
5	4	6	3	1	2	0	7	8
3	0	1	7	4	8	2	5	6

Solutions for pages 308-319

Grid 1

0	1	5	3	2	4	6	7	8
4	2	7	8	6	0	1	5	3
6	8	3	1	5	7	0	2	4
3	6	8	5	1	2	7	4	0
2	7	1	0	4	3	8	6	5
5	0	4	6	7	8	3	1	2
1	3	2	7	8	5	4	0	6
7	4	0	2	3	6	5	8	1
8	5	6	4	0	1	2	3	7

Grid 2

4	9	1	8	2	3	6	5	7
5	2	8	7	9	6	3	1	4
7	3	6	1	4	5	8	2	9
8	5	3	2	6	9	4	7	1
2	1	4	5	3	7	9	6	8
6	7	9	4	1	8	2	3	5
1	6	2	9	5	4	7	8	3
9	8	5	3	7	2	1	4	6
3	4	7	6	8	1	5	9	2

Grid 3

8	2	5	4	3	6	7	1	9
3	1	9	5	2	7	6	4	8
4	7	6	9	1	8	3	5	2
2	3	4	7	9	1	8	6	5
7	9	8	6	4	5	2	3	1
5	6	1	2	8	3	9	7	4
1	8	2	3	7	4	5	9	6
9	5	7	1	6	2	4	8	3
6	4	3	8	5	9	1	2	7

Grid 4

1	5	3	7	9	4	6	8	2
8	6	9	1	2	5	4	7	3
2	7	4	3	8	6	9	5	1
6	1	5	2	3	9	8	4	7
4	9	7	5	1	8	2	3	6
3	8	2	6	4	7	1	9	5
7	4	6	9	5	2	3	1	8
5	3	8	4	6	1	7	2	9
9	2	1	8	7	3	5	6	4

Grid 5

1	9	2	6	4	5	8	7	3
8	4	7	1	3	9	6	2	5
3	6	5	2	8	7	9	1	4
6	1	4	5	7	3	2	8	9
9	7	8	4	2	6	5	3	1
5	2	3	8	9	1	7	4	6
2	3	1	9	6	8	4	5	7
7	8	9	3	5	4	1	6	2
4	5	6	7	1	2	3	9	8

Grid 6

2	3	6	7	5	4	1	8	9
7	4	8	1	3	9	5	6	2
5	9	1	8	2	6	4	3	7
9	8	2	5	1	3	7	4	6
1	5	4	6	8	7	2	9	3
6	7	3	4	9	2	8	1	5
4	2	5	3	6	8	9	7	1
3	1	7	9	4	5	6	2	8
8	6	9	2	7	1	3	5	4

Grid 7

1	8	3	6	9	2	4	7	5
6	5	2	4	7	3	9	8	1
4	7	9	1	8	5	3	2	6
5	6	1	8	3	9	7	4	2
8	3	4	7	2	6	5	1	9
9	2	7	5	4	1	6	3	8
7	4	6	9	1	8	2	5	3
3	1	5	2	6	7	8	9	4
2	9	8	3	5	4	1	6	7

Grid 8

1	6	3	5	4	9	2	7	8
7	2	4	8	6	1	5	9	3
8	9	5	2	3	7	6	1	4
4	5	7	1	2	8	3	6	9
2	3	9	6	5	4	1	8	7
6	8	1	7	9	3	4	2	5
9	1	6	3	8	5	7	4	2
5	7	8	4	1	2	9	3	6
3	4	2	9	7	6	8	5	1

Grid 9

7	5	4	6	9	3	1	8	2
6	1	8	7	2	4	3	5	9
2	9	3	8	5	1	7	6	4
9	6	2	3	1	8	5	4	7
1	3	5	9	4	7	6	2	8
4	8	7	5	6	2	9	1	3
8	2	9	1	3	6	4	7	5
5	4	6	2	7	9	8	3	1
3	7	1	4	8	5	2	9	6

Grid 10

2	5	7	6	1	3	8	4	9
4	6	1	9	5	8	3	2	7
8	3	9	4	2	7	1	6	5
1	9	4	3	7	2	6	5	8
3	8	2	5	9	6	7	1	4
6	7	5	1	8	4	2	9	3
7	4	8	2	6	5	9	3	1
5	1	6	8	3	9	4	7	2
9	2	3	7	4	1	5	8	6

Grid 11

6	2	1	7	9	5	4	3	8
7	4	3	2	8	1	5	9	6
5	8	9	6	4	3	2	7	1
3	5	7	4	2	8	1	6	9
2	9	8	1	5	6	7	4	3
1	6	4	3	7	9	8	2	5
8	3	2	5	6	7	9	1	4
4	1	5	9	3	2	6	8	7
9	7	6	8	1	4	3	5	2

Grid 12

8	5	7	9	6	3	1	2	4
1	2	3	4	8	5	7	9	6
4	9	6	7	1	2	5	8	3
9	6	4	3	5	1	2	7	8
2	7	1	8	9	4	6	3	5
5	3	8	6	2	7	9	4	1
7	8	9	1	3	6	4	5	2
6	4	5	2	7	8	3	1	9
3	1	2	5	4	9	8	6	7

3	5	7	4	6	2	9	8	1
2	1	6	7	8	9	4	5	3
8	4	9	5	1	3	6	7	2
9	7	1	6	3	4	8	2	5
6	3	4	2	5	8	1	9	7
5	2	8	1	9	7	3	4	6
7	6	2	8	4	1	5	3	9
1	8	3	9	2	5	7	6	4
4	9	5	3	7	6	2	1	8

4	9	3	8	5	1	6	2	7
5	6	1	7	2	3	4	9	8
8	7	2	9	6	4	5	1	3
7	1	8	3	4	5	2	6	9
3	4	5	6	9	2	8	7	1
9	2	6	1	8	7	3	4	5
2	3	9	4	1	8	7	5	6
1	8	4	5	7	6	9	3	2
6	5	7	2	3	9	1	8	4

6	1	2	7	3	4	9	5	8
7	3	9	5	6	8	4	1	2
8	4	5	1	9	2	6	3	7
2	7	4	6	5	9	1	8	3
9	5	8	3	4	1	2	7	6
1	6	3	8	2	7	5	4	9
3	2	6	4	8	5	7	9	1
4	8	7	9	1	6	3	2	5
5	9	1	2	7	3	8	6	4

6	7	3	8	1	5	4	2	9
9	1	4	3	2	6	8	5	7
2	5	8	7	9	4	3	6	1
4	8	7	6	5	1	9	3	2
5	6	9	2	3	7	1	8	4
1	3	2	9	4	8	6	7	5
3	9	1	5	6	2	7	4	8
8	2	6	4	7	9	5	1	3
7	4	5	1	8	3	2	9	6

3	7	9	2	8	4	6	1	5
4	6	1	5	9	3	7	8	2
8	2	5	7	6	1	3	4	9
1	4	7	9	3	6	5	2	8
6	5	8	4	7	2	1	9	3
2	9	3	8	1	5	4	7	6
5	1	2	3	4	8	9	6	7
9	8	6	1	5	7	2	3	4
7	3	4	6	2	9	8	5	1

1	4	3	9	8	2	6	5	7
6	2	8	1	5	7	9	3	4
5	9	7	6	3	4	8	1	2
3	6	4	8	9	5	2	7	1
7	1	2	4	6	3	5	8	9
8	5	9	7	2	1	3	4	6
4	3	5	2	7	9	1	6	8
2	8	1	5	4	6	7	9	3
9	7	6	3	1	8	4	2	5

6	1	5	2	3	8	9	4	7
9	7	8	6	1	4	5	3	2
4	2	3	5	9	7	6	1	8
5	6	9	1	7	2	4	8	3
3	8	7	4	6	9	2	5	1
1	4	2	8	5	3	7	6	9
8	5	6	7	2	1	3	9	4
7	9	4	3	8	6	1	2	5
2	3	1	9	4	5	8	7	6

8	3	1	9	6	4	7	5	2
7	5	2	3	1	8	9	6	4
9	4	6	5	7	2	3	8	1
6	1	3	4	5	7	8	2	9
2	9	7	1	8	6	5	4	3
5	8	4	2	9	3	6	1	7
4	6	5	7	3	1	2	9	8
1	7	9	8	2	5	4	3	6
3	2	8	6	4	9	1	7	5

9	4	3	5	1	7	2	8	6
7	8	2	3	9	6	4	1	5
6	5	1	4	2	8	7	9	3
4	3	8	7	6	9	5	2	1
2	1	7	8	3	5	6	4	9
5	9	6	1	4	2	3	7	8
8	2	5	9	7	3	1	6	4
1	6	9	2	5	4	8	3	7
3	7	4	6	8	1	9	5	2

Bottom-left grid (clues: top 3 2 4 1 3 5; bottom 3 3 2 3 2 1):

	3	2	4	1	3	5	
3	4	5	2	6	3	1	3
2	3	6	1	4	5	2	3
2	5	2	3	1	6	4	2
1	6	1	4	3	2	5	2
3	2	4	6	5	1	3	3
4	1	3	5	2	4	6	1
	3	3	2	3	2	1	

Bottom-middle grid (clues: top 3 2 2 1 3 2; bottom 2 3 1 3 2 3):

	3	2	2	1	3	2	
3	2	1	5	6	3	4	2
2	3	6	4	5	2	1	4
4	1	4	3	2	5	6	1
1	6	5	2	1	4	3	4
2	4	2	1	3	6	5	2
2	5	3	6	4	1	2	3
	2	3	1	3	2	3	

Bottom-right grid (clues: top 4 2 3 1 4 4 2 2; bottom 1 3 4 3 2 2 6 2):

	4	2	3	1	4	4	2	2	
3	3	6	2	8	1	5	7	4	3
4	1	5	7	4	2	6	8	3	2
3	6	1	3	5	7	4	2	8	1
3	2	4	8	7	3	1	6	5	4
2	4	8	1	3	6	7	5	2	4
3	5	7	6	2	8	3	4	1	3
2	7	2	5	1	4	8	3	6	2
1	8	3	4	6	5	2	1	7	2
	1	3	4	3	2	2	6	2	

Solutions for pages 332-343

Grid 1

	2	1	2	4	2	2	3	3	
2	7	8	4	2	3	1	5	6	2
4	1	5	3	6	2	8	4	7	2
3	5	6	8	4	1	7	3	2	4
3	2	1	7	3	8	4	6	5	3
3	6	3	2	7	4	5	8	1	2
1	8	4	1	5	7	6	2	3	4
5	4	2	5	1	6	3	7	8	1
3	3	7	6	8	5	2	1	4	3
	3	2	3	1	4	5	3	2	

Grid 2

	1	5	2	4	3	2	4	2	3	
1	9	2	8	4	1	6	3	5	7	3
4	4	5	1	3	7	9	6	2	8	2
5	3	6	7	5	2	8	1	4	9	1
3	5	8	9	2	4	1	7	3	6	3
4	1	7	2	8	6	3	5	9	4	2
3	6	4	3	7	9	5	2	8	1	3
6	2	3	4	6	8	7	9	1	5	2
2	7	1	5	9	3	4	8	6	2	4
2	8	9	6	1	5	2	4	7	3	3
	2	1	2	2	3	5	3	3	4	

Grid 3

	2	3	3	3	3	2	1	4	4	
4	2	7	4	5	3	8	9	6	1	3
1	9	5	8	6	7	1	4	3	2	6
3	1	6	3	2	9	4	5	7	8	2
3	5	8	2	9	1	3	7	4	6	3
2	6	9	1	4	5	7	2	8	3	3
4	4	3	7	8	6	2	1	9	5	2
2	8	2	5	7	4	6	3	1	9	1
2	7	1	9	3	8	5	6	2	4	4
4	3	4	6	1	2	9	8	5	7	3
	4	2	2	5	3	1	2	2	2	

Grid 4

	2	4	2	3	1	3	6	2	3	
2	8	3	6	1	9	4	2	7	5	3
3	1	7	4	5	6	2	3	9	8	2
2	5	2	9	3	7	8	4	1	6	3
3	4	6	2	9	5	3	7	8	1	3
1	9	8	1	7	4	6	5	2	3	6
5	3	5	7	8	2	1	6	4	9	1
2	6	9	3	2	1	7	8	5	4	4
3	7	4	5	6	8	9	1	3	2	3
3	2	1	8	4	3	5	9	6	7	2
	3	3	2	4	3	2	1	3	2	

Grid 5

	3	3	2	1	4	5	3	2	4	
3	7	2	8	9	1	3	5	4	6	2
3	6	1	5	8	7	4	3	9	2	2
3	3	4	9	2	5	6	8	7	1	4
2	5	9	2	4	8	1	7	6	3	5
3	4	6	1	3	9	7	2	8	5	3
2	8	3	7	6	2	5	9	1	4	3
1	9	8	4	1	3	2	6	5	7	3
3	2	7	6	5	4	9	1	3	8	2
3	1	5	3	7	6	8	4	2	9	1
	3	4	4	3	2	2	3	5	1	

Grid 6

	4	3	1	3	5	4	2	2	2	
2	5	4	9	3	2	1	8	6	7	3
5	1	2	7	8	5	6	3	4	9	1
3	3	8	6	9	7	4	2	5	1	4
2	6	9	8	5	4	3	7	1	2	4
5	2	1	4	7	6	8	5	9	3	2
2	7	5	3	2	1	9	4	8	6	3
1	9	6	2	4	3	5	1	7	8	2
4	4	7	1	6	8	2	9	3	5	2
2	8	3	5	1	9	7	6	2	4	4
	2	3	3	4	1	2	2	5	4	

Grid 7

	3	4	2	4	3	2	3	1	3	
4	4	5	8	6	1	3	7	9	2	2
4	6	3	7	2	8	9	5	4	1	4
1	9	1	2	7	4	5	6	3	8	2
2	8	4	6	3	9	7	2	1	5	3
3	1	2	9	8	5	6	4	7	3	4
4	3	7	5	4	2	1	8	6	9	1
3	7	8	4	1	3	2	9	5	6	2
3	5	6	3	9	7	8	1	2	4	3
2	2	9	1	5	6	4	3	8	7	3
	5	1	5	2	3	3	2	2	2	

Grid 8

	13	11	7	10	13	6	
14	3	5	1	4	2	6	6
10	4	2	6	1	5	3	14
15	2	3	4	6	1	5	11
6	6	1	5	2	3	4	15
11	5	4	2	3	6	1	7
7	1	6	3	5	4	2	17
	12	6	14	11	10	17	

Grid 9

	18	11	6	14	13	10	
14	3	5	6	1	2	4	10
18	1	2	4	3	5	6	6
8	2	6	1	4	3	5	11
15	4	3	5	2	6	1	7
11	5	4	2	6	1	3	9
6	6	1	3	5	4	2	17
	6	11	14	11	10	16	

Grid 10

	11	14	12	20	8	21	19	15	
17	3	6	4	5	8	1	2	7	15
8	8	1	2	7	6	5	4	3	33
14	1	5	8	6	2	7	3	4	19
15	7	4	3	2	1	8	5	6	14
21	6	2	5	3	7	4	8	1	9
12	4	8	7	1	3	2	6	5	26
17	2	7	6	4	5	3	1	8	14
13	5	3	1	8	4	6	7	2	17
	26	18	22	8	24	14	15	10	

Grid 11

	8	15	21	13	20	18	16	12	
8	8	7	6	1	5	3	2	4	30
23	3	2	5	4	7	1	6	8	8
21	6	5	7	8	1	2	4	3	15
27	2	4	1	3	6	7	8	5	13
12	4	8	2	7	3	6	5	1	27
19	5	1	3	6	8	4	7	2	17
15	7	3	8	2	4	5	1	6	14
15	1	6	4	5	2	8	3	7	15
	16	14	12	26	14	8	18	15	

Grid 12

	20	11	26	9	28	29	17	15	24	
13	4	2	3	9	5	1	8	6	7	24
16	7	9	6	8	2	4	5	1	3	25
22	5	8	1	7	6	3	2	9	4	13
23	6	5	8	1	4	7	9	3	2	14
16	3	4	9	6	8	2	1	7	5	29
18	2	1	7	3	9	5	6	4	8	17
9	9	6	5	4	3	8	7	2	1	27
25	1	3	2	5	7	9	4	8	6	23
17	8	7	4	2	1	6	3	5	9	9
	17	24	25	37	17	15	23	22	9	

Solutions for pages 344-355

Grid 1

	16	17	17	13	27	20	14	23	9	
24	7	8	2	4	3	5	1	6	9	9
20	5	1	6	9	7	2	4	3	8	17
9	9	3	4	8	1	6	2	5	7	24
30	6	7	1	3	8	4	9	2	5	14
17	8	2	5	1	6	9	7	4	3	23
16	3	4	9	2	5	7	6	8	1	18
22	2	5	3	6	9	1	8	7	4	28
24	1	6	8	7	4	3	5	9	2	11
13	4	9	7	5	2	8	3	1	6	23
	21	9	24	29	15	17	25	10	30	

Grid 2

	30	6	72	30	24	36	
30	5	6	3	1	4	2	48
240	2	1	4	5	6	3	18
24	4	2	6	3	5	1	30
90	1	3	5	4	2	6	6
6	6	4	1	2	3	5	30
90	3	5	2	6	1	4	24
	18	30	60	6	90	120	

Grid 3

	72	12	30	6	120	18	
90	3	2	5	6	4	1	24
6	1	6	4	2	5	3	90
60	2	5	3	4	1	6	6
24	4	1	6	5	3	2	180
6	6	4	1	3	2	5	30
30	5	3	2	1	6	4	24
	30	360	12	90	6	120	

Grid 4

	18	15	12	15	17	13	19	14	12	
12	1	4	7	9	6	8	2	3	5	10
16	8	5	3	1	4	2	9	7	6	22
17	9	6	2	5	7	3	8	4	1	18
9	6	2	1	7	8	4	3	5	9	17
18	5	9	4	3	2	1	6	8	7	21
18	7	3	8	6	9	5	1	2	4	7
11	4	1	6	2	3	7	5	9	8	22
16	3	8	5	4	1	9	7	6	2	15
18	2	7	9	8	5	6	4	1	3	8
	9	16	20	14	9	22	16	16	13	

Grid 5

	13	18	14	17	13	15	17	19	9	
13	3	6	4	7	2	5	9	8	1	18
24	8	7	9	1	3	6	2	4	5	11
8	2	5	1	9	8	4	6	7	3	16
16	5	3	8	4	6	7	1	2	9	12
12	1	4	7	5	9	2	3	6	8	17
17	9	2	6	8	1	3	7	5	4	16
10	7	1	2	3	5	8	4	9	6	19
15	4	8	3	6	7	9	5	1	2	8
20	6	9	5	2	4	1	8	3	7	18
	17	18	10	11	16	18	17	13	15	

Grid 6

	7	16	22	12	13	20	22	15	8	
20	4	7	9	2	3	8	5	6	1	12
13	2	3	8	6	1	5	9	7	4	20
12	1	6	5	4	9	7	8	2	3	13
20	8	5	7	9	2	4	3	1	6	20
6	3	1	2	5	8	6	7	4	9	20
19	9	4	6	3	7	1	2	8	5	15
19	7	8	4	1	5	3	6	9	2	17
11	5	9	1	8	6	2	4	3	7	14
11	6	2	3	7	4	9	1	5	8	14
	18	19	8	16	15	14	11	17	17	

Grid 7

	21	11	13	19	14	12	15	12	18	
11	8	2	1	9	6	3	4	5	7	16
14	6	5	3	2	7	4	9	1	8	18
20	7	4	9	8	1	5	2	6	3	11
21	9	7	5	3	2	1	6	8	4	18
16	2	6	8	4	5	7	3	9	1	13
8	3	1	4	6	9	8	7	2	5	24
17	1	9	7	5	3	6	8	4	2	14
19	5	8	6	7	4	2	1	3	9	18
9	4	3	2	1	8	9	5	7	6	18
	10	20	15	13	15	17	14	14	17	

Grid 8

	16	18	11	13	21	11	13	11	21	
16	3	9	4	1	7	2	5	6	8	19
11	8	2	1	9	6	5	7	3	4	14
18	5	7	6	3	8	4	1	2	9	12
9	4	3	2	6	5	7	9	8	1	18
20	6	5	9	8	4	1	2	7	3	12
16	7	1	8	2	9	3	6	4	5	15
16	1	8	7	4	2	9	3	5	6	14
20	9	6	5	7	3	8	4	1	2	7
9	2	4	3	5	1	6	8	9	7	24
	12	18	15	16	6	23	15	15	15	

Grid 9

	9	19	17	18	16	11	14	14	17	
17	5	8	4	9	3	1	6	2	7	15
19	3	9	7	4	6	2	5	8	1	14
9	1	2	6	5	7	8	3	4	9	16
10	4	1	5	3	8	7	9	6	2	17
22	7	6	9	2	1	5	8	3	4	15
19	2	3	8	6	4	9	7	1	5	16
18	8	7	3	1	5	4	2	9	6	17
12	6	4	2	7	9	3	1	5	8	14
15	9	5	1	8	2	6	4	7	3	14
	23	16	6	16	16	13	7	21	17	

Grid 10

	17	10	18	14	13	18	18	17	10	
14	2	5	7	6	4	8	9	3	1	13
10	6	1	3	5	7	9	2	8	4	14
21	9	4	8	3	2	1	7	6	5	18
10	5	3	2	7	8	6	4	1	9	14
19	7	8	4	9	1	5	3	2	6	11
16	1	6	9	2	3	4	5	7	8	20
13	3	9	1	4	6	7	8	5	2	15
20	8	7	5	1	9	2	6	4	3	13
12	4	2	6	8	5	3	1	9	7	17
	15	18	12	13	20	12	15	18	12	

Grid 11

	24	11	10	17	17	11	16	16	13	
16	9	4	3	1	8	5	6	7	2	15
11	8	2	1	7	6	4	9	5	3	17
18	7	5	6	9	3	2	1	4	8	18
11	3	1	7	4	5	8	2	6	9	17
18	6	8	4	2	1	9	5	3	7	15
16	2	9	5	6	7	3	4	8	1	13
15	1	6	8	5	9	7	3	2	4	9
16	4	3	9	8	2	6	7	1	5	18
14	5	7	2	3	4	1	8	9	6	23
	10	16	19	16	15	14	18	12	15	

Grid 12

2 3 4 5 6 7 8 9 10

	19	17	18	27	9	18	22	16	16	
16	2	8	6	10	3	5	9	7	4	20
20	7	4	9	8	2	6	5	3	10	18
18	10	5	3	9	4	7	8	6	2	16
18	3	9	2	6	10	4	7	8	5	20
24	8	6	10	7	5	2	3	4	9	16
16	4	7	5	3	8	9	10	2	6	18
15	5	2	8	4	9	3	6	10	7	23
13	6	3	4	5	7	10	2	9	8	19
26	9	10	7	2	6	8	4	5	3	22
	20	15	19	11	22	21	12	24	18	

Solutions for pages 356-367

Grid 1

9	6	21	13	11	12	19	7	10	
13	4	3	6	2	5	7	8	1	0	9
9	0	2	7	8	6	1	5	4	3	12
14	5	1	8	3	0	4	6	2	7	15
15	3	8	4	0	7	6	1	5	2	8
12	1	6	5	4	2	3	0	7	8	15
9	2	7	0	5	1	8	4	3	6	13
9	6	0	3	7	4	5	2	8	1	11
14	7	5	2	1	8	0	3	6	4	13
13	8	4	1	6	3	2	7	0	5	12

21 9 6 14 15 7 12 14 10

Grid 2

72	56	90	24	270	56	28	30	432	
105	3	7	5	4	6	8	1	2	9	18
54	6	1	9	2	5	7	4	3	8	96
64	4	8	2	3	9	1	7	5	6	210
60	5	2	6	7	3	9	8	4	1	32
72	1	9	8	5	4	2	3	6	7	126
84	7	3	4	8	1	6	2	9	5	90
336	8	6	7	9	2	3	5	1	4	20
108	9	4	3	1	8	5	6	7	2	84
10	2	5	1	6	7	4	9	8	3	216

144 120 21 54 112 60 270 56 24

Grid 3

40	162	56	105	108	32	144	56	45	
6	2	3	1	7	9	8	6	4	5	120
315	5	9	7	3	6	4	8	2	1	16
192	4	6	8	5	2	1	3	7	9	189
63	1	7	9	4	8	5	2	3	6	36
36	3	2	6	1	7	9	4	5	8	160
160	8	4	5	2	3	6	1	9	7	63
288	9	8	4	6	5	2	7	1	3	21
70	7	5	2	8	1	3	9	6	4	216
18	6	1	3	9	4	7	5	8	2	80

378 40 24 432 20 42 315 48 24

Grid 4

180	12	168	144	12	210	168	45	48	
192	4	6	8	9	1	7	3	5	2	30
54	9	2	3	8	4	5	7	1	6	42
35	5	1	7	2	3	6	8	9	4	288
270	6	5	9	4	2	3	1	8	7	56
112	8	7	2	5	6	1	9	4	3	108
12	1	3	4	7	9	8	6	2	5	60
140	7	4	5	6	8	9	2	3	1	6
18	2	9	1	3	7	4	5	6	8	240
144	3	8	6	1	5	2	4	7	9	252

42 288 30 18 280 72 40 126 72

Grid 5

96	70	54	168	30	72	16	270	84	
56	8	7	1	6	3	9	2	5	4	40
54	3	2	9	4	5	8	1	6	7	42
120	4	5	6	7	2	1	8	9	3	216
216	9	6	4	5	1	7	3	8	2	48
10	5	1	2	8	4	3	6	7	9	378
168	7	8	3	2	9	6	5	4	1	20
126	2	9	7	3	6	5	4	1	8	32
20	1	4	5	9	8	2	7	3	6	126
144	6	3	8	1	7	4	9	2	5	90

12 108 280 27 336 40 252 6 240

Grid 6

8	240	189	42	54	160	30	432	28	
108	2	6	9	3	1	4	5	8	7	280
24	1	8	3	7	6	5	2	9	4	72
140	4	5	7	2	9	8	3	6	1	18
70	7	2	5	1	4	6	8	3	9	216
24	3	1	8	9	5	7	6	4	2	48
216	9	4	6	8	3	2	1	7	5	35
72	6	3	4	5	7	1	9	2	8	144
70	5	7	2	6	8	9	4	1	3	12
72	8	9	1	4	2	3	7	5	6	210

240 189 8 120 112 27 252 10 144

Grid 7

96	15	252	189	40	48	30	432	28	
360	8	5	9	3	1	4	2	6	7	84
72	6	3	4	7	8	2	5	9	1	45
14	2	1	7	9	5	6	3	8	4	96
12	1	4	3	6	2	8	9	7	5	315
504	7	9	8	4	3	5	6	1	2	12
60	5	6	2	1	7	9	4	3	8	96
432	9	8	6	5	4	7	1	2	3	6
28	4	7	1	2	9	3	8	5	6	240
30	3	2	5	8	6	1	7	4	9	252

108 112 30 80 216 21 56 40 162

Grid 8

0	2	-1	-1	0	-4	-2	5	0	
1	7	4	2	8	3	9	5	1	6	0
1	1	3	5	4	2	6	7	8	9	-6
-5	8	9	6	5	1	7	4	2	3	-1
4	9	1	4	7	6	8	3	5	2	0
-1	2	8	7	3	5	1	9	6	4	-1
-2	6	5	3	9	4	2	1	7	8	0
1	4	6	1	2	7	3	8	9	5	-4
1	5	2	8	1	9	4	6	3	7	-2
-1	3	7	9	6	8	5	2	4	1	1

-2 -1 0 3 -6 -2 0 2 1

Grid 9

2	2	-1	-1	1	3	-5	-2	4	
-3	5	4	6	2	9	1	8	3	7	-2
5	9	1	3	7	5	8	6	4	2	0
-1	2	7	8	6	3	4	9	5	1	3
-4	7	6	9	8	2	5	3	1	4	0
3	3	8	2	4	1	7	5	6	9	-2
0	4	5	1	3	6	9	7	2	8	-1
-1	6	3	4	9	8	2	1	7	5	1
1	1	9	7	5	4	6	2	8	3	3
1	8	2	5	1	7	3	4	9	6	-1

1 4 -2 3 -3 1 1 -6 -2

Grid 10

-1	2	-6	-2	0	-1	-1	3	-3	
-1	4	6	9	7	1	8	2	3	5	0
2	5	1	8	3	4	2	9	7	6	-4
2	2	3	7	6	5	9	8	1	4	3
-2	7	5	4	8	6	3	1	2	9	6
-1	6	8	3	9	2	1	4	5	7	-2
6	1	9	2	4	7	5	3	6	8	-1
1	8	2	5	1	9	7	6	4	3	-1
-4	9	7	6	2	3	4	5	8	1	2
0	3	4	1	5	8	6	7	9	2	0

-2 1 0 2 -2 -3 -4 -3 0

Grid 11

-2	-1	6	1	1	-1	-1	-4	0	
1	5	3	9	8	1	6	4	7	2	1
0	4	6	2	5	7	3	8	9	1	0
0	7	8	1	2	9	4	5	6	3	-2
1	1	7	5	3	2	8	9	4	6	-1
-2	6	4	8	9	5	1	2	3	7	2
4	9	2	3	4	6	7	1	8	5	2
0	2	5	7	6	4	9	3	1	8	4
0	3	1	4	7	8	5	6	2	9	1
-5	8	9	6	1	3	2	7	5	4	-2

3 3 -3 0 1 2 -2 2 -3

Grid 12

6	3	8	1	7	2	9	5	4
5	1	9	8	6	4	3	2	7
2	4	7	9	3	5	1	6	8
4	7	6	3	2	9	8	1	5
1	2	5	6	4	8	7	9	3
9	8	3	7	5	1	6	4	2
8	6	2	4	9	7	5	3	1
7	9	4	5	1	3	2	8	6
3	5	1	2	8	6	4	7	9

Grid 1

1	3	6	9	4	8	2	5	7
8	2	7	1	5	3	4	9	6
5	9	4	6	2	7	1	8	3
7	1	3	4	8	9	5	6	2
4	8	2	5	3	6	7	1	9
9	6	5	7	1	2	8	3	4
3	5	1	2	9	4	6	7	8
6	4	9	8	7	1	3	2	5
2	7	8	3	6	5	9	4	1

Grid 2

2	3	1	5	8	7	6	4	9
6	8	7	4	9	3	1	2	5
5	4	9	1	6	2	3	7	8
1	5	8	6	3	4	2	9	7
7	9	3	8	2	1	4	5	6
4	2	6	9	7	5	8	3	1
8	7	2	3	1	9	5	6	4
3	1	5	7	4	6	9	8	2
9	6	4	2	5	8	7	1	3

Grid 3

6	8	5	2	4	9	3	7	1
3	2	9	1	8	7	6	5	4
7	1	4	6	5	3	8	9	2
2	4	3	9	7	8	5	1	6
8	7	6	5	2	1	9	4	3
9	5	1	3	6	4	2	8	7
4	3	7	8	9	6	1	2	5
5	6	8	7	1	2	4	3	9
1	9	2	4	3	5	7	6	8

Grid 4

4	6	9	8	3	2	5	1	7
5	7	3	6	9	1	4	8	2
1	2	8	5	4	7	6	9	3
7	4	1	9	2	5	8	3	6
6	9	5	7	8	3	1	2	4
8	3	2	4	1	6	9	7	5
9	1	7	3	6	4	2	5	8
2	5	6	1	7	8	3	4	9
3	8	4	2	5	9	7	6	1

Grid 5

9	3	8	7	4	6	2	1	5
6	2	1	9	5	3	7	8	4
7	5	4	8	1	2	9	3	6
4	8	6	2	9	5	3	7	1
5	7	9	3	6	1	4	2	8
2	1	3	4	8	7	5	6	9
3	4	5	6	7	8	1	9	2
1	6	2	5	3	9	8	4	7
8	9	7	1	2	4	6	5	3

Grid 6

2	3	9	7	5	4	8	1	6
7	6	1	8	2	3	9	5	4
5	4	8	6	1	9	3	2	7
6	8	2	4	9	1	7	3	5
9	1	4	3	7	5	2	6	8
3	7	5	2	8	6	4	9	1
8	5	7	9	6	2	1	4	3
1	2	3	5	4	8	6	7	9
4	9	6	1	3	7	5	8	2

Grid 7

4	7	5	6	9	8	2	3	1
2	6	3	4	1	7	5	9	8
8	1	9	5	3	2	7	4	6
1	9	7	8	5	4	6	2	3
6	3	8	1	2	9	4	5	7
5	4	2	3	7	6	1	8	9
9	5	1	2	6	3	8	7	4
7	8	6	9	4	5	3	1	2
3	2	4	7	8	1	9	6	5

Grid 8

3	4	1	6	8	7	9	2	5
7	9	2	3	4	5	8	6	1
8	5	6	2	1	9	7	4	3
5	2	3	9	7	8	6	1	4
4	1	7	5	2	6	3	9	8
9	6	8	4	3	1	5	7	2
2	7	5	8	6	4	1	3	9
6	3	9	1	5	2	4	8	7
1	8	4	7	9	3	2	5	6

Grid 9

2	5	4	7	3	9	6	1	8
1	7	3	8	5	6	2	4	9
8	9	6	4	2	1	3	5	7
3	2	9	1	4	7	8	6	5
6	8	7	3	9	5	4	2	1
4	1	5	6	8	2	9	7	3
5	4	1	9	6	8	7	3	2
7	6	8	2	1	3	5	9	4
9	3	2	5	7	4	1	8	6

Grid 10

2	1	4	5	3		6	9	7
8	5	3	6	7	9	1	4	
7		9	4	8	1	2	5	3
1	3	7	2	6	5	8		4
	4	2	1	9	8	3	6	5
9	6	5		4	3	7	1	2
3	7	6	9	1	4		2	8
4	2		8	5	7	9	3	1
5	9	8	3		2	4	7	6

Grid 11

1		2	6	5	8	3	7	4
4	9	6	3	1	2	5		8
7	8	5	9	4		1	2	6
9	4		1	8	6	2	5	3
2	5	3	4		7	6	9	1
6	7	1	5	3	9	4	8	
5	3	7	8	9	4		1	2
	2	9	7	6	1	8	4	5
8	1	4		2	3	9	6	7

Grid 12

	5	4	1	7	3	8	6	2
8	3	2	6	9	4	7		1
6	1	9		2	8	4	5	3
9	7	1	2	5	6		3	8
4		8	9	3	1	6	7	5
3	6	5	7	4		2	1	9
1	2	3	4		7	9	8	6
5	4		8	6	9	3	2	7
7	9	6	3	1	2	5	4	

Grid 1

4	2	1	5	8	9	7		6
8	6	9		2	4	3	5	1
3		5	7	1	6	2	4	9
2	1		4	9	7	8	6	3
9	3	6	1	5	8		7	2
7	8	4	2		3	9	1	5
1	9	3	8	4		5	2	7
	7	2	6	3	1	4	9	8
5	4	8	9	7	2	6	3	

Grid 2

7	4	6	1	3		8	2	5
8	2	9	6	5	7	1		3
	5	3	8	2	4	9	7	6
1		5	3	7	8	4	9	2
3	9	2		4	6	7	8	1
4	8	7	5	1	2	3	6	
9	6		2	8	1	5	4	7
5	3	4	7		9	6	1	8
2	7	1	4	6	5		3	9

Grid 3

	9	1	3	8	6	4	7	2
2	4	3	5	7		6	9	8
8	5	6	2	4	9		3	1
6		2	7	9	3	1	4	5
1	3	7	4		5	8	6	9
5	8	4	6	1	2	3		7
4	2		1	3	7	9	8	6
7	6	8	9	2	4	5	1	
3	1	9		5	8	7	2	4

Grid 4

6	4	1	2	7	3		5	8
3	2	5	9	8		4	6	7
8		7	1	6	4	9	2	3
1	7	8	6	5	9	3	4	
2	9		3	4	1	7	8	5
4	5	6	8		7	1	9	2
7	1	2	4	9	5	8		6
5	6	4		1	8	2	3	9
	8	3	7	2	6	5	1	4

Grid 5

4	6	7	5	2	9	1	8	
1	8	5	4		3	7	6	2
2	3		1	6	8	9	4	5
5	7	6	9	1		4	2	8
	1	2	8	4	5	6	7	3
3	4	9	2	7	6	5		1
9		1	3	8	4	2	5	7
8	2	4	7	5	1		3	9
6	5	3		9	2	8	1	4

Grid 6

2	9	7	8	6	3	4	1	
1	3	5	4		2	7	6	8
	4	6	9	7	1	2	5	3
9	2	3	1	5	8	6		7
5	6	1		4	9	3	8	2
4	7		2	3	6	5	9	1
6	8	9	3	2	4		7	5
3		4	5	8	7	1	2	6
7	5	2	6	1		9	3	4

Grid 7

9	3	7	4	5	6	2		1
4	5		2	9	1	8	7	3
6	1	2	7		3	4	9	5
	4	1	6	8	9	3	5	2
2	8	5	1	3	7		6	4
7	6	3	5	2		9	1	8
5		6	3	1	2	7	4	9
3	2	4	9	6	5	1	8	
1	9	8		7	4	5	3	6

Grid 8

5		4	2	9	1	3	6	7
3	6	1	5	7	4	2		8
	2	9	7	4	3	1	8	5
4	9	2		8	6	7	3	1
7	4	5	8	1	2		9	6
9	7	6	3	2	5	4	1	
8	3	7	9	5		6	2	4
2	1		4	6	7	9	5	3
6	8	3	1		9	5	4	2

Grid 9

7	3	6	2	5		9	1	4
	6	2	5	8	9	1	3	7
6	8	3	4	1	5	7	9	
5	9	7		3	2	6	4	8
3	7	1	8	9	6		2	5
2		5	7	6	1	4	8	3
8	1	4	9	2	3	5		6
9	5		3	4	7	2	6	1
1	2	8	6		4	3	5	9

Grid 10

3	6	2		9	8	1	5	4
1	8	9	5	4	7	6	3	
4	2	1	7	5	6	3		9
6		4	3	7	5	8	9	2
2	9		4	8	1	5	6	7
8	5	7	1		9	2	4	3
	3	6	8	1	4	7	2	5
9	4	8	6	2	3		7	1
7	1	5	2	3		9	8	6

Grid 11

7	4		3	6	1	2	5	8
5	1	9	2		4	3	6	7
6	3	7	5	2	9	1	4	
	2	3	7	5	6	9	8	1
8	9	6	4	1		5	7	3
4	5	2		7	3	8	1	6
2	6	1	8	9	7	4		5
3	7	8	6	4	5		9	2
1		5	9	8	2	6	3	4

Grid 12

2	7	9	3	5	1	8		4
	3	4	8	6	7	5	2	9
5	9	8	4	2	6	3	1	
6	2	3	1	9		4	8	5
8	4	7	5		9	2	6	1
1	8	6		3	5	7	4	2
4	5		7	1	2	6	3	8
3		2	9	7	4	1	5	6
9	1	5	6	4	8		7	3

Grid 1

1	3	7		2	6	8	5	4
	5	6	7	4	9	2	3	1
9	4	3	6	8	1		7	2
8		5	2	6	4	3	1	9
2	7	9	1	5	8	6		3
3	8	2	9		5	7	4	6
4	6		8	1	3	9	2	5
7	2	4	5	3		1	9	8
5	9	8	3	7	2	4	6	

Grid 2

1	9	2		5	6	7	3	4
	8	7	5	4	1	9	2	3
7	3	5	6	2	9	1	8	
4	2		3	1	5	8	6	7
5	4	6	1	7	2		9	8
6		8	4	3	7	5	1	2
2	1	3	7	8	4	6		9
8	7	4	9	6		3	5	1
9	5	1	2		3	4	7	6

Grid 3

4		3	5	9	1	8	7	6
7	2	5	8	1	3		9	4
6	8	9		3	5	4	2	7
9	4		1	2	6	3	8	5
5	1	6	9	8	2	7	4	
	6	8	2	7	9	5	3	1
3	7	1	6	5	4	2		8
2	3	7	4	6		1	5	9
8	9	4	3		7	6	1	2

Grid 4

7	6	5	2	8	1	9	3	4
8	1	3	6	4	9	2	7	5
4	9	2	7	3	5	8	6	1
1	2	6	4	5	3	7	8	9
3	5	8	9	1	7	6	4	2
9	7	4	8	6	2	1	5	3
2	4	9	5	7	6	3	1	8
6	8	1	3	2	4	5	9	7
5	3	7	1	9	8	4	2	6

Grid 5

5	8	4	3	6	9	1	7	2
1	3	7	5	4	2	8	6	9
6	9	2	8	1	7	4	5	3
2	5	6	4	7	1	3	9	8
7	1	3	6	9	8	2	4	5
9	4	8	2	3	5	7	1	6
8	7	1	9	2	6	5	3	4
4	2	9	1	5	3	6	8	7
3	6	5	7	8	4	9	2	1

Grid 6

9	3	5	7	4	2	6	1	8
7	8	4	6	1	9	2	5	3
2	6	1	3	8	5	9	7	4
8	5	7	2	3	4	1	6	9
4	9	2	1	5	6	8	3	7
6	1	3	9	7	8	5	4	2
5	4	6	8	9	3	7	2	1
1	2	8	4	6	7	3	9	5
3	7	9	5	2	1	4	8	6

Grid 7

8	1	5	6	3	9	4	2	7
2	6	3	4	1	7	5	9	8
9	4	7	5	8	2	3	6	1
3	2	4	7	5	8	6	1	9
1	9	8	2	6	3	7	5	4
7	5	6	1	9	4	2	8	3
5	3	2	9	7	1	8	4	6
4	8	9	3	2	6	1	7	5
6	7	1	8	4	5	9	3	2

Grid 8

7	8	4	6	5	9	3	1	2
1	2	6	8	3	4	9	7	5
9	5	3	1	2	7	6	4	8
6	3	8	2	7	1	5	9	4
2	9	1	3	4	5	8	6	7
5	4	7	9	8	6	2	3	1
8	1	2	7	9	3	4	5	6
4	6	9	5	1	2	7	8	3
3	7	5	4	6	8	1	2	9

Grid 9

5	6	2	4	1	8	9	3	7
1	9	8	7	3	2	6	4	5
3	4	7	9	6	5	8	1	2
9	7	5	6	4	1	2	8	3
4	2	6	3	8	7	5	9	1
8	1	3	2	5	9	7	6	4
6	5	9	1	2	3	4	7	8
7	8	1	5	9	4	3	2	6
2	3	4	8	7	6	1	5	9

Grid 10

8	5	2	6	3	9	1	7	4
4	9	3	1	7	5	8	6	2
6	1	7	4	2	8	3	9	5
5	2	4	7	8	1	9	3	6
1	8	6	9	4	3	5	2	7
7	3	9	5	6	2	4	8	1
3	7	5	8	1	6	2	4	9
9	6	8	2	5	4	7	1	3
2	4	1	3	9	7	6	5	8

Grid 11

8	7	4	5	9	6	3	1	2
3	6	1	8	2	7	9	4	5
9	2	5	4	1	3	7	8	6
5	3	8	7	4	9	2	6	1
7	1	9	6	5	2	8	3	4
2	4	6	3	8	1	5	7	9
1	8	3	9	6	5	4	2	7
6	5	7	2	3	4	1	9	8
4	9	2	1	7	8	6	5	3

Grid 12

7	4	1	6	5	8	9	2	3
3	2	5	9	1	7	6	4	8
6	8	9	2	3	4	1	5	7
5	9	7	8	6	3	2	1	4
2	1	3	7	4	5	8	6	9
8	6	4	1	9	2	3	7	5
1	3	8	5	7	6	4	9	2
4	5	6	3	2	9	7	8	1
9	7	2	4	8	1	5	3	6

4	8	3	2	7	6	1	5	9
9	6	2	3	5	1	4	8	7
7	1	5	9	4	8	3	6	2
1	3	4	7	6	2	5	9	8
2	9	6	8	1	5	7	3	4
5	7	8	4	3	9	2	1	6
6	2	1	5	8	4	9	7	3
3	5	9	6	2	7	8	4	1
8	4	7	1	9	3	6	2	5

6	3	7	1	2	9	4	8	5
1	4	5	6	8	3	7	2	9
9	8	2	7	5	4	6	1	3
5	1	8	2	3	7	9	4	6
4	6	3	5	9	8	2	7	1
2	7	9	4	1	6	3	5	8
7	9	1	3	4	5	8	6	2
8	2	6	9	7	1	5	3	4
3	5	4	8	6	2	1	9	7

5	6	9	1	3	2	8	4	7
7	4	3	5	8	9	2	6	1
8	1	2	4	7	6	3	9	5
3	7	6	8	9	1	5	2	4
1	5	8	6	2	4	9	7	3
9	2	4	3	5	7	1	8	6
2	9	1	7	6	3	4	5	8
4	8	7	9	1	5	6	3	2
6	3	5	2	4	8	7	1	9

2	8	4	5	7	9	1	6	3
5	9	1	8	3	6	4	7	2
7	6	3	2	1	4	9	8	5
6	2	9	3	8	7	5	1	4
8	4	5	9	6	1	2	3	7
1	3	7	4	2	5	6	9	8
9	1	8	7	4	2	3	5	6
3	5	2	6	9	8	7	4	1
4	7	6	1	5	3	8	2	9

8	5	9	7	1	4	3	2	6
2	3	1	9	8	6	5	7	4
6	4	7	5	3	2	8	1	9
3	8	6	1	7	5	4	9	2
7	9	2	4	6	8	1	3	5
4	1	5	3	2	9	6	8	7
9	7	8	6	4	1	2	5	3
1	6	3	2	5	7	9	4	8
5	2	4	8	9	3	7	6	1

6	9	7	5	1	3	8	2	4
2	3	8	9	4	6	7	1	5
5	4	1	7	8	2	3	9	6
1	7	6	4	2	9	5	8	3
9	5	3	1	7	8	4	6	2
4	8	2	6	3	5	1	7	9
3	1	9	2	5	7	6	4	8
8	6	4	3	9	1	2	5	7
7	2	5	8	6	4	9	3	1

1	7	5	3	2	9	6	4	8
6	3	8	1	4	5	2	7	9
2	4	9	6	7	8	3	5	1
4	5	2	9	3	7	1	8	6
3	1	6	4	8	2	5	9	7
8	9	7	5	1	6	4	2	3
7	6	3	2	9	4	8	1	5
9	2	1	8	5	3	7	6	4
5	8	4	7	6	1	9	3	2

3	2	6	8	5	1	9	4	7
1	8	7	9	4	2	6	3	5
5	4	9	7	3	6	8	1	2
4	5	2	3	1	8	7	9	6
9	7	1	5	6	4	2	8	3
6	3	8	2	7	9	4	5	1
7	1	4	6	8	5	3	2	9
2	6	5	4	9	3	1	7	8
8	9	3	1	2	7	5	6	4

1	8	6	7	9	4	5	3	2
4	3	2	6	8	5	9	1	7
9	5	7	2	3	1	8	4	6
3	7	9	8	4	2	1	6	5
6	1	8	9	5	3	7	2	4
5	2	4	1	6	7	3	9	8
2	4	1	3	7	8	6	5	9
8	6	5	4	1	9	2	7	3
7	9	3	5	2	6	4	8	1

2	3	8	5	6	7	1	4	9
4	7	9	3	2	1	5	6	8
6	5	1	4	9	8	2	7	3
1	8	5	6	4	3	7	9	2
9	2	4	7	1	5	3	8	6
7	6	3	9	8	2	4	5	1
8	4	2	1	7	9	6	3	5
3	9	6	2	5	4	8	1	7
5	1	7	8	3	6	9	2	4

5	4	6	9	3	2	1	8	7
7	2	3	1	4	8	5	9	6
9	1	8	5	6	7	4	3	2
2	3	5	7	1	4	9	6	8
4	6	9	8	5	3	7	2	1
1	8	7	2	9	6	3	4	5
3	7	2	4	8	1	6	5	9
8	5	4	6	7	9	2	1	3
6	9	1	3	2	5	8	7	4

5	2	9	7	4	3	8	6	1
1	3	4	6	8	2	5	7	9
6	7	8	9	5	1	3	4	2
3	6	1	8	2	7	9	5	4
4	5	2	3	6	9	1	8	7
8	9	7	4	1	5	2	3	6
2	1	6	5	3	4	7	9	8
9	8	3	2	7	6	4	1	5
7	4	5	1	9	8	6	2	3

Solutions for pages 416-427

5	8	2	7	6	1	3	9	4
7	9	1	4	3	5	2	6	8
6	3	4	8	2	9	1	7	5
9	2	5	6	1	8	4	3	7
4	6	8	3	9	7	5	1	2
3	1	7	2	5	4	9	8	6
1	7	9	5	8	2	6	4	3
2	4	6	1	7	3	8	5	9
8	5	3	9	4	6	7	2	1

2	1	5	8	6	4	7	3	9
6	4	9	5	3	7	8	1	2
8	3	7	9	1	2	6	4	5
3	6	4	7	5	1	9	2	8
7	2	8	3	4	9	1	5	6
5	9	1	6	2	8	3	7	4
9	5	6	2	7	3	4	8	1
4	7	2	1	8	6	5	9	3
1	8	3	4	9	5	2	6	7

1	2	7	4	9	6	8	5	3
8	6	5	2	3	1	9	4	7
9	4	3	7	5	8	6	2	1
2	3	9	8	6	4	7	1	5
6	5	8	1	7	3	2	9	4
4	7	1	9	2	5	3	6	8
3	1	6	5	8	9	4	7	2
5	9	2	3	4	7	1	8	6
7	8	4	6	1	2	5	3	9

5	7	9	3	6	2	4	1	8
1	2	4	8	7	5	9	6	3
3	8	6	4	1	9	7	5	2
2	5	3	7	4	1	8	9	6
7	4	8	9	3	6	5	2	1
6	9	1	5	2	8	3	4	7
9	1	7	6	5	3	2	8	4
8	3	2	1	9	4	6	7	5
4	6	5	2	8	7	1	3	9

4	3	9	2	5	1	8	7	6
8	7	1	3	4	6	5	9	2
5	6	2	8	7	9	3	1	4
1	5	8	6	9	3	4	2	7
6	2	4	5	8	7	1	3	9
3	9	7	4	1	2	6	5	8
7	8	5	9	3	4	2	6	1
2	1	3	7	6	8	9	4	5
9	4	6	1	2	5	7	8	3

0 1 2 3 4 5 6 7 8

3	1	4	7	5	2	6	0	8
2	0	5	8	3	6	7	4	1
7	6	8	0	4	1	5	2	3
1	7	6	2	8	4	3	5	0
5	2	0	3	1	7	4	8	6
4	8	3	6	0	5	1	7	2
8	5	7	1	6	0	2	3	4
6	3	2	4	7	8	0	1	5
0	4	1	5	2	3	8	6	7

0 1 2 3 4 5 6 7 8

0	3	7	2	1	5	4	8	6
8	5	1	7	4	6	3	0	2
6	2	4	8	0	3	1	5	7
5	8	0	3	6	4	7	2	1
2	4	3	1	7	8	5	6	0
7	1	6	0	5	2	8	4	3
1	0	8	4	2	7	6	3	5
4	6	2	5	3	1	0	7	8
3	7	5	6	8	0	2	1	4

0 1 2 3 4 5 6 7 8

0	5	7	8	2	1	3	4	6
3	1	8	6	7	4	2	5	0
6	2	4	5	0	3	8	7	1
5	8	3	0	4	6	1	2	7
1	7	0	2	3	5	4	6	8
4	6	2	1	8	7	0	3	5
2	0	6	4	5	8	7	1	3
8	3	1	7	6	2	5	0	4
7	4	5	3	1	0	6	8	2

2 3 4 5 6 7 8 9 10

5	9	2	8	10	4	7	6	3
7	10	4	6	3	5	9	8	2
8	6	3	7	2	9	10	5	4
4	7	8	2	5	6	3	9	10
10	3	9	4	7	8	5	2	6
2	5	6	10	9	3	4	7	8
3	4	5	9	8	2	6	10	7
9	2	7	3	6	10	8	4	5
6	8	10	5	4	7	2	3	9

2 3 4 5 6 7 8 9 10

5	4	7	8	2	9	10	6	3
6	8	3	4	10	7	5	2	9
2	10	9	6	5	3	8	7	4
9	3	10	5	7	6	4	8	2
8	7	2	10	9	4	6	3	5
4	6	5	2	3	8	7	9	10
3	9	4	7	6	10	2	5	8
7	5	8	3	4	2	9	10	6
10	2	6	9	8	5	3	4	7

2 3 4 5 6 7 8 9 10

3	5	9	7	2	4	6	8	10
4	8	10	5	6	3	7	2	9
7	6	2	10	8	9	5	3	4
6	9	4	2	10	5	3	7	8
5	3	7	8	4	6	9	10	2
2	10	8	9	3	7	4	5	6
10	4	5	3	9	8	2	6	7
8	7	6	4	5	2	10	9	3
9	2	3	6	7	10	8	4	5

9	5	6	7	1	8	4	3	2
8	7	4	3	9	2	1	5	6
2	3	1	4	6	5	8	7	9
1	9	3	5	8	4	6	2	7
6	4	5	9	2	7	3	8	1
7	2	8	1	3	6	9	4	5
4	6	2	8	7	9	5	1	3
5	1	7	6	4	3	2	9	8
3	8	9	2	5	1	7	6	4

1	4	5	2	6	8	9	3	7
2	6	7	4	9	3	8	1	5
9	3	8	1	7	5	4	2	6
6	9	1	3	2	7	5	4	8
4	5	2	8	1	6	3	7	9
7	8	3	5	4	9	1	6	2
3	7	9	6	8	4	2	5	1
8	2	4	7	5	1	6	9	3
5	1	6	9	3	2	7	8	4

2	3	4	6	1	7	9	8	5
5	9	7	8	2	4	1	6	3
1	6	8	3	5	9	4	2	7
6	2	5	9	4	3	8	7	1
4	7	3	1	6	8	5	9	2
8	1	9	5	7	2	6	3	4
9	4	6	7	3	1	2	5	8
7	5	2	4	8	6	3	1	9
3	8	1	2	9	5	7	4	6

3	1	6	2	5	9	7	4	8
4	8	9	6	7	3	2	1	5
2	7	5	1	4	8	3	6	9
8	5	1	7	3	6	9	2	4
6	4	2	8	9	5	1	7	3
7	9	3	4	2	1	8	5	6
1	6	4	3	8	7	5	9	2
5	2	8	9	1	4	6	3	7
9	3	7	5	6	2	4	8	1

4	3	2	8	6	7	9	5	1
9	1	7	3	5	4	6	8	2
8	6	5	2	9	1	3	4	7
3	4	6	7	1	9	5	2	8
5	2	9	4	8	3	1	7	6
1	7	8	5	2	6	4	9	3
6	8	4	9	3	2	7	1	5
7	5	1	6	4	8	2	3	9
2	9	3	1	7	5	8	6	4

2	6	3	8	7	1	9	5	4
5	7	4	9	2	3	1	8	6
1	8	9	4	6	5	3	2	7
3	2	8	1	4	7	5	6	9
6	4	5	2	9	8	7	1	3
7	9	1	5	3	6	8	4	2
9	5	6	7	8	4	2	3	1
4	1	2	3	5	9	6	7	8
8	3	7	6	1	2	4	9	5

7	9	4	1	3	6	8	5	2
6	8	1	5	2	7	4	3	9
3	2	5	8	4	9	6	7	1
1	3	2	4	7	5	9	8	6
9	6	7	3	8	2	1	4	5
4	5	8	6	9	1	3	2	7
8	1	6	7	5	3	2	9	4
2	7	3	9	6	4	5	1	8
5	4	9	2	1	8	7	6	3

4	3	7	9	1	6	8	2	5
9	8	5	2	4	7	1	6	3
6	1	2	3	5	8	4	7	9
1	4	8	6	7	9	3	5	2
3	2	6	5	8	1	7	9	4
7	5	9	4	3	2	6	1	8
5	6	3	7	2	4	9	8	1
2	7	1	8	9	3	5	4	6
8	9	4	1	6	5	2	3	7

7	2	8	1	6	9	4	3	5
9	4	3	8	5	2	7	1	6
1	5	6	7	3	4	8	9	2
3	9	4	5	2	6	1	8	7
2	6	7	9	8	1	5	4	3
8	1	5	3	4	7	6	2	9
4	7	1	2	9	5	3	6	8
5	3	2	6	1	8	9	7	4
6	8	9	4	7	3	2	5	1

1	9	5	7	3	2	4	6	8
6	3	2	8	4	9	1	5	7
4	7	8	6	5	1	9	2	3
2	1	7	3	8	6	5	9	4
3	5	4	9	2	7	6	8	1
8	6	9	5	1	4	7	3	2
9	2	6	4	7	3	8	1	5
5	4	3	1	9	8	2	7	6
7	8	1	2	6	5	3	4	9

2 3 4 5 6 7 8 9 10

6	4	8	10	9	3	5	2	7
10	9	2	5	7	6	3	4	8
3	7	5	4	8	2	9	10	6
4	8	9	2	6	5	10	7	3
7	3	10	9	4	8	6	5	2
5	2	6	7	3	10	4	8	9
9	5	3	8	10	7	2	6	4
2	6	7	3	5	4	8	9	10
8	10	4	6	2	9	7	3	5

2 3 4 5 6 7 8 9 10

4	9	6	8	5	2	10	3	7
8	5	3	10	7	4	6	2	9
10	2	7	9	3	6	4	8	5
2	10	9	4	8	5	7	6	3
7	4	5	3	6	10	8	9	2
3	6	8	7	2	9	5	4	10
9	8	4	5	10	3	2	7	6
6	7	10	2	9	8	3	5	4
5	3	2	6	4	7	9	10	8

0 1 2 3 4 5 6 7 8

6	3	2	1	0	5	7	4	8
8	5	1	4	7	3	0	6	2
0	7	4	2	6	8	3	1	5
1	8	3	6	4	2	5	7	0
4	6	7	5	8	0	1	2	3
2	0	5	3	1	7	4	8	6
7	2	6	0	3	1	8	5	4
5	1	0	8	2	4	6	3	7
3	4	8	7	5	6	2	0	1

Grid 1

```
0 1 2 3 4 5 6 7 8
4 0 5 6 3 8 1 2 7
7 1 8 0 5 2 6 4 3
6 3 2 7 1 4 8 0 5
3 5 4 2 8 6 7 1 0
0 8 1 3 4 7 2 5 6
2 6 7 5 0 1 4 3 8
1 2 3 8 6 5 0 7 4
5 4 6 1 7 0 3 8 2
8 7 0 4 2 3 5 6 1
```

Grid 2

```
4 2 5 6 3 8 1 9 7
3 6 8 7 1 9 5 4 2
1 9 7 2 5 4 3 8 6
7 4 2 3 9 5 8 6 1
8 5 9 1 6 7 4 2 3
6 3 1 8 4 2 7 5 9
5 7 4 9 2 1 6 3 8
9 1 6 5 8 3 2 7 4
2 8 3 4 7 6 9 1 5
```

Grid 3

```
4 5 1 6 3 8 7 9 2
8 7 2 4 1 9 3 6 5
6 3 9 2 5 7 8 1 4
2 9 4 8 7 6 5 3 1
3 6 5 1 4 2 9 8 7
1 8 7 3 9 5 2 4 6
9 2 8 5 6 1 4 7 3
7 4 6 9 2 3 1 5 8
5 1 3 7 8 4 6 2 9
```

Grid 4

```
8 3 5 7 1 2 4 6 9
6 1 7 4 5 9 8 2 3
2 4 9 3 6 8 1 5 7
3 5 1 2 4 7 6 9 8
4 2 6 8 9 1 3 7 5
9 7 8 6 3 5 2 1 4
7 6 2 9 8 4 5 3 1
1 8 3 5 7 6 9 4 2
5 9 4 1 2 3 7 8 6
```

Grid 5

```
1 8 6 5 7 9 4 3 2
9 2 7 3 8 4 5 6 1
5 4 3 6 2 1 7 8 9
2 7 5 8 4 6 9 1 3
3 1 8 2 9 5 6 4 7
4 6 9 7 1 3 2 5 8
7 5 2 1 6 8 3 9 4
8 3 4 9 5 2 1 7 6
6 9 1 4 3 7 8 2 5
```

Grid 6

```
7 4 8 6 9 1 2 3 5
3 2 5 4 7 8 9 6 1
1 6 9 2 5 3 7 4 8
2 5 6 9 3 4 8 1 7
9 3 7 1 8 5 6 2 4
8 1 4 7 6 2 5 9 3
4 9 1 5 2 7 3 8 6
5 8 2 3 4 6 1 7 9
6 7 3 8 1 9 4 5 2
```

Grid 7

```
2 1 8 6 3 9 7 4 5
3 5 9 8 7 4 2 6 1
6 7 4 2 5 1 8 3 9
8 2 6 3 1 7 9 5 4
4 3 5 9 8 2 6 1 7
1 9 7 4 6 5 3 8 2
7 4 3 1 9 8 5 2 6
9 6 1 5 2 3 4 7 8
5 8 2 7 4 6 1 9 3
```

Grid 8

```
4 6 2 7 3 1 5 8 9
8 3 1 5 9 4 7 2 6
9 5 7 8 6 2 1 3 4
1 7 6 9 2 5 8 4 3 6 7 1
2 9 8 4 1 3 6 5 7 2 8 9
3 4 5 6 8 7 9 1 2 4 5 3
5 1 4 2 7 9 3 6 8 1 4 5
6 2 9 3 5 8 4 7 1 9 6 2
7 8 3 1 4 6 2 9 5 7 3 8
      7 3 1 5 2 4 8 9 6
      8 9 4 1 3 6 5 2 7
      5 6 2 7 8 9 3 1 4
```

Grid 9

```
2 3 1 7 9 4 6 5 8
9 4 5 6 1 8 3 7 2
6 8 7 5 3 2 9 1 4
7 6 2 8 9 3 1 4 3 2 7 6
8 9 3 1 4 7 2 6 5 8 9 3
5 1 4 2 6 3 7 8 9 5 4 1
      6 3 2 5 8 9 1 4 6 7
      8 9 3 1 4 7 2 6 5 8
      3 2 5 8 9 1 4 6 7 3 4
```

Grid 10

```
4 3 2 6 7 8 5 9 1
7 6 9 1 4 5 8 3 2
8 5 1 2 3 9 4 6 7
3 2 8 4 1 7 9 5 6 8 3 2
9 7 4 5 2 6 3 1 8 9 7 4
6 1 5 8 9 3 2 7 4 5 1 6
5 8 7 9 6 4 1 2 3 7 9 8
2 9 6 3 8 1 7 4 5 2 6 9
1 4 3 7 5 2 6 8 9 3 4 1
      6 4 8 5 9 7 1 2 3
      1 7 9 4 3 2 6 8 5
      2 3 5 8 6 1 4 9 7
```

Grid 11

```
7 2 8 5 9 4 6 1 3
5 1 6 2 3 8 9 4 7
3 4 9 1 7 6 5 8 2
9 8 3 7 5 1 2 6 4 9 3 8
6 7 1 4 2 3 8 5 9 1 7 6
4 5 2 6 8 9 3 7 1 2 5 4
8 3 5 9 1 7 4 2 6 5 8 3
1 9 4 8 6 2 7 3 5 4 1 9
2 6 7 3 4 5 1 9 8 6 2 7
      5 3 6 9 1 7 8 4 2
      1 7 4 6 8 2 3 9 5
      2 9 8 5 4 3 7 6 1
```

Grid 12

```
2 3 5 1 6 4
1 4 2 6 5 3
5 6 3 4 2 1
4 1 6 5 3 2 1 4
3 5 1 2 4 6 5 3
6 2 4 3 1 5 2 6
      2 4 6 1 3 5 4 2
      5 6 2 3 4 1 6 5
      3 1 5 4 6 2 3 1
            3 2 5 6 1 4
            4 5 1 3 2 6
            1 6 2 4 5 3
```

```
1 5 6 4 2 3
4 2 3 5 6 1
3 6 1 2 4 5
2 3 5 6 1 4 2 3
6 1 4 3 5 2 6 1
5 4 2 1 3 6 5 4
    6 4 2 3 1 5 6 4
    3 5 6 1 4 2 5 3
    1 2 4 5 3 6 2 1
        1 6 5 3 4 2
        5 4 2 1 3 6
        3 2 6 4 1 5
```

```
1 2 6 5 3 4
6 3 4 1 5 2
4 5 3 2 1 6
5 1 2 4 6 3 1 5
2 6 5 3 4 1 2 6
3 4 1 6 2 5 3 4
    4 1 3 6 5 2 1 4
    3 2 5 4 6 1 3 2
    6 5 1 2 4 3 5 6
        6 1 2 5 4 3
        4 5 3 6 2 1
        2 3 1 4 6 5
```

```
1 2 6 5 3 4
6 4 3 2 5 1
3 5 4 1 6 2
2 6 1 3 4 5 2 6
5 3 2 4 1 6 3 5
4 1 5 6 2 3 1 4
    6 2 3 4 5 1 6 2
    3 5 6 1 4 2 5 3
    4 1 5 2 6 3 1 4
        1 6 2 4 3 5
        4 3 1 5 2 6
        2 5 3 6 4 1
```

```
7 5 6 1 4 3 9 2 8 6 7 5
9 2 1 8 7 5 3 4 6 2 9 1
4 3 8 9 6 2 7 5 1 8 3 4
3 9 2 7 1 4 6 8 5 3 2 9
1 8 4 3 5 6 2 9 7 1 4 8
6 7 5 2 8 9 4 1 3 7 5 6
8 4 7 6 2 1 5 3 9 4 8 7
2 1 9 5 3 7 8 6 4 9 1 2
5 6 3 4 9 8 1 7 2 5 6 3
9 2 1 8 4 3 7 5 6 2 9 1
7 5 8 9 6 2 3 4 1 8 7 5
4 3 6 1 7 5 9 2 8 6 3 4
```

```
9 1 3 4 6 5 7 8 2 9 3 1
5 6 8 2 7 9 1 4 3 5 8 6
7 4 2 8 1 3 5 6 9 4 2 7
3 7 5 6 9 8 4 2 1 3 7 5
2 9 1 7 5 4 6 3 8 2 1 9
4 8 6 1 3 2 9 7 5 6 4 8
8 2 9 5 4 6 3 1 7 8 9 2
1 5 4 3 8 7 2 9 6 1 5 4
6 3 7 9 2 1 8 5 4 7 6 3
7 4 8 2 1 9 5 6 3 4 8 7
9 1 3 8 6 5 7 4 2 9 3 1
5 6 2 4 7 3 1 8 9 5 2 6
```

```
9 1 2 4 3 5 8 6 7 2 1 9
6 7 3 1 2 8 4 9 5 3 7 6
8 5 4 7 9 6 2 1 3 4 5 8
5 3 9 6 4 2 7 8 1 9 3 5
1 6 7 5 8 9 3 2 4 7 6 1
2 4 8 3 7 1 9 5 6 8 2 4
4 2 5 9 6 7 1 3 8 5 4 2
3 9 6 8 1 4 5 7 2 6 9 3
7 8 1 2 5 3 6 4 9 1 8 7
8 1 3 4 9 5 2 6 7 3 1 8
6 7 2 1 3 8 4 9 5 2 7 6
9 5 4 7 2 6 8 1 3 4 5 9
```

```
2 9 1 4 8 3 6 5 7 1 9 2
6 3 4 9 5 7 2 8 1 3 4 6
7 8 5 6 1 2 3 4 9 5 8 7
4 6 3 8 7 1 5 9 2 4 6 3
1 7 2 5 3 9 8 6 4 7 2 1
8 5 9 2 6 4 7 1 3 8 5 9
3 4 6 7 9 5 1 2 8 6 3 4
9 1 8 3 2 6 4 7 5 9 1 8
5 2 7 1 4 8 9 3 6 2 7 5
7 3 4 9 8 2 6 5 1 3 4 7
2 8 5 6 1 7 3 4 9 5 8 2
6 9 1 4 5 3 2 8 7 1 9 6
```

```
3 1 6 2 7 8 4 5 9
9 5 2 6 4 1 3 7 8
7 4 8 3 5 9 6 2 1
6 9 7 4 8 3 2 1 5
4 8 5 9 1 2 7 3 6
2 3 1 5 6 7 8 9 4
5 7 4 1 2 6 9 8 3
1 2 9 8 3 4 5 6 7
8 6 3 7 9 5 1 4 2
```

```
3 9 7 1 4 2 8 6 5
5 4 6 8 3 1 2 9 7
2 5 1 7 9 8 6 3 4
6 3 2 9 8 5 7 4 1
7 8 4 2 6 3 5 1 9
8 1 9 3 5 7 4 2 6
4 7 5 6 1 9 3 8 2
9 2 8 4 7 6 1 5 3
1 6 3 5 2 4 9 7 8
```

```
9 8 1 3 4 2 7 5 6
7 6 4 1 5 8 2 9 3
2 5 3 7 6 9 1 4 8
5 4 7 8 9 1 6 3 2
1 3 8 6 2 4 9 7 5
6 9 2 5 3 7 8 1 4
8 7 6 4 1 3 5 2 9
3 1 9 2 8 5 4 6 7
4 2 5 9 7 6 3 8 1
```

```
  1 6 2 5 4 8 3 7
9 6 1   3 8 5 4 2
2 8 4 5 1 6 7   3
5 3 8 1 6   9 7 4
4 7 3 6 2 1   8 9
8   9 4 7 5 3 2 1
6 2   7 8 3 4 9 5
7 4 5 3   9 1 6 8
1 9 7 8 4 2 6 5
```

```
9 4 2 3 6 1 5 7 8
8 6 7 5 4 9 2 1 3
1 5 3 2 7 8 4 9 6
6 7 4 9 3 2 1 8 5
5 2 1 6 8 7 3 4 9
3 8 9 1 5 4 6 2 7
4 9 6 7 1 3 8 5 2
7 1 5 8 2 6 9 3 4
2 3 8 4 9 5 7 6 1
```

Solutions for pages 488-499

Grid 1

7	1	3	2	8	6	4	9	5
9	5	6	7	4	1	2	3	8
2	8	4	9	3	5	7	6	1
5	6	8	4	9	3	1	2	7
1	3	9	5	2	7	6	8	4
4	2	7	1	6	8	9	5	3
3	9	1	8	7	2	5	4	6
6	7	2	3	5	4	8	1	9
8	4	5	6	1	9	3	7	2

Grid 2

4	1	3	8	2	9	5	7	6
2	6	7	4	3	5	1	8	9
5	9	8	6	1	7	2	4	3
6	2	9	3	7	8	4	1	5
8	7	4	1	5	6	3	9	2
1	3	5	2	9	4	7	6	8
7	8	6	5	4	3	9	2	1
9	5	2	7	8	1	6	3	4
3	4	1	9	6	2	8	5	7

Grid 3

3	7	9	8	1	2	4	5	6
4	5	6	3	2	1	7	8	9
8	1	3	5	6	4	9	7	2
6	2	7	4	9	5	8	1	3
1	9	5	6	8	7	2	3	4
5	8	4	2	3	6	1	9	7
9	6	2	1	7	8	3	4	5
7	4	1	9	5	3	6	2	8
2	3	8	7	4	9	5	6	1

Grid 4

2	9	6	3	5	1	4	7	8
8	5	7	4	2	9	1	6	3
4	3	1	7	8	6	9	2	5
5	7	8	6	4	2	3	9	1
1	6	9	8	3	7	5	4	2
3	4	2	9	1	5	6	8	7
7	2	4	1	6	3	8	5	9
9	8	3	5	7	4	2	1	6
6	1	5	2	9	8	7	3	4

Grid 5

6	7	9	1	8	2	4	3	5
1	2	5	3	4	6	7	8	9
8	3	4	9	7	5	2	6	1
4	6	7	8	1	9	3	5	2
9	5	2	6	3	4	8	1	7
3	1	8	5	2	7	6	9	4
5	4	3	7	9	8	1	2	6
2	9	1	4	6	3	5	7	8
7	8	6	2	5	1	9	4	3

Grid 6

3	2	5	6	1	8	4	9	7
9	6	1	4	5	7	2	3	8
7	8	4	2	9	3	6	5	1
2	7	8	3	6	5	9	1	4
1	4	3	9	8	2	5	7	6
6	5	9	1	7	4	8	2	3
8	3	2	5	4	1	7	6	9
5	9	7	8	3	6	1	4	2
4	1	6	7	2	9	3	8	5

Grid 7

4	2	5	6	3	7	1	9	8
6	9	3	8	1	2	4	7	5
1	8	7	5	4	9	6	2	3
8	3	4	1	2	6	9	5	7
7	1	2	9	8	5	3	4	6
9	5	6	4	7	3	8	1	2
2	6	9	3	5	1	7	8	4
3	7	8	2	9	4	5	6	1
5	4	1	7	6	8	2	3	9

Grid 8

4	7	9	5	2	3	1	6	8
5	1	8	7	4	6	9	2	3
2	3	6	9	8	1	7	5	4
9	4	1	2	3	5	6	8	7
8	5	7	6	9	4	2	3	1
3	6	2	1	7	8	5	4	9
7	9	4	8	5	2	3	1	6
1	8	5	3	6	9	4	7	2
6	2	3	4	1	7	8	9	5

Grid 9

5	7	3	8	2	1	4	6	9
6	2	9	5	4	7	1	8	3
8	1	4	9	6	3	2	5	7
9	6	2	1	5	4	7	3	8
3	5	8	7	9	2	6	1	4
7	4	1	3	8	6	5	9	2
2	8	5	6	7	9	3	4	1
4	3	6	2	1	8	9	7	5
1	9	7	4	3	5	8	2	6

Grid 10

1	3	7	4	8	5	2	6	9
4	2	5	9	7	6	8	3	1
9	8	6	2	1	3	4	7	5
2	1	3	5	6	7	9	8	4
7	9	4	1	2	8	3	5	6
5	6	8	3	4	9	1	2	7
3	4	1	6	5	2	7	9	8
6	7	9	8	3	4	5	1	2
8	5	2	7	9	1	6	4	3

```
6 1 7 5 8 2 9 4 3    9 5 7 6 3 1 2 4 8    9 3 7 4 2 1 5 8 6
3 9 5 4 7 6 8 1 2    3 6 4 2 7 8 1 9 5    3 4 1 9 6 8 2 5 7
2 8 4 9 1 3 6 5 7    2 1 8 9 5 4 6 3 7    5 7 8 2 1 6 4 9 3
1 6 2 8 5 4 7 3 9    1 2 6 5 9 3 8 7 4    8 9 6 5 4 2 7 3 1
4 5 3 7 6 9 1 2 8    4 8 3 7 1 2 9 5 6    1 2 4 6 3 5 9 7 8
8 7 9 3 2 1 4 6 5    7 9 5 8 4 6 3 2 1    4 6 2 8 9 7 3 1 5
5 2 1 6 9 7 3 8 4    6 4 9 3 8 7 5 1 2    6 8 9 7 5 3 1 2 4
9 3 8 1 4 5 2 7 6    5 7 2 1 6 9 4 8 3    2 1 5 3 7 4 8 6 9
7 4 6 2 3 8 5 9 1    8 3 1 4 2 5 7 6 9    7 5 3 1 8 9 6 4 2
```

If you're looking for more of the Sudoku variants found in this book then you can find the exact same types at some of my websites:

www.SudokuXtra.com – printed puzzles
Featuring a wide range of Sudoku variants in dedicated collections, Sudoku Xtra is also a regular puzzle magazine which each issue features a good selection of the puzzle types found in this book.

www.PuzzleMix.com – online puzzles
You can play Sudoku, Killer Sudoku, Killer Sudoku Pro, Jigsaw Sudoku, Wraparound Sudoku, Sudoku X, Odd Pair Sudoku, Kropki Sudoku, Sudoku XV and other variants online at PuzzleMix.com. If you wish you can also compare your times, rankings and opinions with other users.